Mémoires du maréch

duc de Ragus€

duc de Raguse Auguste Frédéric Louis Viesse de Marmont

Alpha Editions

This edition published in 2024

ISBN : 9789361474767

Design and Setting By
Alpha Editions
www.alphaedis.com
Email - info@alphaedis.com

Contents

LIVRE VINGT-TROISIÈME

1826-1829

SOMMAIRE.--Mesures sur la censure et sur les officiers généraux.--Sacre du roi à Reims.--Anecdote sur Moncey.--Premiers symptômes du changement de l'opinion publique.--Influence croissante du clergé.--Anecdote.--Indemnité des émigrés.--Mort de l'empereur Alexandre.--Circonstances qui accompagnèrent l'arrivée de Nicolas au trône impérial.--Courage et inspiration heureuse de Nicolas.--Paroles de l'impératrice-mère.--Je suis envoyé ambassadeur extraordinaire en Russie.--La cour de Weimar.--La cour de Berlin.--L'armée prussienne.--Charlottenbourg.--Berlin.--Environs de Saint-Pétersbourg.--L'empereur Nicolas.--L'impératrice.--Saint-Pétersbourg et Pierre le Grand.--Inondations de Saint-Pétersbourg.--M. le comte de la Ferronays.--Portrait de l'empereur Nicolas.--Ses idées sur l'éducation de ses enfants.--Conspiration de Pestel.--Magnanimité de l'empereur.--Manufactures d'Alexandrowski.--La Monnaie.--École des mines.--Ponts et chaussées.--École du génie.--État-major.--Comité de perfectionnement.--Hôpitaux militaires.--Arsenal.--Éducation publique.--École des cadets.--Couvent des filles.--Palais, églises et aspect de Saint Pétersbourg.--Cronstadt.--Promenade dans la rade.--Château d'Oranienbaum.--Anecdote sur Orloff.--Peterhof.--Zarskoie-Selo.--Colpina.--Schlusselbourg.--Funérailles de l'impératrice Élisabeth.--Colonies militaires de Wolcoff.--Novogorod.--Route jusqu'à Moscou.--Moscou. L'impératrice-mère.--La grande-duchesse Hélène.--Arrivée de l'empereur à Moscou.--Rapports entre l'empereur et l'impératrice-mère.--Garde impériale.--Manoeuvres sous Moscou.--Généraux russes.--Arrivée inopinée de Constantin.--Caractère de ce prince.--Son attitude. --Réconciliation.--Sacre de l'empereur.--Cérémonies touchantes.--Illumination du Kremlin.--Fête à la bourgeoisie.--Dîner intime chez l'empereur.--Adieux de l'empereur.--Champ de bataille de la Moskova.--Smolensk.--La Bérézina.--Le grand-duc Constantin à Varsovie.--Son armée.--La princesse de Lovitz.--Retour dans les États autrichiens.--Armée russe.--Retour à Paris.--Ma ruine.--Bontés du roi.--Je vends Châtillon.--Mésaventure de Talleyrand.--Inhumation du duc de Liancourt.--Revue de la garde nationale du 27 avril 1827.--Expressions du roi à cette occasion.--Anecdote.--Dissolution de la garde nationale.--Camp de Saint-Omer.--Anecdote.--Nouvelles élections.--M. de Villèle est renvoyé du ministère.--Nouvelle administration.--Ministère Martignac.--Mouvement d'opinion en faveur des Grecs.--Guerre des Russes et des Turcs.--Ministère Polignac.

Le nouveau règne commença sous les plus heureux auspices. Charles X, à son entrée à Paris, fut accueilli par des expressions de joie sincère. Quoique le temps fût mauvais, toute la population était venue à sa rencontre dans les Champs-Élysées. Aussi cette entrée avait-elle l'air d'un triomphe. Les cris de *Vive le roi!* sortaient de toutes les bouches, et une satisfaction véritable animait toutes les figures. On attendait beaucoup du nouveau roi; en ce moment et pendant longtemps encore il fut puissant sur l'opinion. On avait du goût pour lui et une grande disposition à l'aimer. Son premier acte fut populaire, mais il fut peut-être précipité. Se désarmer complétement de la censure, sans rien mettre à sa place, fut imprudent, et tout homme de bonne foi convient aujourd'hui du mal qui en est résulté. L'opinion, à Paris, se développe quelquefois d'une manière capricieuse, et souvent un petit nombre d'individus, placés d'une manière déterminée, suffit pour lui donner une direction fâcheuse et une grande activité.

Les généraux de l'ancienne armée avaient toujours été l'objet de l'intérêt public. Ils formaient, hélas! les seuls monuments restant de notre grande époque! Depuis quelques années, objets d'une espèce de réprobation de la cour, il y avait eu autant d'injustice envers eux que d'oubli d'une bonne politique; ils crurent à une réparation à l'apparition du nouveau roi. Ils ne demandaient qu'à le servir. Il les accueillit avec cette bienveillance aimable qui caractérisait toutes ses actions; mais, au lieu de voir leurs espérances réalisées, leur sort fut encore pire, et une circonstance particulière sembla ajouter à la rigueur des procédés du pouvoir envers eux.

Les officiers généraux à demi-solde, dépourvus de chevaux, avaient suivi le cortége funèbre de Louis XVIII à pied. Charles X leur dit: «Vous avez accompagné à pied les restes de mon frère; c'est à cheval que désormais vous serez près de moi.» Que conclure de ces paroles, sinon d'y voir des promesses d'activité et d'emploi? Peu de jours après, ils étaient mis à la retraite. La réaction d'opinion qui en résulta ne saurait être exprimée. Depuis longtemps cet acte inique était préparé dans les bureaux. Le baron de Damas, ministre de la guerre, dont la carrière s'était faite dans une bonne armée, et par des services réels [1], n'avait pas voulu consentir à dépouiller de braves vétérans du prix de leurs longs travaux et de leurs nombreuses blessures; mais le marquis de Clermont-Tonnerre, son successeur, militaire de parade et de cour, sorti des troupes napolitaines et espagnoles, se chargea de l'accomplir. On supposa, au surplus, que cette mesure violente fut exigée par M. de Villèle qui, jaloux de l'espèce de popularité que le roi venait d'acquérir auprès des généraux, voulut montrer, sans retard, qu'en lui seul résidait véritablement le pouvoir.

Note 1: (retour) En Russie. (*Note du duc de Raguse.*)

La cérémonie du sacre eut lieu l'année suivante. Le roi s'étant rendu à Reims, elle fut exécutée le premier dimanche de juin 1825. Elle présenta une circonstance unique dans l'histoire. Il y avait juste cinquante ans qu'elle avait eu lieu pour Louis XVI, frère de Charles X, et également juste cent ans que leur grand-père commun, Louis XV, en avait été l'objet. Quelquefois les générations se pressent tellement, comme sous Louis XIV, qu'un espace de temps fort petit en renferme toute une suite. Quelquefois elles s'allongent et semblent embrasser les temps.

La cérémonie fut belle et imposante. On en a vu les détails partout, et je n'entreprendrai pas de les donner. Elle répondit à l'idée que je m'en étais faite par sa pompe et par sa majesté. Une chose singulière est l'aberration de certaines gens qui, en voyant de pareilles cérémonies, n'en comprennent pas l'esprit et ne savent pas se rendre compte de la pensée qui préside au spectacle qui se passe sous leurs yeux. Je vais en citer un exemple donné par un personnage qui semblait, par sa position sociale, devoir ne pas manquer d'intelligence. Le maréchal Moncey fut choisi, comme doyen des maréchaux, pour représenter le connétable au sacre. Sa fonction est de se tenir près du roi, avec l'épée nue, image de la puissance militaire dont le roi est assisté et qui dépend de lui. Eh bien, ce pauvre maréchal, ancien premier inspecteur de la gendarmerie, pénétré sans doute de la pensée que rien n'était plus beau que cette dernière espèce de fonctions, eut une tout autre idée. Il me dit: «C'est l'image des dangers dont les anciens rois étaient autrefois environnés au milieu des grands vassaux de leur couronne; le connétable était chargé de les surveiller et de les contenir.» Et, en disant ces paroles, il tournait la tête à droite et à gauche, en regardant comme un factionnaire chargé d'une consigne; il se trouvait, à ses yeux, être redevenu le chef de la gendarmerie.

Le lendemain du jour du sacre, le roi fut reçu grand maître de l'ordre du Saint-Esprit, cérémonie d'une grande beauté. Nous fûmes ensuite reçus chevaliers. Le troisième jour, le roi passa la revue de troupes peu nombreuses, rassemblées dans un camp à quelque distance, il accorda diverses récompenses, et nous obtînmes enfin qu'il les donnerait de sa main, chose à laquelle il avait répugné jusque-là, et qu'il n'a pas répétée depuis, moyen bien simple cependant d'en doubler le prix. Il tint chapitre du Saint-Esprit, et une promotion eut lieu. Elle comprit les maréchaux qui n'étaient pas décorés de cet ordre, à l'exception de deux, le maréchal Gouvion-Saint-Cyr et le maréchal Molitor.

Le retour du roi à Paris et son entrée n'eurent pas à beaucoup près le même éclat que celle de l'année précédente. L'opinion changeait déjà d'une manière fâcheuse. Cependant jamais plus de liberté n'avait protégé les citoyens. Le commerce florissait; les manufactures avaient doublé leurs produits, et la consommation, résultat du bien-être général, s'était élevée à leur hauteur. Les terrains, à Paris et dans les grandes villes, avaient acquis un prix si élevé, que de grandes fortunes furent la conséquence de la possession de quelques arpents de terre. On construisit en un moment plus de sept mille maisons à Paris, non pas destinées à une population nouvelle, mais à pourvoir aux besoins nouveaux, produits par une augmentation de bien-être et de richesses générale. Malgré cet état prospère dont la postérité ne pourra jamais se figurer l'étendue, prospérité qui avait pour base le gouvernement le plus légal, l'administration la plus régulière, une grande abondance de capitaux, le bas prix de l'argent, enfin un mouvement, une activité éclairée par les lumières Universellement répandues et les exemples d'un pays voisin, malgré, dis-je, tant de biens réunis et de motifs d'être heureux, une inquiétude sourde agissait sur les esprits. Une crainte de l'avenir, une absence de sécurité, que rien ne motivait suffisamment, était une véritable maladie morale qui affligeait la société.

Il faut le dire, l'action intrigante du clergé français se faisait sentir partout. Or, si la nation française est religieuse et disposée à rendre aux prêtres tout ce qu'on leur doit dans les intérêts de la morale et de la religion, les prêtres lui deviennent antipathiques aussitôt qu'ils se mêlent des affaires du monde; et cependant, chez nous, c'est leur manie. On les trouvait, dans la campagne, intolérants et insubordonnés envers leurs supérieurs, et, à la cour, saisissant toutes les occasions d'intervenir dans les plus hautes questions politiques. Quels que fussent les écarts de leur conduite, ils étaient toujours assurés de l'impunité. Un mandement de l'archevêque de Rouen, grand aumônier, le cardinal de Croï, brave homme, mais instrument passif des intrigants dont il était entouré, mit tout en émoi. Dans cette extravagante publication, il s'emparait de l'ordre civil et bouleversait toutes les lois qui régissent le royaume. Il n'en résulta cependant rien de fâcheux pour lui. Le prince de Metternich, alors à Paris, me dit à cette occasion ces propres paroles: «À Vienne, le grand aumônier, pour un fait semblable, aurait perdu sa charge et aurait été relégué dans un séminaire.» Mais le cardinal de Croï n'eut pas même une expression de mécontentement de la part du roi.

Cette action du clergé, si funeste, se faisait sentir partout et jusque dans l'armée. Les aumôniers des corps avaient reçu un rang trop élevé, qui humiliait les officiers. Ils faisaient des rapports réguliers au grand aumônier. Ils envoyaient des notes sur la conduite des officiers, et c'était souvent d'après ces notes que le ministre de la guerre faisait les nominations. Plus d'une fois le travail du grand aumônier l'a emporté sur celui des inspecteurs. On se demande dans quel pays un système semblable aurait pu réussir.

L'immense prospérité du pays, le bon état de ses finances, permirent au roi d'entreprendre l'exécution d'un grand acte de justice et de proposer la loi sur l'indemnité aux émigrés. Malgré les efforts du parti révolutionnaire pour la discréditer, elle était populaire, tant il est naturel aux hommes d'aimer la justice quand leurs passions et leurs intérêts ne s'y opposent pas. Indépendamment d'un grand acte d'équité consacré, cette loi était politique; car c'est en réparant les désastres et cicatrisant les plaies qu'on ferme le gouffre des révolutions. Elle était encore une loi de finance et d'administration, puisqu'elle rendait à une classe de propriétés une valeur dont l'opinion l'avait privée. C'était enfin une disposition sage, humaine et louable de toute manière. M. de Villèle l'exécuta avec un grand succès. Ce genre d'ouvrage était particulièrement propre à la nature de son talent. Financier profond, administrateur habile, il sut aussi bien concevoir son plan que le défendre et l'exécuter, et il reçut une approbation universelle. Chose remarquable! ceux qui ont le plus profité de son système et dont la fortune a été réparée par ses soins ont le plus contribué à sa chute, et en réalité l'ont renversé.

L'année 1825 était presque écoulée, lorsqu'on apprit la nouvelle de la mort de l'empereur Alexandre, immense événement, vu la manière dont l'Europe était accoutumée à plier sous ses volontés. Il se servait de la magie d'une puissance morale, fondée sur ses nombreuses armées, toujours prêtes à entrer en campagne, organisées en divisions, corps d'armée, et munies de toutes choses comme si elles devaient combattre le lendemain; du prestige qui accompagne nécessairement des États si étendus et composés de la septième partie de la surface des continents du globe, États invulnérables, ou au moins indestructibles, à cause de leur position. Menacer souvent, frapper rarement, mais à coup sûr, d'une manière qui fasse impression et laisse des souvenirs, voilà la politique qui convient à la Russie et que l'empereur Alexandre a suivie pendant les dernières années de son règne. Pendant les dix ans qu'Alexandre a vécu depuis la seconde Restauration, il a gouverné le monde et fixé les destinées de tous les peuples de l'Europe, sans engager un seul homme et par la seule puissance de son nom.

L'état dans lequel il laissait la Russie, l'incertitude de la succession, ajoutaient à l'importance du moment. Le testament d'Alexandre donnait la couronne à Nicolas, le second de ses frères. Les droits établis par la pragmatique de Paul investissaient au contraire Constantin de cet immense héritage. Nicolas refusa d'abord. Il s'en tint à la loi la plus ancienne et la plus reconnue. Il fit même prêter serment à Constantin, qui résidait à Varsovie. Constantin se souvint des promesses qu'il avait faites à Alexandre, de la haine que les écarts de sa jeunesse avaient fait naître dans beaucoup d'esprits, et il refusa. Dans ce combat de loyauté et de désintéressement entre les deux frères, combat sans exemple dans l'histoire, Nicolas fut vaincu; il fut obligé de se charger du fardeau. Les circonstances de son arrivée au trône sont si remarquables et si dramatiques, qu'elles méritent d'être racontées en détail. Nicolas, si jeune et si étranger jusque-là aux affaires, déploya sur-le-champ le plus grand caractère et cette puissance morale, ce courage dont l'âme et le for intérieur sont les principaux éléments.

Le séjour des troupes russes en France avait porté ses fruits. Des idées de réformes, de changements à opérer en Russie, remplissaient les têtes d'un grand nombre d'officiers. L'empereur Alexandre, dont la vie se composa de diverses phases sous le rapport politique, fut d'abord, pendant un certain nombre d'années, ennemi acharné de Napoléon, puis, pendant une autre époque, son admirateur passionné. Ensuite il devint libéral fanatique. Enfin, plus tard, il se livra à la mysticité, et revint aux idées de pouvoir absolu et de gouvernement despotique. Quand il était dans la phase libérale, il avait encouragé toutes les idées nouvelles et favorisé leur développement. Aussi divers projets d'amélioration lui furent-ils soumis. Son changement déconcerta ses anciens amis, et ils s'occupèrent à s'affranchir par eux-mêmes. Une conspiration, dont les ramifications étaient fort étendues, fut ourdie. Elle avait pris naissance dans la garde et avait pénétré dans presque tous les corps de l'armée; mais, quand les projets furent connus, on put voir quelles têtes folles les avaient conçus. Les idées les plus extravagantes, les plus inexécutables, accompagnées des mesures les plus atroces, avaient été adoptées.

La conspiration était au moment d'éclater quand l'empereur Alexandre mourut. Ce changement de règne, quand l'incertitude de la succession affaiblissait le pouvoir, était très-favorable aux conspirateurs. Je l'ai déjà dit, Nicolas, malgré le testament d'Alexandre, qui lui donnait l'empire, s'était empressé de faire prêter serment à Constantin. L'officier envoyé à celui-ci pour le lui annoncer fut mal reçu et réexpédié avec un refus formel. De retour, et ayant donné le titre de *Majesté* à Nicolas, il fut réprimandé. Spectacle singulier que cette lutte, cette horreur du trône et cette colère, témoignée alternativement au porteur d'une si grande nouvelle, ordinairement si bien accueilli et si bien récompensé! Il n'en avait pas été ainsi à l'avènement de Paul, qui donna le cordon bleu au comte Soubow, pour prix de la nouvelle de la mort de sa mère, qu'il lui avait annoncée. La résistance était sincère de part et d'autre, et les deux frères, en s'exprimant ainsi, montrèrent le fond de leur coeur et s'honorèrent beaucoup; mais, lorsque le refus opiniâtre de Constantin eut décidé Nicolas à prendre la couronne, les conspirateurs saisirent avidement la circonstance, encore obscure aux yeux du peuple, pour égarer l'opinion publique. Ils dirent que Nicolas, usurpateur, profitait de l'absence de son frère pour s'emparer d'un bien qui n'était pas à lui, comme si la conduite tenue d'abord ne répondait pas d'avance à cette odieuse et injuste accusation.

Le 26 décembre la garde impériale ayant reçu l'ordre de prendre les armes pour prêter serment au nouveau souverain, l'insurrection soufflée par les conspirateurs éclata. Les premières troupes qui se présentèrent sur la place étaient des révoltés. Nicolas, au premier bruit, sortit du palais d'hiver, où à peine étaient trois cents hommes de garde, et se porta sur la place, accompagné de quelques officiers. Là, seul et sans défense, il ne pouvait connaître encore quelles troupes lui seraient fidèles et jusqu'où irait l'insurrection. Un bataillon du régiment de Moscou, commandé par le major

Paskoff, après s'être présenté à la forteresse, dont on lui avait refusé l'entrée, revenait sur ses pas. L'empereur va à lui, et, à son apparition, les soldats crient: *Vive Constantin!* L'empereur, sans montrer la moindre crainte, et avec ce calme imposant qui, dans le danger, agit si puissamment sur la multitude, leur dit: «Ah! vous êtes de ces gens-là! Eh bien, votre place n'est pas ici, elle est près du Sénat!» Et, prenant le ton du commandement, il ajouta: «Par le flanc droit, marche!» Et le bataillon continua sa route et s'éloigna.

Ce courage d'un ordre supérieur sauva Nicolas. S'il eût montré la plus légère crainte, placé ainsi au milieu des révoltés, il eût été perdu. Un moment plus tard, un autre régiment paraît: c'est celui d'Ismailowsky, dont Nicolas, comme grand-duc, a été propriétaire. L'empereur s'avance vers lui, et, trouvant les soldats mornes et silencieux, il leur dit: «Mes amis, nous avions reconnu Constantin pour empereur; il a refusé la couronne. Après lui elle me revient, et j'ai dû la prendre.» Même silence; aucun des hourras d'usage ne se fait entendre. «Eh bien, il me semble que vous êtes mal disposés pour moi; je veux voir jusqu'où ira votre mécontentement.» Alors il ordonne de charger les armes et ajoute: «Maintenant, que me répondez-vous?» Ce témoignage de confiance pénètre les soldats, les remplit d'admiration; ils crient et répètent: «Vive Nicolas!» Quelle inspiration sublime! Il y a courage, générosité et profonde connaissance des hommes, surtout des gens de guerre, toujours séduits par ce qui est magnanime.

Mais les heures s'écoulent, et, du côté du palais, les troupes fidèles se rassemblent, tandis que les révoltés et les factieux se réunissent sur la place du Sénat. Ainsi ils sont en vue les uns des autres, et une assez courte distance les sépare. Le chef de l'entreprise, le prince Trubezkoï, manque de coeur et ne paraît pas à la tête des mécontents. Ceux-ci, sans direction, n'entreprennent rien. Nicolas leur envoie des officiers pour les rappeler à leur devoir, mais ces officiers sont du nombre des conspirateurs. Au lieu de remplir la mission qu'il leur a donnée, ils exhortent les révoltés à persévérer, tandis qu'au retour ils annoncent à l'empereur une prochaine soumission. Le but de ces officiers traîtres était de gagner du temps, d'empêcher Nicolas d'employer des mesures de rigueur, et d'arriver ainsi, sans combat, à la fin du jour. Alors, avec les éternelles nuits de Saint-Pétersbourg dans cette saison, ils avaient de la marge devant eux pour se concerter et donner plus d'ensemble et d'énergie à la révolte.

Après des pourparlers inutiles pendant plusieurs heures, l'empereur, sentant les dangers d'un plus long délai, se décide à agir. Une batterie de six pièces de canon est avancée et placée à une demi-portée de mitraille des révoltés. Ceux-ci, sans chef, attendent stupidement le feu qui va commencer; ils ne font ni un mouvement en avant ni un mouvement en arrière. Trois salves en tuent bon nombre et dispersent le reste, qui fuit dans la direction du quai

Anglais. La cavalerie est lancée à leur poursuite pour achever de les détruire ou pour les faire prisonniers.

Nicolas, jeune encore, tout nouveau au pouvoir, et dans une circonstance si grave, qui présentait à l'esprit des conséquences si confuses et si menaçantes, se trouva tout à coup à la hauteur de sa destinée. Il montra une grande force d'âme, une grande modération et sut se résoudre à employer les moyens de rigueur nécessaires et à répandre le sang au moment où une fausse pitié aurait entraîné après elle de grands malheurs. Le mélange de ses diverses qualités mises en action lui a conservé le trône et a préservé la Russie de l'anarchie et d'une horrible révolution. L'impératrice-mère, femme d'un grand caractère, et qui avait présidé à l'éducation de Nicolas, dit, le soir de ce jour célèbre, ces paroles mémorables: «Mon fils est sorti du palais jeune adolescent: il y est rentré homme fait et monarque éprouvé.»

L'avènement de Nicolas au trône de Russie motiva l'envoi, de la part de toutes les puissances, de personnes chargées de le complimenter. Plus tard, il nécessita la nomination d'ambassadeurs extraordinaires pour assister à son couronnement. Diverses personnes furent désignées pour la France. Il fallait, de toute nécessité, un militaire dont le nom fût connu et qui rappelât notre grande époque. En Russie, tout a le caractère militaire; tout se résout, fêtes, cérémonies, etc., etc., en parades et en exercices militaires. Un ambassadeur de l'ordre civil serait étranger à tout. Il aurait moins de moyens qu'un autre de voir l'empereur, de l'approcher et d'entrer dans une sorte d'intimité avec lui. Il fallait, en outre, un homme du monde, ayant le goût et l'habitude de la société. Le roi pensa que je remplissais la double condition, et je fus choisi. J'en éprouvai une grande satisfaction. Cette mission me remettait en évidence après tant d'années d'obscurité; elle me donnait l'occasion de voir un pays que je ne connaissais pas, de contempler de près et d'étudier cette puissance russe qu'un siècle a rendue si redoutable, et qui, chaque jour, acquiert plus de force et exerce plus d'action sur les destinées de l'Europe; enfin de voir le commencement d'un règne où le souverain, si jeune encore et si nouveau aux affaires, avait développé un si grand caractère et montré un si grand courage. Cette mission était un agréable épisode dans ma vie. Elle m'a fait passer cinq mois d'une manière brillante; elle m'a laissé d'agréables souvenirs, mais elle a eu une influence fâcheuse sur mes affaires de fortune; car mes entreprises si vastes, privées de ma surveillance pendant un si long temps, ont d'abord périclité et sont tombées ensuite dans un désordre qui a entraîné ma ruine.

Ce fut à la fin de février 1826 que le roi se décida à me nommer ambassadeur extraordinaire en Russie. Je fis mes préparatifs pour le représenter dignement. Des fonds considérables furent mis à ma disposition. Tout ce qu'il y avait de distingué, parmi la jeunesse de Paris, sollicita la faveur de m'accompagner. Quinze gentilshommes d'ambassade me furent donnés, et parmi eux il y avait trois officiers généraux [2]. Jamais ambassade ne fut organisée avec plus de choix et même plus d'éclat. Tout étant disposé pour cette brillante mission, je me mis en route. Je quittai Paris, le 19 avril, pour me rendre d'abord à Berlin et ensuite à Pétersbourg.

Note 2: (retour) Liste des gentilshommes d'ambassade qui use furent donnés pour m'accompagner: Le vicomte de Talon, le comte de Damrémont, le vicomte de Broglie, maréchaux de camp; le comte de Caraman, le marquis de Castries, le marquis de Podenas, colonels; le comte Alfred de Damas, le vicomte Emmanuel de Brézé, le comte de Biron, le comte de Maillé, le vicomte de la Ferronays, le comte de Villefranche, le comte de Vogüé, le comte de Croï; et j'avais pour secrétaire un poëte illustre, M. Ancelot. (*Note du duc de Raguse.*)

Je rencontrai, le 22, sur la grande route le duc de Wellington, revenant de Saint-Pétersbourg. Nous nous arrêtâmes et nous causâmes quelques moments. Ces espèces de liaisons, formées entre généraux qui ont combattu les uns contre les autres, sont dignes de remarque et d'un intérêt particulier; car l'estime réciproque, résultant du souvenir des actions passées, en fait la base, et à ce titre j'ai dû être flatté des sentiments que le duc de Wellington n'a jamais négligé l'occasion de me témoigner.

J'arrivai, le 25 avril, de bonne heure à Weimar. Je fus à la cour où je passai la soirée, et vis le grand-duc et toute sa famille.

Cette petite cour, renommée par sa politesse, ne manque pas de magnificence. Son étiquette ne trahit nullement l'intention de jouer le grand souverain; bon calcul de la part de ces princes secondaires que d'en agir ainsi. Quand il en est autrement, il en résulte souvent beaucoup de ridicule. Lorsque, au contraire, leur existence simple les rend accessibles à tous leurs sujets et les éloigne d'une représentation prétentieuse, ils ont à la fois tous les avantages de leur situation élevée et tous les charmes de la vie privée. Cette manière d'exister convient d'autant plus à la cour de Weimar, que, remplie de gens de mérite, l'amour des lettres, des sciences et des arts y est répandu généralement. Le grand-duc avait appelé près de lui beaucoup de gens distingués, et entre autres le célèbre Goethe, qui y a passé une grande partie de sa vie. La grande-duchesse était une femme d'un mérite reconnu et d'une grande autorité. Elle sauva, par sa conduite prudente et courageuse, ses États après Iéna. Elle ne s'effaroucha pas des désordres de la guerre. Elle attendit chez elle Napoléon, dont elle fit la conquête par son esprit et par sa raison. Je fis ma cour à la grande-duchesse Marie, épouse du prince héréditaire et soeur de l'empereur de Russie. Elle me toucha profondément par la douleur dont elle était pénétrée par la mort de l'empereur Alexandre. Au nombre de ses enfants se trouvaient alors deux princesses charmantes, d'une rare beauté et pleines d'attraits. Elles ont toutes les deux épousé deux princes de Prusse, gens très-aimables et très-distingués, les princes Charles et Guillaume.

Je retrouvai à la cour de Weimar le maréchal bavarois prince de Wrede, qui revenait d'une mission à Pétersbourg. Compagnon de nos travaux, je l'avais connu pondant nos campagnes, et je renouvelai connaissance avec lui. Sa vue me fit faire cette réflexion, que les armées des puissances du second ordre ont le singulier privilége d'être toujours victorieuses. Elles entrent nécessairement dans un système politique, et s'attachent à une grande puissance. Tant que la fortune couronne les efforts de celle-ci, elles restent dans la même alliance; mais, dès que la chance tourne, elles l'abandonnent pour en contracter une contraire, de manière que le vaincu voit, après des revers, ses forces diminuées et celles de son adversaire augmentées, ce qui assure à la nouvelle alliance une série de victoires. Aussi les généraux qui les commandent ont-ils des souvenirs communs avec tous les chefs des armées de l'Europe. De Wrede se trouvait être mon camarade d'Austerlitz, de Wagram, etc.; et, s'il se fût trouvé dans le même salon que Blücher, Schwarzenberg ou Sacken, il aurait pu s'entretenir et se féliciter avec eux des combats livrés en commun en 1813 et 1814.

Je partis, le lendemain, pour continuer ma route, et, le 25, j'arrivai à Berlin. Je fus sur-le-champ présenté au roi et à la famille royale. Je restai huit jours dans cette résidence pour voir tout ce que ce pays présente de curieux ou de remarquable. Berlin donne comme un avant-goût de Pétersbourg et de la Russie. Tout y a le caractère et la physionomie militaire; mais l'ordre y règne plus qu'en Russie. En Prusse l'administration est probe autant qu'éclairée, le système qui y est adopté et strictement suivi quadruple les ressources et les moyens du gouvernement.

En Prusse, le roi est, avant tout, le chef de l'armée. Son attitude, ses moeurs, ses occupations, sont en harmonie avec ce titre et cette fonction. Il entre dans le plus petit détail de ce qui concerne ses troupes. Ses fils, ses frères, ses cousins sont autant de généraux effectifs et d'inspecteurs qui remplissent avec zèle les devoirs qui leur sont imposés. Le roi reçoit les rapports journaliers, comme un généralissime. Il est accessible à tous les officiers qui veulent lui parler. Loin d'adopter les moeurs du Midi qui isolent les souverains, qui en font des individus à part et les rendent étrangers à tout ce qui se passe, il donne fréquemment à dîner aux nationaux distingués et aux étrangers de marque qui s'arrêtent chez lui. J'y fus invité, ainsi que tous ceux qui m'accompagnaient.

L'étiquette place le roi au centre de la table. À ses côtés sont les princes et princesses de sa famille suivant leur rang, et, comme la maison de Prusse est très-nombreuse, elle remplit presque tout le côté de la table où est le roi. L'étranger auquel le roi veut faire honneur est sur le côté parallèle du sien et en face de lui. De cette manière il peut lui adresser la parole et causer avec lui, la table étant peu large. La princesse de Liegnitz, femme du roi, est une agréable personne; mais, quoique reconnue, son existence équivoque, à moins qu'un sentiment très-vif pour son mari ne remplisse son coeur, rend sa vie peu digne d'envie. Elle n'a des grandeurs que les inconvénients, sans en avoir les avantages.

Le roi fit exécuter devant moi de grandes manoeuvres par la garnison de Berlin. Il y avait quatorze bataillons, vingt-deux escadrons, et une artillerie proportionnée. Les mouvements furent faits avec une précision et une rapidité extrêmement remarquables. Ce qui rendit à mes yeux ces manoeuvres étonnantes, c'est que le tiers des soldats placés dans les rangs se composait de recrues ayant rejoint leur régiment à la fin de l'année précédente. En quatre mois ils avaient été dressés, instruits et mis à l'école de bataillon. Les manoeuvres prussiennes, il est vrai, sont aujourd'hui les plus simples de l'Europe. Autrefois tout était fantasmagorie dans cette armée, tout y était compliqué. Après les revers de 1806, on a abandonné ce système de charlatanisme. Des hommes éclairés, des officiers habiles, après avoir cherché à reconnaître les véritables besoins de la guerre, ont réduit l'ordonnance prussienne à ses moindres termes, en supprimant tout ce qui est fait pour la parade et destiné seulement à parler aux yeux. Ce programme était la conséquence nécessaire du système militaire qui a été établi et dans lequel, comme tout le monde le sait, on appelle successivement la population entière sous les armes, système merveilleusement adapté à la position faible, dépendante dans laquelle la Prusse était tombée par ses malheurs.

Après la paix de Tilsitt, la Prusse était descendue au rang de puissance de second ordre; mais elle avait tous ses souvenirs et toutes ses passions nationales. Cela seul suffisait pour la rendre encore redoutable. Napoléon savait bien que l'amour-propre humilié ne pardonne pas: aussi se tint-il constamment en méfiance contre elle. La première preuve qu'il en donna fut de limiter la force de l'armée du roi de Prusse. Mais le gouvernement prussien, voulant de bonne heure préparer les moyens de son affranchissement quand les circonstances le rendraient possible, adopta, tout en semblant obéir, un mode de recrutement et de congé qui préparait dans le silence une armée dont la force serait immense en peu d'années. Le général Scharenhorst en fut l'auteur. On borna à trois ans le service des hommes appelés sous les drapeaux. Ainsi l'armée se renouvelait chaque année par tiers. Les cadres des régiments, ainsi consacrés à instruire, devinrent une école pour la nation entière. Napoléon ne s'aperçut pas de l'intention, tandis que les Prussiens, qui devinèrent sur-le-champ le but de ce système, le reçurent avec enthousiasme et y virent l'élément de leur salut. Les officiers et sous-officiers, transformés tous en instructeurs, rendirent en peu de temps des recrues animées d'un bon esprit, d'excellents soldats.

Quand, en 1815, la Prusse courut aux armes pour nous combattre, elle put réunir en un moment deux cent mille vieux soldats sous les drapeaux, et toute la jeunesse des écoles, pleine de passions généreuses et patriotiques, vint compléter cette armée et lui donner cette énergie qui la rendit si redoutable; car l'armée prussienne, à cette époque, nous combattit avec plus de courage et plus d'acharnement que toutes les autres.

Ce système, établi sous l'empire des circonstances exceptionnelles que je viens d'indiquer, a été continué, et il existe encore au moment où j'écris. Il exige, de la part des officiers et des sous-officiers, des soins et des travaux presque incroyables, et que ne semblent pas comporter des temps ordinaires. L'action personnelle du roi, le concours de tous les princes de sa famille, ont maintenu jusqu'à présent le mouvement imprimé au début. C'est un prodige qui cependant doit avoir un terme; car il exige des efforts inouïs et toujours renouvelés de la part des officiers de l'armée. On conçoit que le sentiment du salut public donne, pendant un certain temps, un zèle soutenu et que nulle fatigue n'arrête. Lorsque le but est atteint, on comprend que les habitudes continuent encore pendant quelque temps; mais il y a un moment où tout doit rentrer dans un ordre plus en rapport avec tes facultés de tous. Les officiers et sous-officiers, indépendamment des devoirs du service journalier, sont assujettis à faire sans relâche le métier d'instructeur. Ils recommencent chaque année à instruire des hommes qui, peu après, disparaissent pour être remplacés par d'autres, qu'il faut instruire encore, et qui doivent, immédiatement après, les quitter à leur tour; et ainsi constamment: travail décourageant et qui donne l'idée du supplice des Danaïdes.

On ne saurait, au surplus, trop admirer des troupes que leur excellent esprit et leur zèle ont maintenues et soutenues dans l'accomplissement de devoirs aussi pénibles. Aussi ont-elles atteint le but qu'elles avaient devant elles; car, je le répète, l'instruction est parfaite et satisfait à tous les besoins de la guerre. La marche est excellente et facile, les distances et les directions se conservent, les feux sont vifs et réguliers. Il n'en faut pas tant pour livrer et gagner des batailles.

Une chose cependant justifie, en Prusse, la permanence du système dont j'ai démontré l'épouvantable fatigue pour les officiers et sous-officiers des régiments: c'est la nécessité de former pour la guerre toute la partie virile de la population. La monarchie prussienne, dont la configuration est bizarre, n'a point de frontière défensive. Vulnérable partout, elle peut être attaquée par son milieu et coupée en deux par un premier succès. Elle doit donc pouvoir se défendre dans chacune de ses parties. À cet effet, le pays tout entier doit être considéré comme un camp, et la nation doit pouvoir se transformer en une armée. Il faut que la population puisse partout se lever et se défendre, et, pour qu'elle le fasse avec succès, il faut la maintenir organisée, instruite et placée dans les cadres. Sans cela, elle ne pourrait ni se mouvoir ni combattre. Dans ce système, et à quelque exception près, les places ne sont que des lieux de dépôt et d'armement des corps d'armée, où les approvisionnements de tout genre, faits d'avance, sont en sûreté.

J'allai visiter Postdam. Le roi voulut bien m'en faire voir la garnison. Cette fois il ne fut plus question de manoeuvres, mais d'une parade avec toutes les recherches d'une belle tenue. Les troupes étaient magnifiques et défilaient devant le roi.

Le prince Albert, fils du roi, jeune homme de seize ans, était lieutenant dans un régiment d'infanterie de la garde. Il défila à la tête de son peloton: beau spectacle et hommage flatteur rendu au service militaire, à son importance, à ses droits, et manière puissante de rehausser la considération dont il doit jouir à tant de titres; enfin, réponse péremptoire aux prétentions et aux ambitions désordonnées. Nous sommes loin de là en France! Et il semble que la raison, la partie pratique des affaires et du gouvernement, soient seulement connues dans le Nord. Au Midi, tout est caprice et misère. Chez nous, on donnait, il n'y a pas longtemps, à un enfant en jaquette et ne sachant pas lire, des aides de camp! Contre-sens misérable et digne de pitié!

Après avoir dîné chez le roi, je parcourus Postdam, Sans-Souci, et vis ce que le parc renferme de curieux. Tout est plein des souvenirs du grand Frédéric, dont la mémoire est en vénération. Cinq aigles françaises, prises en 1813 et 1814, sont déposées sur son tombeau: hommage le plus digne de la mémoire d'un si grand capitaine.

Je visitai Charlottenbourg. Le château renferme le mausolée élevé à la reine, ouvrage du célèbre Rauch. La statue de la princesse, couchée avec grâce, est le morceau de sculpture dont la vue m'a fait le plus de plaisir. On la dit ressemblante, ce dont je ne puis juger, n'ayant jamais connu la reine. Mais son attitude est remplie de grâce; la figure a une expression admirable; la vie et la mort s'y trouvent réunies; car l'existence vient de finir, et cependant on voit encore des traces d'un sentiment de douceur et de bienveillance.

Parmi les choses curieuses de Berlin, on doit mettre en première ligne l'arsenal, beau bâtiment, renfermant de grands approvisionnements d'artillerie de toute espèce, une immense salle d'armes, remplie de plus de cent mille fusils. Le prince Auguste de Prusse, chef de toute l'artillerie prussienne, m'en fit les honneurs.

À peine entré dans la salle, je fus frappé des trophées qui la décoraient. Une immense quantité de drapeaux français s'y trouvait. Mon premier mouvement fut de regretter d'être venu dans cette enceinte; mais, une fois là, il fallait faire, contre mauvaise fortune, bon coeur. Le nombre des drapeaux surtout me paraissait incroyable; mais ce nombre lui-même servit à m'éclairer sur leur peu de valeur, et le peu de gloire qui résultait de leur possession. Ces drapeaux avaient appartenu aux régiments français, avant le moment où les aigles, contre lesquelles ils avaient été échangés, leur eussent été données. Ainsi ils avaient été trouvés dans un magasin, lors de l'occupation de Paris. Bien plus, dans le nombre, se trouvaient des drapeaux de gardes nationales de village, et jusqu'à un drapeau rouge destiné, d'après la loi de l'Assemblée constituante, à être arboré lors des émeutes et de la proclamation de la loi martiale. Tous ces drapeaux, ramassés partout et présentés avec orgueil aux yeux des ignorants, n'attestaient pas autre chose que l'entrée, en France et à Paris, des armées étrangères, ce dont tout le monde est informé.

En général, il y a de l'esprit gascon chez les Prussiens, et beaucoup de forfanterie. On vise à l'effet par des apparences. Les maisons semblent des palais, et l'intérieur dément cette prétention. On peut appliquer au gouvernement comme aux particuliers cette expression vulgaire de «tapisser sur la rue;» mais, en reconnaissant cette vérité incontestable, on ne peut s'empêcher de voir aussi à quel point la raison, une sage économie, un admirable système d'administration et de gouvernement distinguent ce royaume. Une vigilance dont rien ne peut donner l'idée est le cachet de tout ce qui se fait en Prusse. Le sentiment des bienfaits de cette administration et de sa justice est sans doute bien profond et bien intime, puisqu'il a suffi à satisfaire ce peuple après les promesses, restées sans effet, d'institutions qui lui ont été prodiguées en 1815, dans le but de développer le mouvement énergique d'alors. Tous les souvenirs et toute l'influence morale de la France ont disparu devant le bien-être actuel. Personne ne pense plus à des choses superflues, parce qu'on est en jouissance des meilleurs résultats possibles; et peut-être aussi les secousses et les nouveaux malheurs dont la France a été le théâtre ont-ils éclairé les peuples sur leurs véritables intérêts. Souverains du monde, gouvernez bien, avec fermeté, justice, raison, et vous n'aurez pas de révolutions.

Je me mis en route, le 3 mai, pour continuer mon voyage. Le pays que je traversai est loin d'être beau. Des sables, presque toujours des sables, et la tristesse que donne à la nature un soleil pâle et l'absence de chaleur. La grande route, chaussée faite avec empierrement, était au moment de son achèvement. Ce beau, grand et utile travail mettra en communication avec le midi et l'occident de l'Europe ces peuples éloignés et les rapprochera ainsi des foyers de la civilisation. La campagne est couverte de blocs de granit erratiques, arrondis par les frottements, et amenés là des Karpathes ou de la Suède par les révolutions du globe. On brise ces blocs, seuls bons matériaux à portée, et leurs débris servent à former l'empierrement de la route. Je m'arrêtai à Mittau, où j'allai visiter le château, refuge de la famille royale de France pendant plusieurs années. À combien d'autres pèlerinages, plus pénibles encore, cette malheureuse famille n'était-elle pas condamnée!

Je m'arrêtai un jour à Riga. J'y trouvai, comme gouverneur, un officier, Italien de naissance, autrefois placé dans nos rangs, le général Paolucci, homme d'esprit, et qui avait fait en Russie une fortune rapide et extraordinaire. Il avait commandé dans cette place, sur cette frontière, pendant la campagne de 1812, devant le maréchal Macdonald. Cette place de Riga, peu de chose comme place de guerre et d'une force très-médiocre, est importante comme débouché du commerce de la Russie dans la Baltique. Il s'exporte, par la Dwina et le port de Riga, une énorme quantité de produits. Enfin, j'arrivai à Saint-Pétersbourg, le samedi 13 mai, 1er mai du calendrier russe, jour de joie et de plaisir, où l'on célèbre la renaissance de la nature.

En approchant de Saint-Pétersbourg, on traverse une espèce de désert, un vaste espace de terres incultes, de marécages et de plaines sans habitants. Cet état de choses est loin d'annoncer le voisinage d'une capitale. À commencer de Strella, on trouve, faisant face à la Newa, une multitude de jolies maisons de campagne de petites dimensions, mais propres, ornées et élégantes. Ces habitations sont la conséquence du luxe et du bien-être de la classe riche et élevée; mais elles n'ont point de rapport avec la population proprement dite, avec la masse des habitants.

Arrivé à Saint-Pétersbourg, on trouve une ville de la plus grande beauté, bâtie sur un plan régulier, avec des rues droites et larges. Mais cette ville, bâtie par la volonté toute-puissante d'un homme, est l'expression d'une pensée, mais non celle des besoins du pays. Or cette dernière condition seule caractérise une capitale. Le temps, les intérêts, les habitudes, la créent. Elle se fait par la seule puissance des siècles, et non autrement. D'après cela, Saint-Pétersbourg n'est qu'une résidence, une ville de commerce, mais non une capitale. Au surplus Pierre le Grand n'a jamais eu la pensée d'y faire son séjour habituel, et la preuve, c'est qu'il n'y a bâti, pour son usage, que de chétives maisons. Les palais ont été construits par ses successeurs. Des souverains, mal assis sur le trône, étrangers à la nation, ont dû adopter le système de gouverner de loin. Entourés d'une garde fidèle et nombreuse, séparés de populations qui pouvaient se mutiner et de grands seigneurs redoutables, ils étaient comme dans une forteresse inattaquable, entourée de déserts. Les ukases arrivaient avec le prestige causé par l'éloignement et une espèce de mystère. Les souverains de Russie, ainsi invisibles à leurs sujets, apparaissaient à leurs peuples comme le destin et les interprètes des arrêts du ciel.

À mon arrivée, l'empereur Nicolas me fit complimenter par un de ses aides de camp. Peu de jours après, j'eus mes audiences avec le cérémonial accoutumé. L'empereur me reçut au palais de l'Ermitage.

Il m'est impossible de rendre ma sensation à la vue de ce jeune souverain rempli de grâce et de majesté. Rien de plus imposant que sa personne, rien de plus simple que ses manières. Il y a dans son regard et dans son maintien une autorité impossible à dépeindre. Quand il est hors de son cabinet, avec son chapeau sur la tête, personne, je pense, n'éprouve la tentation de se trouver sur son chemin. C'est à lui que l'on peut faire l'application de ces vers célèbres:

«Quel qu'eût été le rang où le sort l'eût fait naître,

Le monde, en le voyant, eût reconnu son maître.»

Mais dans le tête-à-tête sa politesse est exquise. Ses manières affables, sa haute raison, provoquent la discussion, et l'on croit presque, au bout de peu de moments, être avec son égal. Il me reçut seul, et je fus dispensé de prononcer un discours public et solennel, comme cela se fait en France. Il m'exprima sa satisfaction de me voir et de faire la connaissance personnelle d'un général dont il avait souvent entendu parler. Après avoir causé pendant une demi-heure de la France et de la famille royale, de Napoléon et des guerres passées, il sortit, et je lui présentai les quinze officiers qui m'accompagnaient, en qualité de gentilshommes d'ambassade ou d'aides de camp.

Le lendemain je fus présenté à l'impératrice, au palais d'Aniskoff. Cette princesse charmante, belle, aimable et séduisante, aurait des succès aussi assurés dans la vie privée que sur le trône. Enfin, le grand-duc Michel, frère de l'empereur, me reçut, et là se termineront, pour le moment, mes présentations. Les deux impératrices Marie et Élisabeth, ainsi que la grande-duchesse Hélène, se trouvaient alors dans le midi de l'empire.

Peu après mon arrivée à Saint-Pétersbourg, on reçut la nouvelle de la mort de l'impératrice Élisabeth. Cette princesse, tombée malade après la mort d'Alexandre, avait fini par succomber à sa douleur. L'impératrice, sa belle-mère, partie pour aller la soigner, n'arriva pas à temps pour lui fermer les yeux. Toute la famille impériale éprouva une grande douleur de cette perte. Cet événement retarda le couronnement, me donna l'occasion de voir la cérémonie funèbre qui en fut la conséquence, et me fit prolonger mon séjour à Saint-Pétersbourg. Ainsi j'eus le temps et l'occasion de voir en détail tout ce que cette ville et les environs renferment de curieux, de voir fréquemment l'empereur à la parade et d'assister aux manoeuvres de Zarskoïe-Sélo, où une partie de la garde était réunie et campée.

La vue imposante de Saint-Pétersbourg, la connaissance des immenses travaux de son fondateur, de ses entreprises si vastes et si variées, n'ont pas ajouté à mon admiration pour Pierre le Grand. L'activité de ce prince était prodigieuse, la force de sa volonté immense; mais son génie était éminemment imitateur. Il a trop servilement calqué ses projets sur ce qu'il avait vu ailleurs. Il a fait souvent de fausses applications. Saint-Pétersbourg en est un des plus évidents exemples.

Une pensée-mère à ses veux était d'avoir un grand établissement maritime, afin de mettre sa nation en communication prompte et facile avec l'Europe. C'était certainement une pensée belle et féconde. Il choisit d'abord les bords de la mer d'Azoff, dans ce but; les revers éprouvés dans la guerre contre les

Turcs, les cessions qui en furent la suite, et que le traité du Pruth consacra, ayant mis obstacle à ses projets, il prit l'extrémité opposée de son empire, circonstance d'un grand bonheur pour lui, car il n'aurait tiré aucun parti dans le but proposé d'un établissement dont l'action ne pouvait se faire sentir d'une manière libre et efficace que sur les bords de la mer Noire, habités par des peuples plus barbares encore que les siens. Les Dardanelles et le Bosphore étant au pouvoir des Turcs, les rapports avec l'Italie et la France devaient toujours être incertains et douteux. En s'établissant sur la Baltique, il se trouva tout de suite en contact avec toute l'Europe civilisée.

Une fois l'idée de placer sa ville de commerce sur le bord de la Baltique arrêtée, le choix de l'embouchure de la Néva était bon. La difficulté de la navigation du lac de Ladoga, suppléée par un canal parallèle, travail d'une facile exécution, assura la communication par eau avec l'intérieur de l'empire. Les circonstances naturelles du sol de cet immense empire sont telles, d'ailleurs, qu'aucun obstacle ne s'oppose à ce qu'on lie, par des canaux, les différentes rivières qui le traversent. Ces rivières sont presque toutes navigables. Aussi, aujourd'hui, la navigation intérieure existe-t-elle du Midi au Nord dans toute son étendue, et Saint-Pétersbourg est devenu le lieu le plus important de l'exportation des produits de l'empire. Cette exportation, dont je donnerai plus bas l'indication, est immense. Elle est telle, qu'elle semble au-dessus de toute vraisemblance.

Mais Pierre Ier a-t-il choisi à l'embouchure de la Néva le point le plus convenable pour y fonder une ville? Il est possible de le révoquer en doute. On ne peut même l'excuser de l'avoir placée de manière à rendre son existence toujours incertaine et périlleuse à cause des circonstances qui reviennent à des époques plus ou moins éloignées, mais toujours constamment. Ces circonstances sont maintenant parfaitement connues et constatées. D'abord ce sont des vents d'ouest violents qui portent les eaux de la Baltique dans le golfe de Finlande et en élèvent le niveau. Ce sont ensuite les vents du nord qui, leur succédant immédiatement, refoulent les eaux du golfe de Bothnie et les accumulent tellement à l'embouchure de la Néva, que la mer envahit le lit du fleuve et s'élève à Saint-Pétersbourg à une hauteur telle, que la ville est au moment de périr, et périrait infailliblement, si cette disposition des vents durait deux jours après le moment où la crue se fait sentir et où les quais sont envahis.

Pierre Ier connaissait ce phénomène, et à cette occasion je raconterai une anecdote que les recherches faites après la dernière inondation ont fait connaître. Pierre était dans l'île Basile et présidait au commencement des travaux. Tout à coup, il remarqua une croix placée au-dessus d'un arbre. Il s'informe à des pêcheurs de ce qu'elle signifie. On lui répond qu'elle marque la hauteur des eaux de la dernière inondation. Cette découverte était de nature sans doute à modifier son ouvrage. Il réfléchit quelque temps et se borna à faire couper l'arbre.

L'idée dominante, dans l'esprit de Pierre le Grand, a été, en construisant sa ville, d'imiter Amsterdam. Il avait demeuré en Hollande, et il voulut faire une ville hollandaise. Il ne vit pas que les Hollandais n'avaient pas eu le choix de construire autrement et devaient multiplier les canaux pour assainir les terrains et pour élever l'emplacement de leur ville. Ces canaux, en communication avec le port rempli de bâtiments de commerce de toutes les grandeurs, sont d'une grande utilité pour les transports des marchandises dans les magasins situés sur leurs bords; mais, à Saint-Pétersbourg, ces canaux sont sans emploi; ils se comblent chaque jour et n'apportent que des éléments d'insalubrité. Ensuite cette ville, consacrée dans le principe uniquement au commerce, est placée en deçà d'une barre qui ne permet pas aux bâtiments ayant plus de huit ou neuf pieds de tirant d'eau d'y arriver.

Si Saint-Pétersbourg avait été placé où est aujourd'hui le château de Peterhof, c'est-à-dire à six lieues plus bas, cette ville aurait été dans un lieu sain, à l'abri des tempêtes et des eaux du fleuve. Son port, placé en avant de la barre, aurait pu recevoir les bâtiments du plus grand tonnage. Les eaux vives et abondantes, qui forment aujourd'hui de belles cascades, auraient fourni à tous les besoins de la population. L'emplacement des jardins du bas aurait pu servir à tous les établissements maritimes, à construire des bassins pour les vaisseaux, à creuser une darse et à tout ce qu'exige un grand port. Une simple digue, les enveloppant, appuyée à la montagne en aval et en amont, les aurait mis complétement à l'abri des accidents de la mer. Mais Pierre, servile imitateur de ce qu'il avait vu, voulut copier et copia, sans motif et sans raison, ce qui, par d'autres motifs et pour un but différent, existait ailleurs.

Je ne prétends pas déprécier ce grand caractère, et je dirai que tout ce qu'on voit à Saint-Pétersbourg de Pierre le Grand, tout ce qu'on raconte de cet homme extraordinaire en Russie, prouve que jamais il n'a existé une activité pareille à la sienne. Son ambition, appliquée à tout, était sans bornes. Il voulait tout faire, tout savoir, tout entreprendre, tout exécuter. Il ne répugnait à aucune fatigue, à aucun travail. Il voulut être soldat, marin, ouvrier, artiste. Il prétendait suffire à tout et rassembler en lui les facultés qui sont réparties chez les individus de diverses classes de la société. Voilà ce qui le distingue éminemment des autres hommes. Avec une disposition semblable, on fait de grandes choses, on fait beaucoup; mais certes on ne suit pas la marche du génie. Le génie s'élève au-dessus de l'action vulgaire; il conçoit, il ordonne, il juge, et il lui reste du temps pour méditer. Pierre poussa la passion de l'universalité du savoir jusqu'à vouloir être chirurgien et dentiste, et l'on montre à Saint-Pétersbourg les instruments dont il s'est servi dans ses opérations, et avec lesquels il martyrisait probablement ses courtisans. Cependant, occupé de détails si petits et si misérables, il faut le dire, il n'y a aucune des grandes choses que son empire comportait alors dont il ne se soit occupé d'une manière efficace. Fondation de villes, création de ports et d'arsenaux, construction de canaux qui lient les diverses mers entre elles, formation d'une armée disciplinée, soumission des grands du pays, jusque-là en révolte habituelle, il a tout entrepris, il a tout exécuté, avec plus ou moins de succès, et il est mort à cinquante-trois ans. La première partie de son règne, partagée d'abord avec son frère, a éprouvé de grandes difficultés et de grands obstacles. Une constitution forte et robuste était l'auxiliaire que la nature lui avait donné, et une âme de feu dans un corps de fer explique le spectacle qu'il a offert au monde.

Puisque je suis entré déjà en tant de détails sur le matériel de Saint-Pétersbourg, je parlerai des moyens à employer pour mettre cette grande et belle ville à l'abri des dangers qui la menacent. Le projet ci-après m'a été communiqué par son auteur, le général Bazaine, Français de naissance, ancien élève de l'École polytechnique, ingénieur des ponts et chaussées très-distingué, chef des voies et communications sous l'autorité du prince Alexandre de Wurtemberg. Son exécution est facile, et il est incroyable qu'avec le sens droit et exquis de l'empereur, et attendu l'importance du résultat, il ne soit pas déjà mis à exécution.

Les inondations de Saint-Pétersbourg sont causées par l'arrivée et l'invasion des eaux de la mer quand elles s'élèvent, et non par la seule suspension de l'écoulement des eaux de la Néva. C'est donc contre cette action puissante qu'il faut diriger les précautions à prendre, et voici ce que le général Bazaine propose. De la pointe de la côte, située sur la rive gauche du fleuve, où est placé le château d'Oranienbaum, un banc élevé et solide court perpendiculairement à la longueur du fleuve et le barre dans son cours. Une passe, large et profonde, lui succède; ensuite le banc se reproduit et vient aboutir à Cronstadt. Le général Bazaine pense qu'en employant de gros morceaux de granit, faciles à tirer de Finlande, et en construisant une digue sur le banc existant, à peine couvert par l'eau dans les temps ordinaires, et en réduisant l'ouverture de la Néva à la partie où elle est profonde, on élèverait les eaux de trois pieds environ, ce qui donnerait les mêmes moyens d'écoulement qu'à présent. Les eaux trouvant en hauteur l'équivalent de ce qu'elles perdraient en largeur, quand les eaux de la mer s'élèveraient, elles trouveraient la digue, qui les empêcherait de pénétrer. En outre, comme dans ces circonstances l'élévation des eaux dans le lit de la rivière, si menaçante pour la ville, n'est pas seulement le résultat de la suspension du cours de la Néva, mais encore et surtout tient à l'invasion des eaux de la mer, agissant avec une grande pression, le rétrécissement de l'embouchure aurait pour effet, en diminuant la masse des eaux introduites et leur pression, de diminuer les accidents, si redoutables aujourd'hui. Il faudrait aussi barrer de même le bras de la Néva qui sépare l'île de Cronstadt de la terre ferme. Ces travaux rappelleraient parfaitement les *murazzi* de Venise; ils seraient d'une exécution plus facile, à cause du voisinage des matériaux, de leur nature et des moyens qu'on emploie en Russie. Indépendamment de la conservation de Saint-Pétersbourg, qui serait assurée, ce système aurait encore d'autres avantages. Presque tous les bâtiments de commerce qui naviguent sur la Baltique pourraient franchir la barre et arriver à Saint-Pétersbourg tout chargés. Aujourd'hui, les marchandises se débarquent à Cronstadt, et des allèges les apportent à la capitale. Ensuite, le niveau de la rivière étant changé, la résistance des eaux de la mer se trouverait plus bas dans son cours, et, par conséquent, les dépôts dont la barre est augmentée chaque jour se feraient ailleurs et ne contribueraient pas à l'accroître. En effet, la barre, à l'entrée de tous les fleuves, est toujours le résultat du dépôt des terres charriées et précipitées au moment où le repos est produit par le choc du courant contre la mer. Ainsi la barre actuelle ne serait jamais augmentée. On pourrait même y ouvrir un passage de quelques pieds, et, avant d'avoir à redouter les effets de la nouvelle barre, on aurait la marge de quelques milliers d'années.

Quand on pense aux immenses résultats d'un pareil travail, estimé par les calculs du général Bazaine à neuf millions de francs et à trois ans de temps pour être achevé, on se demande comment un souverain aussi éclairé que Nicolas ne l'a pas encore ordonné. Il est vrai qu'en Russie, comme ailleurs, les choses les plus simples et les meilleures rencontrent des difficultés qui tiennent aux personnes, et le général Bazaine me parlait avec douleur du triste sort d'un homme de métier dont les projets sont soumis à l'opinion et à la volonté d'un prince amateur. C'est ainsi qu'il désignait le prince Alexandre de Wurtemberg.

Je trouvai à Pétersbourg, comme ambassadeur de France, M. le comte de la Ferronays, homme aimable et spirituel, qui occupait ce poste depuis plusieurs années. Comme il est devenu ministre, j'entrerai dans quelques détails sur son compte.

M. de la Ferronays est un gentilhomme breton. Après avoir émigré très-jeune avec ses parents, il s'attacha au duc de Berry, le suivit partout, devint son compagnon de plaisirs et son ami. Plus tard et pendant la Restauration, madame de la Ferronays, étant dame d'atours de madame la duchesse de Berry, eut une querelle pour la possession de la layette d'un enfant de madame la duchesse de Berry, mort en naissant. Cette querelle devint vive. Des mots offensants furent prononcés. Cela décida M. le duc de Berry à se séparer de M. et madame de la Ferronays. Cette circonstance a ouvert à ce dernier la carrière politique. Envoyé d'abord en Danemark, il eut peu après la mission de Saint-Pétersbourg, qu'il remplit d'une manière satisfaisante.

M. de la Ferronays est peut-être le seul émigré qui n'ait conservé aucun vernis de l'émigration. Il a poussé même quelquefois trop loin les opinions libérales, par besoin de popularité. Il est raisonnable et désintéressé, mais rempli d'amour-propre et de vanité. Sa vie tout entière a été consacrée à la séduction des femmes. C'est un métier qu'il entend et qu'il a fait avec succès. Il aurait dû vivre à l'époque du Louis XV. Il se fût alors trouvé dans l'atmosphère qui lui convient. Je l'ai entendu professer la théorie de la séduction avec une grande supériorité, et il m'a même, à cette occasion, raconté des histoires fort curieuses et fort plaisantes. D'un physique agréable, son commerce est facile et doux. Il a un talent prodigieux pour occuper les autres de lui et pour se faire valoir. On conçoit qu'avec son habitude de tromper les femmes son caractère a dû en recevoir quelque atteinte. Aussi n'est-ce pas un de ses moindres succès que d'avoir obtenu cette réputation de chevalier, qu'il possède peut-être à bon marché. Une tête haute, un air confiant, ont fait naître cette illusion chez beaucoup de gens. Je sais par expérience, et à mes dépens, que M. de la Ferronays n'est pas toujours sincère. Quand il arriva au ministère, qu'au surplus il n'avait pas désiré, il a été l'espérance de beaucoup de gens. J'ignore si la tâche n'était pas au-dessus des forces humaines; mais au moins il est certain que, malgré de très-bonnes intentions, il l'a faiblement remplie.

Je vis avec détail tout ce que Saint-Pétersbourg présente de curieux; mais ce qui, sans nulle comparaison, m'intéressa le plus était de voir, d'étudier et de connaître l'empereur Nicolas. Cette haute raison à l'âge où les passions ont tant de force et d'énergie, sa modération avec une nature violente et emportée, cette domination qu'il exerce sur lui-même, qui est si méritoire quand on peut impunément s'abandonner à ses passions, doivent inspirer une sincère admiration. Il sait qu'il a des devoirs à remplir, et que tout n'est pas jouissance et plaisir dans la région élevée où il est placé. Je l'ai vu exercer ses troupes à Pétersbourg, au camp de Zarskoïe-Sélo, et plus tard à Moscou. Je n'ai jamais vu personne manier avec plus de facilite, d'aisance et un coup d'oeil plus juste des masses de troupes considérables. Il entend admirablement bien le mécanisme qui les fait mouvoir, et il en dirige l'action avec une rare perfection. À son âge, avec ses goûts et ses armées, on aurait dû croire qu'il chercherait les occasions de faire la guerre; mais le temps a prouvé le contraire. Sa modération d'un côté, et une philanthropie poussée à l'excès, de l'autre, sont des obstacles à ce qu'il soit belliqueux. L'épreuve d'une campagne l'a éclairé, et il a eu la haute vertu de s'abstenir d'un métier qu'il faisait volontiers, et de laisser un de ses généraux, qu'il reconnaissait plus savant que lui, acquérir une gloire qui aurait pu être sa propriété. Il lui a laissé le champ libre, il lui a donné avec profusion les moyens de bien faire et l'a récompensé sans jalousie avec magnificence, après le succès. Cette conduite suppose une si haute vertu, qu'elle paraît au-dessus de l'humanité.

Nicolas a été instruit avec soin. Il est modeste; il fait peu d'étalage de ses connaissances; il parle avec simplicité et réserve de ses actions. Il était peu aimé à l'époque où j'étais en Russie, et j'en éprouvais de l'indignation; mais on en trouve l'explication par le fait suivant. Quoique destiné au trône par Alexandre, il n'avait été en rien associé au gouvernement: chose étrange, et qui tenait peut-être au mystère qui environnait le testament, dont on ne voulait pas divulguer les dispositions. Mais, enfin, telle était sa condition. Sa seule occupation était de commander une brigade de la garde, et alors, apportant dans ces fonctions l'activité de son âge et l'énergie de son caractère, il tourmentait beaucoup soldats et officiers. Il voulait arriver à une perfection que l'on ne peut atteindre et qu'on doit se dispenser de chercher. De là est résultée pour lui une réputation de sévérité et de dureté qui avait donné de fâcheuses préventions sur son caractère. Or les préventions motivées sur les premières actions d'un homme qui commence sa carrière sont difficiles à détruire. Il avait en outre devant lui un autre obstacle: c'était le souvenir de son prédécesseur.

L'empereur Alexandre peut être l'objet de diverses critiques; mais une qualité sur laquelle personne n'est en dissidence, c'est une bonté de cœur sans limites. Son active bienveillance, son besoin de bienfaisance, se montraient chaque jour et dans chaque occasion. Elle tenait peut-être à une conscience timorée et au désir d'une âme tendre de trouver des moyens de bénédiction. Des habitudes généreuses en résultaient, et quelquefois elles approchaient de la prodigalité. Nicolas, au contraire, mû par des sentiments de justice et d'économie, véritables règles des souverains, a souvent été calomnié par les courtisans avides.

Une chose admirable est l'éducation donnée par Nicolas à son fils, prince charmant, d'une rare beauté, et dont le temps n'aura sans doute fait que développer les qualités. Je demandai à l'empereur à lui être présenté, et il me répondit: «Vous voulez donc lui tourner la tête. Ce serait un beau motif d'orgueil pour ce petit bonhomme que de recevoir les hommages d'un général qui a commandé les armées. Je suis fort touché de votre désir de le voir, et vous pourrez le satisfaire quand vous irez à Zarskoïe-Sélo. On vous fera rencontrer mes enfants. Vous les examinerez et vous causerez avec eux; mais une présentation d'étiquette serait une chose inconvenante. Je veux faire de mon fils un homme, avant d'en faire un prince.» Tout l'état-major attaché à cet héritier d'un grand empire consistait en un lieutenant-colonel, son gouverneur, et en des maîtres chargés de l'instruire. Plus d'une fois l'empereur, en apprenant les détails de l'éducation de M. le duc de Bordeaux, a gémi avec moi de la pompe ridicule qui entourait ce prince dans sa plus grande enfance.

Le grand-duc héritier est propriétaire de deux régiments de la garde, un d'infanterie et celui des hussards; mais il y occupait alors un emploi de sous-lieutenant et y paraissait en cette qualité dans les revues. Je l'ai vu commander son peloton, composé de grenadiers dont la taille était double de la sienne.

Ses manières avaient de la gravité et de l'autorité. Je l'ai vu défiler, à la tête de son peloton de hussards, et se démener à merveille, sur son très-petit cheval, au milieu d'une réunion de plusieurs milliers de chevaux. L'empereur me disait, en regardant son fils avec l'expression de la sollicitude la plus tendre: «Vous imaginez que j'éprouve de l'agitation et de l'inquiétude en voyant cet enfant, qui m'est si cher, dans un pareil mouvement; mais j'aime mieux m'y soumettre pour lui former le caractère et l'accoutumer de bonne heure à être quelque chose par lui-même.»

Voilà ce qu'on peut appeler de bons principes d'éducation; et, quand ils sont appliqués à l'éducation d'un homme destiné à être chef d'un grand empire, on doit en prévoir les meilleurs résultats.

Les libéraux ont beaucoup accusé l'empereur Nicolas d'un excès de sévérité à l'occasion de la conspiration qui a éclaté au moment où il est monté sur le trône, et ils ont, en cette circonstance comme en mille autres, été injustes et de mauvaise foi. Jamais conception plus affreuse, plus odieuse que cette conspiration, n'est entrée dans la tête des hommes. Jamais plus d'ingratitude ne s'est montrée à découvert. Jamais entreprise plus folle n'a été commencée. Si quelque chose peut surpasser la déraison des projets, c'est l'extravagance de la conduite tenue dans l'exécution. Ourdie d'abord contre Alexandre, contre le souverain le plus philanthrope, le plus doux, le plus rempli de bienfaisance, contre un souverain qui avait dignement porté la couronne et élevé si haut le nom russe, elle fut continuée ensuite contre Nicolas, encore inconnu, et sur lequel on pouvait fonder des espérances de bonheur public. Et quels sont les chefs de cette horrible entreprise, dont la première conséquence, en cas de succès, était la mort de tous les membres de la famille impériale? Ce sont des gens comblés hors de mesure des bienfaits de cette auguste famille. Un d'eux, nommé Pestel, avait été élevé dans l'intérieur du palais et d'une manière privilégiée. Blessé à la Moskowa, il avait été soigné dans le palais de l'impératrice-mère et traité comme aurait pu l'être son fils; et cet homme fut un des plus atroces! Les uns voulaient la division de l'empire; d'autres une république. Aucune idée raisonnable n'était entrée dans les esprits; tout était confusion et frénésie. Le nombre des coupables était grand, et l'empereur a réduit celui des condamnés tant qu'il l'a pu. Le petit-fils de Souwarow était fortement compromis. Il voulut l'interroger lui-même. Son but était de lui donner le moyen de se justifier. Aussi, dès les premières réponses, il lui dit: «J'étais bien certain qu'un Souwarow ne pouvait être complice d'une pareille infamie!» Et à chaque réponse ce fut la même réplique. L'empereur a avancé cet officier; il l'a envoyé faire la guerre dans le Caucase; il a ainsi conservé un grand nom dans sa pureté et acquis un serviteur qui lui doit plus que la vie.

J'étais à Saint-Pétersbourg pendant ce procès. Jamais instruction ne s'est faite avec plus de soin, et jamais marche ne fut plus régulière, au moins comme le comporte l'organisation politique et judiciaire en Russie. Jamais condamnations ne furent plus justes et mieux méritées. L'empereur a commué beaucoup de peines. Cinq individus, condamnés à être pendus, furent seuls exécutés, et l'on a crié à la barbarie! A-t-on donc oublié que l'empire avait été ébranlé et la famille impériale menacée d'être massacré? Si Nicolas avait, par une exagération de douceur, fait grâce à tous les coupables, il aurait donné une idée fausse de son caractère: on aurait cru à une clémence motivée par la peur. Il fallait une satisfaction publique, une réparation envers la société outragée, menacée, compromise; il fallait une punition exemplaire; mais il fallait aussi mettre des limites à la sévérité en ne faisant tomber la punition que sur les vrais coupables. Tout homme de bonne foi conviendra qu'il en a été ainsi. Les souverains doivent savoir punir. Institués pour maintenir la paix entre les citoyens et conserver l'ordre public, ils ne peuvent y parvenir s'ils n'effrayent les méchants et n'assurent le règne des lois.

Quand la justice, premier besoin des peuples, leur est garantie, ils chérissent le pouvoir qui la leur donne, et, si ensuite les souverains s'occupent du bien-être des citoyens, ils sont considérés comme des divinités sur la terre.

Pendant mon séjour en Russie, et malgré des souffrances très-vives de rhumatismes opiniâtres, je ne manquai pas une seule fols d'aller à la parade et aux manoeuvres où se trouvait l'empereur. Mon devoir était de lui faire ma cour, de chercher à lui plaire et de consolider les bons rapports existant entre lui et le roi de France. Je trouvais d'ailleurs du plaisir et du charme à l'approcher. J'ai rencontré constamment chez lui une bienveillance particulière pour moi, et une disposition pour la France telle que je pouvais la désirer. Sa politique comme ses sentiments le rapprochaient de nous. Et on conçoit cette politique: jamais d'intérêts opposés entre les deux pays, aucune source de débats et de discussions.

Si l'ambition venait s'emparer de son esprit, quelle meilleure alliance, pour tenir ses ennemis en échec, que celle d'une puissance compacte, placée aux confins opposés de l'Europe, et possédant une marine capable de présenter un contre-poids à l'Angleterre? Si ses vues sont pacifiques, modérées, quel gage de paix dans ces rapports favorables et cette unité des vues! En pais et en guerre, hors le cas de révolution, la France est l'alliée désirable pour la Russie; mais je ne conclurai pas que la Russie doit être au même degré l'alliée naturelle de la France.

Il a fallu les étranges écarts et les fautes inouïes du ministère la Ferronays pour suivre la politique tenue en 1828. Le caractère modéré de Nicolas s'est trouvé, au surplus, le correctif de cette politique si fausse; car il est exact de dire que la modération comme la loyauté sont la base du caractère de ce souverain. Je ne sais ce que l'avenir lui destine. Il a passé déjà par bien des épreuves; son règne jusqu'ici n'a pas été sans difficulté et sans de grands embarras; mais son début a été une double bonne fortune. Il a dû se sentir, se juger, et il a appris aux autres à le connaître. La droiture de ses intentions, l'énergie de son caractère, sa modération et sa modestie sont d'utiles auxiliaires pour surmonter les obstacles qu'il peut trouver sur sa route et vaincre les difficultés qu'il aura encore à combattre. Il a justifié mon opinion sur sa sagesse par la manière dont il a envisagé les projets déraisonnables de M. de Polignac au moment où il les a connus, et le blâme qu'il leur a donné démontre suffisamment à quel point il aurait été loin de son esprit de les conseiller.

Tout porte à croire que Nicolas s'est imposé la tâche particulière de régénérer l'intérieur en Russie et d'épurer l'administration. Cette tâche est immense; il faut sa force, sa jeunesse et sa volonté pour l'entreprendre avec espérance de réussir.

Tout le monde sait quelle corruption existait en Russie dans la haute classe. Je m'abstiendrai d'en rien dire; mais je ferai observer seulement, quant aux femmes, qu'il s'est fait, depuis vingt ans, une grande révolution en faveur des moeurs: car les désordres qui avaient lieu du temps de Catherine II ont à peine laissé des souvenirs. L'exemple des souverains a toujours sur leur cour une grande influence, et nulle part plus qu'en Russie cette influence ne se fait sentir. Aussi l'impératrice-mère, dont la vie est au-dessus de tout soupçon, a-t-elle exercé l'action la plus salutaire. Depuis, les vertus domestiques de Nicolas et de l'impératrice ont corroboré des principes respectés par tout le monde aujourd'hui. La société de Saint-Pétersbourg est remarquable par une grande régularité. Quant aux hommes, la délicatesse de moeurs, habituelle à l'occident de l'Europe, leur est encore inconnue, et peut-être en trouverai-je une explication naturelle.

Les institutions et les circonstances dans lesquelles se trouvent les sociétés sont dans des conditions déterminées. Les hommes en reçoivent plus particulièrement l'empreinte. Or trois choses, à mon avis, ont donné aux Allemands, aux Français et aux Anglais cette noblesse de coeur qui les distingue.

Je place en première ligne la chevalerie et son esprit, cet effort des temps barbares pour arriver à un état meilleur: association des bons contre les mauvais, élan généreux vers la vertu la plus sublime, le sacrifice de soi-même au profit des autres. Elle a dû avoir une grande influence sur les moeurs; et, quand son but a été rempli, quand la marche de la civilisation l'a rendue moins nécessaire, il en est resté une galanterie, un respect de soi-même, une dignité personnelle qui, en général, ont été et sont encore l'apanage des classes élevées.

Je place ensuite l'influence salutaire du clergé. Un clergé riche, instruit et puissant, dont l'instruction supérieure a servi puissamment au développement des lumières, a été, aux yeux des peuples, un exemple vivant de dignité et d'indépendance morale. Ses hautes vertus et ses enseignements ont épuré les moeurs; ses écarts mêmes ont semblé produire le même résultat, car, si, à une époque déjà loin de nous, la corruption s'y est montrée, la réforme en a été la suite, et alors le rigorisme a remplacé le relâchement.

Enfin je mentionnerai une troisième puissance de la société, l'ordre judiciaire. La magistrature, de bonne heure, s'est rendue respectable par ses lumières et par son intégrité. La justice, on le sait, est le premier besoin des hommes. Là où l'autorité l'assure, les individus se dispensent de chercher à se la faire eux-mêmes; et il en résulte le maintien du bon ordre et de la paix intérieure. Quand il en est autrement, la confusion et les désordres en sont les conséquences; car, sous prétexte de se faire justice, chaque individu, juge dans sa propre cause, s'abandonne bientôt à ses passions, et alors il n'y a aucun frein aux crimes, aux vengeances, à la corruption.

En Russie, ces trois éléments de bon ordre et d'éducation pour le peuple ont manqué à la fois. La chevalerie n'y a jamais existé; le clergé est ignorant et pauvre; la justice civile et criminelle avait un tarif pour ses décisions. L'état de confusion, il est vrai, où se trouve la législation, qui n'est qu'une collection des ukases rendus, en diverses circonstances, pour des faits particuliers, véritable dédale où l'on ne sait comment se retrouver; cet état de confusion, dis-je, se prête merveilleusement à l'arbitraire, au caprice et à la corruption. Ce sera un des plus grands bienfaits de l'empereur actuel envers ses peuples que le code dont il a ordonné la rédaction. Il établira, dans peu d'années, un mode régulier de jugement, et, en simplifiant les questions, il garantira la surveillance du gouvernement, l'équité et la régularité des décisions.

Les causes que je viens d'indiquer ont exercé une influence fâcheuse sur les moeurs de la haute classe de la société. Si l'on ajoute à cela la puissance immense du maître, qui, d'un mot, peut anéantir ce qu'il y a de plus grand ou élever ce qu'il y a de plus petit, sa présence partout, son action sur tout, on comprendra à quel point les caractères ont pu se dégrader. On croira donc sans peine tout ce qui a été dit sur la haute classe en Russie et répété trop souvent ailleurs, pour que j'en parle davantage ici; mais je dirai que l'administration proprement dite, les agents du gouvernement, dépositaires de deniers et de matières, passent en général pour être dilapidateurs. On prétend qu'il n'y a pas un régiment sur lequel le colonel ne spécule; pas un magasin dont le gardien ne vende une partie à son profit; pas un administrateur qui n'ait des intérêts personnels opposés à ceux du souverain. Tel capitaine de vaisseau vendit, dans ses voyages, ses approvisionnements, ses agrès et jusqu'à ses canons. Comme il n'y avait pas, lorsque j'étais en Russie, au moins, de mode régulier et journalier de comptabilité, rien ne garantissait la conservation des approvisionnements maritimes. Aussi, au moment où l'empereur est monté sur le trône, il y avait trente ans qu'aucune comptabilité n'avait été arrêtée. Nicolas, dont la pensée et la volonté est de rétablir l'ordre, y parviendra s'il est dans la puissance d'un homme de le faire. Actif, ferme, laborieux, ayant devant lui un grand nombre d'années à y consacrer, il a entrepris un travail à l'imitation de ceux d'Hercule.

Peu après mon arrivée à Saint-Pétersbourg, il envoya dans le port d'Arkhangel un de ses aides de camp pour prendre une connaissance détaillée des faits et de la situation des choses, et préparer des poursuites. Ayant eu avis de graves dilapidations commises dans le port de Cronstadt, il envoya, afin de les constater et de connaître les coupables, un officier de confiance pour faire mettre devant lui les scellés sur les magasins. Cette démarche annonçait une suite d'opérations; mais tous ces calculs furent déjoués. Un incendie consuma les magasins, et les comptables eurent ainsi bientôt rendu les comptes de leur gestion pendant un grand nombre d'années. Les sages mesures de l'empereur se trouvèrent dès lors sans effet.

Divers voyageurs ont rendu un compte détaillé des choses curieuses et dignes de remarque que renferment Saint-Pétersbourg et les environs. J'en dirai cependant un mot ici, et j'exprimerai succinctement les réflexions que leur vue m'a inspirées.

La manufacture d'Alexandrowsky, premier établissement que je visitai, est une filature de coton d'une grande beauté. Le nombre des ouvriers s'élève à six mille. Il y règne un grand ordre. Les machines à vapeur sont belles. En général cette manufacture offre un coup d'oeil satisfaisant et présente l'idée d'une bonne direction. Un Anglais est placé à sa tête. Les produits sont beaux; cependant les fils sont loin d'atteindre la finesse obtenue en France et en Angleterre, et on a renoncé à produire divers numéros.

Cette fabrique, appartenant à l'empereur, était sous la protection particulière de l'impératrice-mère, et le personnel des ouvriers, composé uniquement d'enfants trouvés. À vingt ans, ils sont libres et s'engagent volontairement à la fabrique, ou la quittent, s'ils le préfèrent. L'administration a pourvu, non-seulement à leur instruction pour leur assurer les moyens de gagner leur vie par leur propre industrie, mais encore elle tend à leur former, par des retenues sur le prix de leurs travaux, un petit capital suffisant pour leur fournir une première ressource. Par suite il se trouve que les enfants trouvés sont véritablement une classe privilégiée. Un enfant légitime, fils d'un paysan, ne peut être affranchi que par la volonté de son seigneur. Il est tel paysan, livré au commerce et ayant acquis des millions, qui ne peut, à aucun prix, obtenir sa liberté, tandis que l'enfant trouvé, n'appartenant à personne, mais protégé par le gouvernement, entre dans la société avec tous les droits d'un citoyen. D'après cela, avec le temps, cette classe aura beaucoup contribué à la formation d'une espèce de bourgeoisie enrichie par le commerce et l'industrie.

Malgré la belle apparence de cette fabrique, je la crois d'un faible produit pour le gouvernement. Elle doit être plus à sa charge qu'à son profit. En la considérant comme école pour les ouvriers, elle devrait favoriser par tous les moyens les établissements particuliers et ne pas leur présenter souvent une rivalité funeste.

En général, quand un gouvernement veut naturaliser chez lui une industrie, il doit faire les premiers frais, parce qu'il est assez riche pour supporter les pertes qui accompagnent toujours les débuts; mais, quand l'éducation est faite, quand l'industrie, naturalisée, peut être exploitée avec succès par les particuliers, il doit se retirer de la concurrence et leur céder ses établissements. Tout le monde s'en trouve bien; le gouvernement ne dépense plus, et les particuliers n'ont plus à craindre un rival pourvu de trop d'avantages et trop favorisé. C'est d'après ce principe qu'il y a bien des années, étant premier inspecteur général de l'artillerie, j'ai décidé le gouvernement à renoncer à la possession d'une manufacture d'armes de luxe, établie à Versailles, fort dispendieuse, mais qui n'en a pas moins prospéré quand elle est devenue propriété particulière.

La fabrique de glaces, que je vis ensuite, est remarquable par la dimension des ouvrages qui en sortent; cette manufacture est productive pour le gouvernement. On y polit les glaces à la machine; mais ce polissage est moins parfait qu'en France, où il se fait à la main.

Là manufacture de porcelaine, située dans le voisinage, ne mérite aucune mention et ne devrait pas être montrée aux étrangers.

La Monnaie, placée dans la forteresse, est très-belle et très-curieuse à voir. Cet établissement a atteint un degré de perfection très-supérieur à ce qui existe en France, ou au moins y existait il y a peu d'années. Une machine à vapeur de la force de soixante chevaux, construite à Saint-Pétersbourg, est une des plus belles et des meilleures que j'aie jamais vues fonctionner. Les Anglais ne font pas mieux, et nous, nous faisons beaucoup moins bien. Toutes les pièces de monnaie sont frappées au moyen d'un moteur commun, et l'on en frappe jusqu'à six et sept à la fois. Le travail relatif à l'épurement de l'or des mines de Sibérie s'exécute au moyen de l'acide nitrique. Cette méthode est plus économique que l'emploi du mercure, dont on fait usage dans d'autres pays. Les pièces de monnaie sont assez belles. Elles présentent une singularité remarquable. Elles ne sont pas à l'effigie du souverain. Depuis Paul, les empereurs de Russie ont fait cet acte de modestie. Du temps de Catherine II, elles portaient son image.

Une chose digne d'une grande admiration est l'école des mines. La manière dont elle est tenue et organisée, ne laisse rien à désirer. L'instruction donnée est complète et la place déjà à la hauteur de tout ce qu'il y a de mieux en Europe en ce genre. Des galeries, construites à l'imitation de celles d'exploitation, où les différents minéraux sont placés dans leurs gangues habituelles, et avec leur physionomie naturelle, complètent l'instruction des élèves et leur donnent, pour ainsi dire, des connaissances pratiques.

Rien, au surplus, n'est d'un plus grand intérêt pour l'empire russe que la formation de bons ingénieurs des mines. Les richesses immenses, renfermées dans les monts Ourals, mises chaque jour davantage à découvert, semblent destinées à compléter ses moyens de puissance. Quand, aux avantages d'avoir à la fois des armées braves, nombreuses et instruites, des peuples animés de ce dévouement sans bornes, apanage du premier âge des nations sous une direction éclairée, il joindra encore la possession de grands trésors, on se demande comment on pourra lui résister.

Les résultats obtenus dans l'exploitation des mines d'or, en peu d'années, et avant d'avoir un grand nombre d'ingénieurs suffisamment instruits, sont à peine croyables. À l'exploitation des mines de fer a été ajoutée celle des mines de cuivre, et maintenant voilà des mines d'or tellement riches, qu'on était parvenu, à l'époque dont je parle, et au moment où l'exploitation était encore dans l'enfance, à récolter par an pour douze millions de francs d'or, quand les mines d'Amérique, celles du Brésil, du Mexique et du Pérou, n'ont jamais donné, d'après M. de Humboldt, que soixante millions par année. Au moment où j'écris, les produits sont presque doubles.

Il y a deux natures d'exploitation, celle des mines en filon, et celle des sables aurifères. Depuis le commencement de l'exploitation des mines d'Amérique, le plus gros morceau d'or natif qu'on ait recueilli pèse trente-six livres. Il est déposé au cabinet d'histoire naturelle de Séville. À peine quelques coups de marteau avaient été donnés dans les galeries des monts Ourals, qu'un morceau d'or de vingt-quatre livres a été trouvé. Il est exposé à l'école des mines de Saint-Pétersbourg. L'espace occupé par les sables aurifères présente une surface de deux mille verstes carrées. L'exploitation de ces sables n'a rien de dispendieux. Ils sont à la superficie. Ils rendent peu par le lavage; mais, en traitant le minerai par le feu, avec le plomb ou au moyen du mélange avec le mercure, les produits, d'abord tiercés, ont fini par être décuplés.

Pour donner une idée de la progression des recherches utiles faites dans les exploitations, je citerai, comme exemple, ce qui s'est passé sur les terres d'un particulier russe, le comte Demidoff, dont le nom est assez connu. Il y a trente ans, ses forges en Sibérie lui rapportaient quinze cent mille francs. Les mines de cuivre, trouvées près de ses mines de fer, ont doublé sa fortune; et celles d'or, reconnues ensuite, l'ont augmentée encore d'une somme pareille.

L'école des mines, si utile, si complète, ne coûte presque rien à l'État, et cette observation s'applique à bien d'autres établissements, dont je rendrai compte; car leur bas prix est à peine croyable. Pour celui-ci, l'empereur débourse seulement cent trente mille francs par an. Avec cette somme, soixante-dix élèves, nommés par lui, sont entretenus. L'établissement reçoit en outre trois cents étrangers payant huit cents francs, qui y acquièrent l'instruction la plus étendue.

Un autre établissement, dont j'ai approfondi les détails avec un vif intérêt, est celui des voies de communication, autrement dit, dans le langage français, ponts et chaussées. Fondé par l'empereur Alexandre, au moyen d'ingénieurs des ponts et chaussées français, mis à sa disposition par Napoléon, il est sous les ordres de l'un d'eux, le général Bazaine, son chef aujourd'hui. Homme d'un mérite supérieur, le général Bazaine jouit avec raison d'une célébrité méritée. Cet établissement était alors sous une sorte de surintendance du duc Alexandre de Wurtemberg, oncle de l'empereur, homme d'esprit, mais dont l'intervention était plus nuisible qu'utile. Instruit seulement d'une manière superficielle, il commettait souvent de grandes erreurs qu'il soutenait par son esprit et sa position.

Ce corps nombreux fait le service de tout l'empire. Il a été augmenté depuis peu, et porté jusqu'à six cents ingénieurs. Les connaissances exigées sont très-étendues, et peut-être trop étendues; car on y comprend les connaissances propres aux ingénieurs militaires, afin de les mettre à même de remplacer ceux-ci au besoin.

L'école se compose de cent élèves, dont quatre-vingt-dix sont entretenus aux frais de l'empereur, et les dix autres à leurs propres dépens ou à ceux de l'impératrice ou des princes de la famille impériale. Elle ne coûte que cent trente mille francs par an. Les sommes consacrées aux travaux publics sont fixées chaque année à six millions, dont moitié pour entretien et moitié pour constructions nouvelles.

Une remarque faite par le général Bazaine, et dont il m'a fait part, est digne d'être consignée ici. Les Russes sont par leur nature éminemment gens d'imitation. Ils arrivent vite à un degré de connaissances assez élevé, mais s'arrêtent à une limite qu'ils ne peuvent presque jamais dépasser. La direction de cette école lui a donné l'occasion de faire constamment cette observation.

La Russie est très-avancée pour sa navigation intérieure. Ses belles et grandes rivières ayant peu de pente, l'absence des montagnes sur cette immense surface, entre les monts Karpathes et les monts Ourals, a rendu facile la construction des canaux qui lient la navigation des fleuves et la complètent. On y ajoute encore chaque jour; mais dès à présent ou d'ici à très-peu de temps on pourra aller, par les eaux intérieures, de la Baltique à la mer Glaciale, des mers Baltique et Glaciale aux mers Noire et Caspienne. Tous les travaux s'exécutent à si bas prix en Russie, les moyens d'exécution sont si abondants, qu'il n'y a pas d'entreprise qu'il ne soit facile de mener à bien. La nature même semble s'y prêter par le peu d'obstacles que les localités présentent. On doit donc trouver tout simple qu'ils soient déjà très-avancés.

Les principales communications, indépendamment de la navigation propre de beaucoup d'autres rivières, sont les suivantes:

1° Communication de Saint-Pétersbourg avec le Volga et la mer Caspienne par le canal de Ladoga.

2° Communication du Volga avec la mer Blanche et Arkhangel par la Dwina du nord. Ainsi, dès à présent, un bateau partant de Saint-Pétersbourg peut aller à Arkhangel et de là à Astracan.

3° On établit en ce moment une communication entre le Volga et la Dwina du midi par la Moskowa.

4° On exécute une communication, entre la Vistule, le Niémen et la mer, qui détournera ainsi tout le commerce dont Dantzig est l'entrepôt.

5° Enfin on lie le Don et le Volga de manière à établir une navigation directe entre la mer Noire et la mer Caspienne.

De pareilles lignes de communication sont de puissants éléments de richesse et de prospérité!

L'école du génie militaire est établie dans le palais Michel, dans ce palais qu'occupait Paul, où il s'était fortifié et où il a péri. J'ai vu cette école en détail, et je n'ai trouvé que des éloges à lui donner. L'instruction des élèves m'a paru complète et à peu près la même que celle des élèves de l'école de Metz. Le général Opperman, sous les ordres duquel elle est placée, est un homme distingué. Des plans en relief des places principales de l'empire, à l'instar de ce qui existe aux Invalides, sont exécutés. On y voit la place de Swenborg en Finlande, sans doute aussi forte que Gibraltar. On a représenté dans cette collection de reliefs le champ de bataille de la Moskova. Des reliefs de cette étendue ne satisfont pas l'esprit et ne donnent pas le sentiment des localités. J'ai vu à cette école des planches en cuivre, revêtues d'un enduit particulier, possédant les propriétés des pierres à lithographier, et formant un appareil portatif et propre au service de la guerre.

On me montra en détail l'établissement de l'état-major, dont les attributions se composaient alors du personnel de l'armée, du mouvement, des opérations et de la partie qui tient à l'art. Il rappelait assez notre organisation sous l'Empire, où presque tout aboutissait au prince de Neufchâtel, major général. Une chose passagère et accidentelle chez nous, et qui tenait à ce que Napoléon était son véritable ministre et s'occupait des moindres détails de son armée, avait été rendue systématique et permanente en Russie. Le véritable ministre de la guerre y était le major général, rendant ses comptes journaliers à l'empereur, prenant ses ordres et les transmettant. Le ministre de la guerre était chargé du matériel; mais l'empereur Nicolas a depuis détruit cette organisation insolite. Le ministère de la guerre aujourd'hui renferme dans ses attributions tout ce qui concerne l'armée. Comme l'armée est constamment organisée en corps d'armée de deux ou trois divisions, avec leur cavalerie, leur artillerie, leur administration, leurs ambulances, etc., la correspondance avec les corps se fait par l'intermédiaire des généraux qui commandent.

Le dépôt des cartes et des plans est extrêmement soigné. Tout ce qui tient à la topographie ne laisse rien à désirer. Le général Diebitsch, alors à la tête de l'état-major, avait des connaissances étendues et donnait aux travaux une direction éclairée. Cent quatre-vingts commis suffisaient à toute la correspondance. Toutes les branches des arts et des sciences, qui ont rapport au service militaire, sont réunies dans cet établissement. Il y a jusqu'à des ateliers pour la fabrication des instruments de mathématiques et d'astronomie. Une imprimerie y est attachée; mais, comme le service particulier pour lequel elle est créée ne suffit pas à l'employer constamment, elle sert au public.

On a attaché à l'état-major un comité de perfectionnement, pour juger toutes les inventions nouvelles. Je regarde cette dernière institution comme une des meilleures et des plus utiles; nous en aurions grand besoin en France; car autant il est sage de se préserver des innovations qui ne sont pas suffisamment motivées, autant il est funeste de négliger d'adopter les inventions dont les effets peuvent être salutaires. C'est une vérité incontestable pour la société en général, mais dont l'application est plus vraie encore pour l'art de la guerre à l'époque où nous sommes, si féconde en découvertes et en applications utiles. Comme un premier succès a souvent des conséquences graves pour l'avenir et influe quelquefois puissamment sur la destinée des États, rien ne doit être négligé pour l'obtenir.

Nous avons, en France, une beaucoup trop grande idée de notre supériorité, et en général de tout ce que nous possédons. Par suite de ce sot et ridicule orgueil, nous sommes habituellement en arrière de toutes les autres puissances pour l'emploi des choses utiles. En Russie, c'est le contraire. On est avide de connaître et on cherche avec empressement le meilleur emploi de ses moyens. L'établissement de ce comité de perfectionnement (idée heureuse), composé d'hommes capables, à même de choisir, d'adopter, d'approuver ou de rejeter, offre certainement de grands avantages. J'ai passé ma jeunesse à entendre vanter notre artillerie, et nous avions certainement alors le plus mauvais matériel de l'Europe. Si on s'est occupé d'une manière un peu efficace des fusées à la Congrève, c'est à mes instances, à mon retour de Russie, que la France en est redevable; c'est à une espèce d'obsession et de violence que j'ai exercée auprès du ministre de la guerre.

Parmi les choses les plus dignes d'éloges que renferment Saint-Pétersbourg et les principales villes de Russie, je placerai les hôpitaux militaires. On a adopté l'usage des hôpitaux régimentaires. Les malades ont, pour garantie des soins dont ils sont l'objet, l'esprit de famille propre aux corps militaires et la sollicitude de leurs chefs. Chaque régiment a un établissement pour trois cents hommes qu'il entretient au moyen d'un abonnement. Une journée de malade lui est payée par l'État soixante-quinze centimes. Quand le régiment se met en marche, il emporte avec lui une partie de son matériel, de manière à pouvoir soigner quatre-vingts hommes. S'il ne doit pas revenir, il remet le surplus à l'administration, qui lui en tient compte. Pour assurer la bonne qualité des médicaments, l'État se charge de les lui fournir d'après un tarif. Les hôpitaux, en général spacieux et aérés, présentent l'aspect de soins satisfaisants et minutieux.

À Saint-Pétersbourg, il y a, indépendamment des hôpitaux régimentaires, un grand hôpital pour douze cents hommes, destiné à recevoir, en cas de mouvement, les malades que les corps seraient obligés de laisser en arrière. Ce système régimentaire, bon partout, est indispensable dans un aussi grand pays, où les villes sont rares et éloignées les unes des autres. Aussi donne-t-il les plus admirables résultats. Les guérissons sont promptes, les convalescences sont courtes, et l'armée russe, qui est si nombreuse, ne compte pas en totalité, en y comprenant les troupes sédentaires de police et tout ce qui reçoit ration par jour, plus de vingt ou vingt-cinq mille malades.

J'ai en beaucoup moins de motifs d'admiration en visitant l'arsenal. Il y a de grands magasins et de beaux ateliers, mais fort inférieurs à ce que l'on voit dans nos grands établissements en France. La salle d'armes cependant contient cent cinquante mille fusils. Ces fusils sont bons et leur modèle se rapproche de celui des nôtres. Le prix en diffère beaucoup. Ils coûtent de seize à dix-huit roubles, environ moitié du prix de France. La forgerie est belle. Les pièces sont forées et tournées en même temps. La fonderie est misérable. Elle est encore dans l'enfance de l'art. Il est singulier que les diverses branches du même service présentent de pareils disparates. Les chefs de l'artillerie m'ont paru avoir une instruction théorique fort bornée, et je suis autorisé à croire que les troupes de l'artillerie, très-fortes dans l'exécution des manoeuvres, sont commandées par un grand nombre d'officiers dont l'instruction théorique laisse beaucoup à désirer.

Une école d'artillerie assez bonne fournit une partie des officiers, et ceux-là sont les plus instruits. On peut comparer leurs connaissances à celles que l'on exigeait en France, pour le même service, à l'époque où je suis entré dans l'artillerie. Le nombre des officiers admis par cette voie est le plus petit de beaucoup. Ils reçoivent divers avantages, et, entre autres, ils ont en entrant un grade supérieur à celui des officiers qui sortent du corps des cadets ou des sous-officiers. Ceux qui sortent du corps des cadets sont les plus nombreux, et leurs connaissances théoriques sont à peu près nulles. Enfin, une troisième classe tire son origine du corps des sous-officiers. On exige de ceux-ci un examen à peu près semblable à celui que subissent les cadets. Ainsi ce ne sont pas des savants; mais ces connaissances, ajoutées à celles qui résultent de l'expérience et de l'habitude du service, leur donnent une valeur réelle, et peut-être serait-il dans l'intérêt bien entendu du service d'augmenter le nombre des emplois qui leur sont donnés, en diminuant celui qui est dévolu aux cadets. Le corps des sous-officiers, si important, en recevrait des encouragements et de la considération.

Il y a un autre établissement, où des fils de soldats d'artillerie sont réunis. Ils reçoivent quelque instruction théorique, une plus grande instruction pratique, et sortent de là pour entrer dans le corps comme sous-officiers.

Mais j'arrive maintenant à ce qui m'a paru au-dessus de tout éloge: c'est le système adopté, avec autant d'intelligence que d'économie, pour venir au secours des serviteurs de l'État et donner une éducation convenable à leurs enfants. Le premier besoin d'une société dont la civilisation est encore reculée consiste dans l'instruction. Aussi la première sollicitude du gouvernement, en Russie, est-elle de la répandre. Jamais conceptions plus vastes n'ont eu lieu en ce genre, et jamais résultats n'ont mieux répondu aux calculs et aux espérances. Ces établissements, commencés sous Catherine II, continués sous Paul, développés sous Alexandre, ne péricliteront pas sous leur successeur Nicolas, dont les sentiments sont paternels et l'esprit juste, qui a du positif dans tout ce qu'il entreprend, en sent toute l'importance, et j'ai la conviction qu'il trouve une grande douceur à répandre un genre de bienfait dont la distribution est si facile et dont les fruits sont si assurés. Quel encouragement pour celui dont la vie est consacrée à la défense de son pays, à la gloire de son souverain, que de voir le sort de ses enfants assuré d'avance par l'empereur, chef de la grande famille qui les adopte et se charge de leur avenir! Je ne connais rien de plus touchant, de plus moral et de plus politique. Voici un aperçu de ces établissements.

Le premier corps des cadets reçoit jusqu'à douze cents enfants. Admis dès l'âge de huit ans, ils sont divisés en cinq compagnies. Au-dessus de dix ans, on les place dans un local séparé; les autres sont soignés par des femmes. Les plus âgés, c'est-à-dire de dix ans et au-dessus, divisés en quatre compagnies, apprennent successivement le russe, le français et l'allemand, la géométrie, la fortification, les éléments de chimie, de physique et tout ce qui est relatif au service militaire. Quand ces jeunes gens ont justifié qu'ils possèdent les connaissances exigées, ils sont envoyés dans l'armée ou dans l'artillerie, où ils occupent des emplois d'enseignes. Un musée, rempli de modèles de tous les genres, est à leur disposition. Des reliefs de fortifications indiquent les divers systèmes, comme aussi les travaux d'attaque et de défense de place, et facilitent merveilleusement l'étude de cette partie de l'art de la guerre. Cette manière d'étudier ne suffirait pas pour faire des ingénieurs, mais elle satisfait à tous les besoins du service de la ligne.

Trois autres établissements du même genre existent: le deuxième corps des cadets, le régiment des nobles, les cadets de la marine, ainsi que les pages, qui sont au nombre de cent quatre-vingts. L'empereur entretient ainsi et pourvoit à l'éducation et au placement de quatre mille enfants nobles ou fils d'officiers. Il y a d'autres établissements semblables à Moscou et dans d'autres gouvernements. Ainsi un officier, homme de coeur, peut faire le sacrifice de sa vie à l'État et mourir pour l'empereur sans que des inquiétudes sur sa famille viennent le détourner de ses devoirs et troubler ses derniers moments. Je le répète, je ne connais rien de plus admirable, rien de plus utile au monde. Six cents francs par individu sont les frais supportés par l'État.

Le complément de ces établissements de bienfaisance se trouve dans les établissements destinés aux fils des soldats. Chaque régiment de la garde a une école, et chaque chef-lieu de gouvernement a un établissement semblable. Moscou possède l'établissement principal, il renferme six mille enfants de tout âge, réunis dans la même maison. Le nombre total des enfants des soldats entretenus et élevés aux frais de l'empereur, était, à l'époque dont je parle, de soixante-cinq à soixante-dix mille. Jamais bienfaisance n'a été plus éclairée et établie sur une aussi grande échelle.

La première condition dans toutes ces écoles, c'est-à-dire la salubrité, est remplie par de vastes salles bien tenues, une grande propreté, un habillement convenable et une nourriture qui est saine et abondante sans être recherchée. L'instruction se compose de l'étude de la langue russe, du dessin, de la géométrie, de la musique, de l'arpentage et de quelques autres arts. Une discipline sévère y est maintenue, et les soins les plus minutieux se rencontrent constamment et partout. Des officiers de l'armée et des élèves sortant de ces maisons d'éducation en sont les chefs et les instituteurs.

L'économie est si bien observée dans ces établissements, que, quoiqu'ils soient pourvus convenablement de toutes choses, la dépense totale, dans un des lieux les plus chers, à Moscou, ne s'élève, en y comprenant tous les frais quelconques, les appointements des chefs et l'entretien des bâtiments, qu'à soixante francs par an et par individu. C'est une chose à peine croyable, mais constatée. Quand on calcule les effets qui doivent en résulter pour la prospérité intérieure, on ne saurait trop admirer l'ingénieuse pensée, mère de cette création.

Les élèves, une fois formés, satisfont aux divers besoins de la société. Une partie est envoyée dans les régiments pour y remplir les fonctions de sous-officiers; d'autres sont placés comme arpenteurs-géomètres dans les gouvernements; d'autres deviennent des musiciens dans les chapelles, dans les théâtres, et enfin chaque propriétaire riche qui, pour ses exploitations ou ses manufactures, à besoin d'individus intelligents et instruits en demande et en obtient. Dans un certain nombre d'années, ils auront contribué puissamment à la création d'une classe intermédiaire dont la Russie est presque totalement privée.

Mais ces établissements ne sont pas les seuls sur lesquels la bienfaisance de l'empereur s'est étendue. Elle embrasse aussi les enfants de l'autre sexe. Le plus important est connu sous le nom de couvent. Il renferme sept cents jeunes filles. Il est divisé en deux parties distinctes: l'une, pour la noblesse, se composait de quatre cent soixante individus; l'autre, pour la bourgeoisie et les filles de sous-officiers faits officiers. Cette maison d'éducation était placée sous la protection de l'impératrice-mère. Les enfants y sont reçus de huit à dix ans. L'instruction qu'on y donne porte sur une multitude d'objets; mais elle est très-superficielle et traite de choses fort abstraites; elle-ne peut pas porter des fruits durables. De là sortent les gouvernantes destinées à élever les enfants dans les grandes maisons et dans les instituts particuliers et de province.

Les filles de beaucoup de généraux et de gens très considérables y sont élevées. Elles y trouvent l'avantage d'être connues et distinguées par l'impératrice et la famille impériale, qui portent un vif intérêt à cet établissement. En général, les sujets qui en sortent répondent aux soins dont ils ont été l'objet, principalement sous le rapport des moeurs et de la religion. On leur apprend le russe, le français, l'allemand, la littérature de ces langues, la géographie, l'arithmétique et la géométrie, la physique, la chimie, l'histoire naturelle, le dessin, la musique et les ouvrages de main. Elles chantent ensemble et en parties sans instrument, jusqu'au nombre de deux cents, avant leur repas. Ces belles voix fraîches et virginales, ces concerts, exécutés avec une rare perfection, donnent un avant-goût de la musique des anges.

Les professeurs des sciences m'ont paru d'une instruction fort médiocre. Madame Adelsberg, placée à la tête depuis vingt-cinq ans, est une femme considérée et fort respectable. Elle a élevé dans leur premier âge l'empereur actuel et le grand-duc Michel.

Une grande émulation se montre parmi toute cette jeunesse. Les punitions sont très-rares, et les moyens d'encouragement fondés sur des distinctions. Les fonds annuels formant la dotation du couvent montent à cent mille francs. L'empereur y ajoute chaque année cent quatre-vingt mille francs de sa cassette. Il nomme à cent places de demoiselles nobles, et à autant de filles de bourgeois. Les autres places sont remplies par des enfants élevés aux frais de leurs familles. Dans la section des filles nobles, elles payent onze cent quatre-vingt-dix francs par an, et dans celle des filles de bourgeois, six cents francs seulement. Il y a aussi quelque différence dans l'étendue de l'instruction de ces deux classes.

J'ai rendu un compte succinct des établissements de bienfaisance que j'ai visités; mais je ne saurais trop faire l'éloge de tous les soins éclairés et minutieux qui ont présidé à leur création, et qui sont observés dans leur direction. Tout y est plus beau et mieux qu'ailleurs. La cause en est facile à découvrir. On les a faits d'un seul jet et assez récemment. On a pu tailler en plein drap. Avant de commencer, on a pris pour modèles les meilleurs établissement de l'Europe, et l'on a souvent apporté à ceux-ci des perfectionnements reconnus utiles. En France, par exemple, et dans les vieux pays, la charité a fondé, il y a plusieurs siècles, des hôpitaux; mais alors mille soins, dont aujourd'hui on connaît l'importance, étaient inconnus. Ce sont d'anciens bâtiments, dans de vieux quartiers, qui présentent peu de salubrité. On les a améliorés sans doute, mais sans pouvoir détruire complétement les vices primitifs. En Russie, c'est tout autre chose: on a trouvé table rase, et tout a été fait sur un plan arrêté d'avance, après avoir tout prévu.

Avant de rendre compte de ce que j'ai vu dans les environs de Saint-Pétersbourg, je dirai encore un mot sur cette ville et sur le caractère particulier de son matériel. Je consignerai ici les observations qui me sont venues à l'esprit. Elle est sans contredit la ville la plus régulière de l'Europe, ayant été construite comme on ferait bâtir un château, après en avoir adopté le plan. Son architecture est prétentieuse, et les colonnes, bel ornement des palais et des établissements publics, ont été prodiguées partout. Chaque maison particulière un peu importante a sa colonnade et son péristyle. Ces péristyles ouverts, ces cotonnades entourant autrefois les temples des anciens, étaient appropriés au climat et offraient un supplément de logement et d'abri pour les subalternes et pour le peuple. Dans les climats du Nord, elles présentent un contre-sens, et ici l'abus est poussé à un excès dont on ne peut pas se faire idée. La grande largeur des rues, le peu d'élévation des maisons, répandent la population sur une surface immense. Cette ville, qui est au moins aussi grande que Paris, n'a pas quatre cent mille habitants: on juge de l'effet. En général, une ville est vivante par l'accumulation de sa population réunie sur une petite surface. Pour cela les maisons doivent être élevées et les rues étroites. Ici c'est tout juste l'opposé. On peut bien avoir, comme à Paris, des quartiers à places et à rues de larges dimensions, mais il faut d'autres quartiers où la population soit entassée. Pendant le jour elle se déverse et circule dans les quartiers moins populeux; elle leur donne ainsi la vie qui leur manque. Ensuite, cette direction droite des rues, permettant d'embrasser un espace immense d'un seul coup d'oeil, ajoute à la tristesse et à la monotonie de cette ville, malgré son élégance et sa beauté.

Le palais, en le considérant dans son ensemble, c'est-à-dire avec l'Ermitage, est très-vaste, beaucoup moins grand cependant que l'ensemble des Tuileries et du Louvre. L'architecture du palais d'hiver est lourde et de mauvais goût. Bâti à une mauvaise époque pour les beaux-arts, vers le premier tiers du siècle dernier, plus grand dans ses dimensions, il rappelle le palais de Berlin. On croirait ces deux palais construits par le même architecte, curieux de répéter son premier ouvrage. Des statues fort médiocres en décorent le faîte. Saint-Pétersbourg, comme toutes les villes russes, renferme une multitude d'églises, mais elles sont très-petites. Elles passeraient chez nous pour des chapelles. La plus grande, d'une construction récente, bâtie ou finie sous Alexandre, l'église de Kasan, est cependant d'une certaine grandeur. Elle est obstruée par une multitude de colonnes de granit qui occupent une grande partie de l'intérieur, dont la dimension n'est en rapport ni avec l'élévation ni avec sa surface. On s'occupe de la construction de l'église d'Isaac. Ici tout sera d'un grand style et de la plus vaste dimension. Cette église, assure-t-on, sera, après Saint-Pierre de Rome et Saint-Paul de Londres, la plus grande de la chrétienté. Elle est construite toute en granit rouge de Finlande. Quarante-huit colonnes de la même matière, de cinquante pieds de hauteur, et chacune d'un seul morceau, la décoreront à l'extérieur. Ces colonnes, du poids de deux cent cinquante mille livres, sont transportées sur des bâtiments faits exprès, du port de cinq cents tonneaux. Chaque bâtiment en reçoit deux à la fois. M. de Montgeraud, architecte français, dirige tous les travaux. Il a imaginé les appareils nécessaires pour mouvoir ces masses. Quarante-huit poêles doivent être placés dans l'intérieur pour la chauffer; mais une partie sera placée à la région supérieure, afin de rendre la température uniforme et d'empêcher les vapeurs condensées de retomber en pluie, comme il arrive quelquefois dans l'église de Kasan. On estimait alors la dépense totale à vingt-cinq millions de francs, et le temps nécessaire à son achèvement, à vingt-quatre ans. Ce sera un grand et beau monument, digne de la capitale d'un grand souverain.

Beaucoup de choses encore sont à remarquer à Saint-Pétersbourg: le palais de marbre, situé sur le quai, plus haut que l'Ermitage, l'habitation du grand-duc Constantin, quand il venait à Saint-Pétersbourg; le palais d'Anitchkov, situé sur la Perspective, demeure du grand-duc Nicolas, avant son arrivée au trône; le palais de la Tauride, construit par Potemkin pour donner une fête à l'impératrice Catherine; le palais du grand-duc Michel, construction toute nouvelle, délicieuse habitation, où le bon goût le dispute à la magnificence; le musée, dont le vaste bâtiment désert attend les tableaux et les statues, destinés sans doute un jour à l'orner; enfin de très-grandes et très-magnifiques casernes, où quarante mille hommes peuvent être sainement et commodément établis.

Il y a encore à Saint-Pétersbourg deux choses qu'on ne saurait trop admirer. La première, la statue équestre de Pierre le Grand, ouvrage immortel du fondeur français Falconet, la plus belle de cette espèce existante au monde. Son attitude est sublime et correspond à la pensée. Pierre, après avoir gravi le rocher qui sert de base, étendant la main, semble dire: «C'est là que je bâtirai ma ville!» Et la seconde, le superbe quai de la Néva, de près d'une lieue de longueur, d'une grande largeur, revêtu du côté de la rivière par des constructions en granit, dont chaque pierre est de quatre-vingts à cent pieds cubes, et bordé du côté opposé par des palais ou de beaux hôtels. Cette immense rivière, avec l'île Basile, équivalant elle seule à une ville, la forteresse et les constructions de la rive droite forment un ensemble dont il est impossible de se faire une idée quand on ne l'a pas vu. Mais une pensée triste vient diminuer l'impression ressentie. Cette belle ville, résultat de plusieurs milliards employés à sa construction, ne peut être conservée qu'au pris de continuelles dépenses et de réparations constantes à cause de la rigueur de son climat destructeur. Le jour où l'éloignement du souverain, où l'abaissement de sa prospérité, diminueraient les moyens consacrés à son entretien, sa perte serait assurée. Ainsi on peut dire, s'il est permis de s'exprimer ainsi, que cette ville est condamnée à une éternelle jeunesse ou à périr.

Une circonstance embellit Saint-Pétersbourg et y ajoute un charme qu'on ne trouve que dans cette capitale. L'éloignement où Saint-Pétersbourg est du centre de l'empire, les devoirs ou les intérêts qui fixent une grande quantité de noblesse à la cour, empêchent beaucoup de grands seigneurs d'habiter leurs terres, situées à de grandes distances. Il en est résulté le besoin de créer une multitude de jolies maisons de campagne dans les environs, et particulièrement dans les iles de la Néva. Dans les autres capitales, dans la belle saison, ou un peu plus tôt ou un peu plus tard, chacun s'éloigne. Ici on se contente de changer de logement pour s'établir à une ou deux lieues au plus, et ce qui compose la haute classe se trouve toujours réuni. On pourrait appeler cette réunion de jolies campagnes dans les îles de Caminostro, de Yelagin, etc, la *Ville d'Été*. L'empereur Alexandre avait une maison charmante à Caminostro, et en a fait construire une autre à Yelagin. Cette dernière est la plus délicieuse résidence que l'imagination puisse créer. Il en fit hommage à sa mère, l'impératrice Marie. Elle est meublée uniquement avec des produits des manufactures du pays. Tout y est simple et magnifique à la fois. C'est la petite maison d'un très-grand souverain.

Je commençai mes excursions autour de Saint-Pétersbourg par Cronstadt. Ce point, par sa grande importance, méritait la préférence. Je me rendis à Cronstadt sur un bateau à vapeur; ce fut la première fois que je fis usage de ce moyen de navigation. C'est une admirable application de cette nouvelle force, devenue, pour ainsi dire, intelligente, qui se charge de produire tous les grands effets demandés, puissance nouvelle qui change l'état des sociétés et dont l'hommage a été fait à Napoléon. Il n'a tenu qu'à lui de s'en servir le premier pour l'exécution de ses desseins contre l'Angleterre, et, sans doute alors, il aurait réussi; mais son esprit routinier, si je puis m'exprimer ainsi sur un génie aussi extraordinaire, l'emporta alors sur ses autres facultés: *sic voluere fata*.

L'adoption de la navigation à vapeur diminue, en beaucoup de circonstances, l'importance de la science de la marine, mais cependant ne pourra jamais la détruire tout à fait. La sensation éprouvée sur un bateau à vapeur est qu'aucune combinaison n'est nécessaire à sa direction, tandis qu'elles sont si vastes, si variées et si multipliées dans la conduite des bâtiments à voile. Un bâtiment est dirigé par son timonier, comme un gros animal dompté obéit aux ordres et aux indications de son conducteur.

Les effets produits par l'inondation de 1824 étaient encore visibles. Deux forts, construits en bois, et destinés à la défense de la rade, avaient été rasés et détruits de fond en comble par les eaux: un seul était reconstruit. Un vaisseau de cent vingt canons, ayant été porté à terre, n'avait pu être remis à flot, et on s'occupait à le démolir. Les conditions naturelles de cet important établissement sont peu favorables. Le projet du général Bazaine, dont j'ai rendu compte, y remédierait en partie; car les vaisseaux pourraient mouiller dans la passe en arrière de la digue, et, par conséquent, être garantis contre une partie des grands efforts de la mer. En bâtissant des forts en pierre pour protéger la rade dans le lieu même où sont les forts en bois, on aurait d'autres abris d'un usage facile.

L'établissement de Cronstadt est grand et vaste, les casernes sont considérables, les magasins en rapport avec les besoins; mais tout est moins beau et beaucoup moins complet que dans nos grands ports: tout semble avoir encore un caractère de provisoire. Il est vrai que presque tout date de Pierre Ier. Une chose seulement est remarquable et digne d'envie: c'est l'immense bassin divisé en huit formes, pouvant servir à construire ou à radouber sept vaisseaux et une frégate à la fois. Chacune de ces formes peut se vider séparément au moyen d'une machine à vapeur.

L'armement de Cronstadt est très-considérable; mais les batteries du côté de la mer sont trop basses et auraient de la peine à résister au feu des vaisseaux. Il n'y a point de fourneaux à réverbère pour rougir les boulets, et une grande partie des parapets est en bois. La rade est défendue par divers forts, les uns en bois, les autres en pierre, qui croisent leurs feux entre eux et avec ceux du corps de la place. Malgré les mauvaises dispositions de détail, l'immense artillerie accumulée rendrait toujours l'attaque de Cronstadt une affaire difficile et chanceuse. Et puis, combien le grand éloignement des puissances qui pourraient avoir intérêt et moyen de l'entreprendre, la nature de la mer et de la côte, ajouteraient aux obstacles et aux dangers de cette opération!

Il existe à Cronstadt une école de pilotage et de bas officiers. Elle est bien tenue et établie sur un bon pied. L'instruction théorique qui y est donnée est suffisante sans être poussée trop loin. Cet établissement, comme tous les autres d'une nature analogue, est mené d'une manière paternelle et avec une grande économie. Il est de la plus grande utilité, et voici pourquoi: La navigation russe est encore peu étendue; le commerce forme peu de matelots. Il ne peut donc pas, comme en France et en Angleterre, offrir des ressources à la marine militaire ni lui fournir des hommes propres aux fonctions de contre-maîtres et de chefs d'équipage. Dès lors la prévoyance du gouvernement doit y pourvoir.

En général, je le dis de nouveau, on ne saurait trop admirer les soins pris en Russie pour l'éducation des enfants des serviteurs de l'État. Fils de matelots, fils d'employés, fils de soldats, tous sont adoptés par le souverain, qui se charge de les rendre utiles à son service et de leur ouvrir la carrière de la fortune s'ils sont dignes de la parcourir. Les soins pris par Alexandre pour l'éducation de la jeunesse peuvent à peine se concevoir, monument durable et glorieux pour son coeur et son esprit, conforme aujourd'hui aux plus grands intérêts de la Russie.

Peu de jours après ma visite à Cronstadt, l'empereur s'y rendit pour inspecter la flotte, qui était au moment de sortir pour évoluer dans la Baltique. Il me fit dire de me rendre dans la rade, sur le bateau à vapeur, d'où je viendrais le trouver à bord de son yacht. L'escadre se composait de trois vaisseaux de ligne et de neuf frégates. Je me rendis près de l'empereur, et je l'accompagnai à bord des principaux bâtiments dont il fit la visite. Ces bâtiments étaient assez bien tenus, mais on pouvait reconnaître sans peine que les équipages étaient peu instruits. J'en fus surtout frappé sur le yacht de l'empereur, alors à la voile et monté par des marins de la garde. Les moindres manoeuvres semblaient les embarrasser, et je fus au moment de donner mon avis sur la manière d'orienter les voiles pour virer de bord, après que ce bâtiment eût manqué à virer une première fois par la maladresse de l'équipage. L'impératrice était à bord du yacht. Rien ne peut rendre son amabilité, sa grâce et les agréments qui la distinguent. Combien ce couple, si tendrement uni, est beau à voir, et qu'il est naturel de faire des voeux pour son bonheur et sa prospérité!

L'empereur me fit remarquer que l'équipage du yacht était composé du soldats mitraillés au mois de décembre. Je lui répondis: «Ah! Sire, on fait des hommes ce que l'on veut, et vous avez pris le moyen de vous assurer de leur fidélité par vos généreuses inspirations et votre confiance noble et magnanime. Quand on les ressent et qu'on sait y céder à propos, on a le génie du gouvernement!»

Au surplus, ces soldats révoltés de Saint-Pétersbourg ne doivent pas être confondus avec les misérables qui les commandaient et les ont entraînés dans la rébellion. Autant ceux-ci étaient infâmes et criminels, autant les autres étaient dignes d'indulgence. De leur part c'était un acte de vertu, et ils ont cru être des héros de fidélité et se sacrifier à leur devoir. En effet, huit jours avant la révolte, ils avaient prêté serment de fidélité à Constantin. On leur demande un nouveau serment en vers un prince présent, et Constantin est absent. Ne sont-ils pas autorisés à douter de la validité des droits, à craindre une usurpation? Ils ne sont pas au fait de ce qui s'est passé. La publicité est peu habituelle en Russie, et elle arrivé difficilement jusqu'aux classes inférieures. Les événements qui venaient de se succéder, presque incroyables pour les gens bien informés, étaient tout à fait incompréhensibles pour ces soldats. Dès lors la défiance est expliquée, même légitimée, et de là à la révolte il n'y a qu'un pas. Induits en erreur par leurs propres officiers, ils persistent dans le serment déjà prêté et sont victimes d'un sentiment louable de fidélité et de constance á leur devoir, tandis qu'on les accuse du crime opposé. Ces malheureux doivent inspirer une grande pitié, car ils ont été punis pour une action dont le principe mérite une récompense. Ainsi, autant les officiers conspirateurs doivent inspirer d'horreur, autant les soldats sont dignes d'intérêt, et c'est ce que Nicolas a senti. Aussi n'avait-il aucune inquiétude, aucune crainte, en se confiant de nouveau à la garde de ceux-ci.

En revenant de Cronstadt, je visitai deux châteaux impériaux. Celui de Oranienbaum, qui est fort peu de chose et très-délabré, rappelle cependant deux événements importants. Catherine II, encore grande-duchesse, faillit y périr en descendant une montagne russe. Le char qui ta portait, étant sorti de sa rainure, allait être précipité, quand Orloff, dont la force était prodigieuse, saisit le char en mouvement et l'arrêta. Probablement cette circonstance a eu de l'influence sur la puissance qu'il exerça sur elle et sur le rôle politique qu'il a joué. Dans ce château Pierre III fut arrêté, précipité du trône et confiné ensuite dans une prison, où peu après il trouva la mort.

Peterhof, que je visitai ensuite, est à une assez faible distance d'Oranienbaum, sur la même rive de la Néva. Le château est beau et vaste, mais son architecture est mesquine. Le bâtiment est peu élevé; il manque de grandeur et de dignité. Une rivière, riche en belles eaux, a donné le moyen de faire des cascades magnifiques, des jets d'eau et d'autres choses de cette nature, dont l'intention est de rappeler les eaux de Versailles, sans cependant en approcher. Des jardins, situés au-dessous du coteau où le château est bâti, sont grands, bien tenus et dans le style des jardins de le Nôtre. Une petite maison en briques, habitée par Pierre le Grand, y est conservée avec un respect religieux, comme tout ce qui rappelle cet homme extraordinaire.

En général, les Russes, dont l'origine comme puissance est si nouvelle, et qui sont admis à peine depuis un siècle dans la famille européenne, attachent beaucoup de prix à se créer des souvenirs et à en préparer pour leur postérité. Les peuples, comme les hommes privés, éprouvent le besoin de reconnaître la source dont ils descendent et de se livrer aux souvenirs qui s'y rattachent. On trouve un charme mystérieux à se livrer à ces pensées et à conserver tout ce qui les réveille. Dans notre vieille Europe, anciennement civilisée, dont l'histoire est présente à notre esprit, nous trouvons à chaque pas des monuments qui en rappellent les grandes époques, et les époques remontent jusqu'à celle de la puissance romaine. En Russie, où tout est d'hier, tout, excepté le Kremlin de Moscou, dont l'existence se lie avec l'invasion des Tartares et la lutte des grands-ducs de Moscovie contre eux, tout date de Pierre le Grand. Aussi on a recueilli avec soin ce qui lui a appartenu, ainsi qu'à ses successeurs.

Dans tous les châteaux, et à Peterhof particulièrement, il y a une grande quantité d'habits et de cannes de Pierre Ier; des robes de Catherine Ire, d'Élisabeth; l'habit de cheval en taffetas vert que portait Catherine Ire le jour où elle s'empara du pouvoir. Le trésor de Moscou, plus riche en objets de souvenirs, remonte un peu plus haut; maison dirait ici que l'on cherche à suppléer par le nombre des objets au nombre de siècles qui manquent.

Peterhof est le lieu, chaque année, d'une fête populaire très-remarquable. Elle est célébrée à une époque déterminée. Quand la cour occupe le château, quarante ou cinquante mille individus viennent se réjouir dans les jardins en toute liberté; ils s'y établissent, y couchent, y restent pendant plusieurs jours et sont nourris aux frais de l'empereur, avec son argenterie et par sa maison. L'empereur et sa famille se promènent au milieu de cette foule sans garde et sans appareil, et n'en sont que plus respectés. Une fête analogue a lieu à Saint-Pétersbourg au 1er janvier de chaque année. Il y a un bal où tout le peuple, sans exception, est admis dans le palais; il y vient un grand nombre de milliers de personnes. Là, l'empereur est accessible au dernier de ses sujets. Des repas servis en argenterie sont également donnés, et jamais ni désordre, ni tumulte, ni vol, ne s'y commettent. Ces fêtes populaires, instituées dans presque tous les pays soumis à des gouvernements absolus et arbitraires, consacrent momentanément une liberté sans limites pour le peuple, espèce d'indemnité donnée de la perte de ses droits, et hommage rendu à la pensée qui représente le souverain comme chef de la famille. C'est enfin un moyen de flatter, de caresser l'opinion des masses et de conquérir leur affection, affection précieuse et nécessaire; car cette espèce de souverain n'a d'autre appui que la multitude et les soldats. Si cet appui, si cette affection, venaient à leur manquer, si la haine succédait à l'amour, la révolte serait immédiate et ferait crouler le trône. Quand, au contraire, les gouvernements cherchent la base de leur puissance et la garantie de leur durée dans un ordre régulier, dans le règne des lois et le respect pour toutes les existences que la succession des siècles et les services rendus à l'État ont grandies, ils ont des appuis moins variables, plus solides, et ils conservent plus de dignité et de véritable indépendance.

J'allai passer une journée à Zarskoïe-Sélo, belle habitation, mais que les Russes, comme toujours, pour ce qui les concerne, placent trop haut. La comparaison de ce palais avec Versailles est une impertinence. Il est fort vaste. Il présente un bel aspect, mais il n'a rien de ce grandiose qui caractérise l'oeuvre de Louis XIV. Les jardins sont beaux, bien dessinés et tenus dans une rare perfection. Il s'y trouve, comme ornement et pour donner de la vie, des établissements d'agriculture. On pourrait comparer ces jardins à ceux de Laxembourg, jardin impérial de Vienne; ils les rappellent par leur nature et par la manière dont ils sont soignés; mais il y a quelques mouvements de terrain naturels dans ceux de Zarskoïe-Sélo, et des eaux rares et factices, tandis qu'à Laxembourg tout est parfaitement plat, et les eaux abondantes et magnifiques.

J'ai visité l'intérieur du palais et vu l'appartement qu'occupait Alexandre. Tout y est resté intact, comme il l'a laissé en partant de Zarskoïe-Sélo pour commencer le voyage où il a trouvé la mort. Il avait le pressentiment d'une fin prochaine. Il parcourut, avant de partir, toutes les allées de son jardin; puis, s'étant mis en route, il s'arrêta à la distance dont on voit encore Zarskoïe-Sélo pour lui jeter un coup d'oeil et lui faire un dernier adieu, inspiration inouïe, car il ne devait plus revoir ce lieu qu'il chérissait. La chambre d'Alexandre à Zarskoïe-Sélo renferme une très-petite bibliothèque, où les ouvrages de Fénelon ont la place d'honneur. Les ouvrages de cet homme célèbre devaient être dans le goût d'un souverain d'un coeur tendre, rempli de douceur et de bienfaisance.

Je ne puis m'empêcher de revenir encore sur les souvenirs qu'il a laissés en Russie. Il n'y a pas une famille à Saint-Pétersbourg qui ne soit son obligée. Faire du bien était son premier besoin. Une mère de famille lui demandait-elle une audience pour l'entretenir de ses intérêts privés, il arrivait inopinément chez elle et s'occupait ensuite à remplir le but de ses désirs. Il y avait chez lui quelque chose d'angélique.

L'appartement occupé par Catherine II est délicieux: tout y respire la volupté, et elle s'y entendait. La colonnade de marbre et la terrasse donnant sur le lac devaient être, pour une cour gaie, spirituelle et occupée de plaisirs, des lieux de réunion charmants à la fin d'une belle journée.

J'ai vu, pour la première fois, dans le jardin de Zarskoïe-Sélo, les enfants de l'empereur, et, en particulier, le grand-duc héritier. J'ai déjà parlé de lui, et je dirai cependant combien sa vue m'intéressa, et à quel point son air résolu me séduisit. Il maniait une petite barque sur la rivière anglaise, et, un des officiers qui m'accompagnaient lui ayant demandé de traverser cette rivière sur cette barque, la barque fit, au moment où il s'embarqua brusquement, un mouvement si marqué, que l'eau y entra. Un autre enfant de son âge aurait jeté un cri. Lui ne montra pas la moindre émotion, saisit son crochet pour la pousser au large, et ensuite ses rames pour la conduire. Il eut un aplomb et un calme admirables. Que Dieu le conserve, et que ce jeune prince donne à son père tout le bonheur qu'il a droit d'en attendre!

Après avoir vu en détail Zarskoïe-Sélo, j'allai visiter Paolowsky, situé à peu de distance. C'était la résidence de prédilection de l'impératrice Marie, le lieu qu'elle a habité avec Paul, du temps de Catherine II. C'est aussi le lieu où Paul apprit son avènement au trône. Bonne habitation, commode, agréable, un peu sauvage, parce qu'elle est environnée de bois, mais donnant l'idée seulement d'appartenir à un riche particulier. Les mouvements de terrain y sont plus prononcés qu'à Zarskoïe-Sélo, où la nature se montre beaucoup moins que l'art. Ici les bois sont venus d'eux-mêmes; à Zarskoïe-Sélo, c'est la main de l'homme qui les a plantés.

Un des établissements les plus curieux situés dans les environs de Saint-Pétersbourg, la manufacture de Colpina, est une des plus belles fabriques que l'on puisse voir. Ses produits sont tous relatifs au service de la marine. On y forge des ancres pour les vaisseaux; on y construit des machines à vapeur, des affûts pour les canons, des cuisines de vaisseau; on y lamine des cuivres pour le doublage des bâtiments; on y fait des clous et des boulons en cuivre, des instruments d'astronomie, etc. Enfin on s'occupe de tout ce qui tient à l'armement et l'aménagement des vaisseaux.

Elle forme un immense fer à cheval, au milieu duquel est un grand bassin servant de port, et d'où les bateaux se rendent sur la Néva, au moyen d'une rivière navigable. Un Anglais, nommé Wilson, est chargé de diriger cette fabrique. Un calculait alors qu'avec un travail de quatre années et une dépense de quinze cent mille francs elle serait portée à sa perfection.

Après avoir visité Colpina, j'allai voir Schlusselbourg, point ou le canal de Ladoga débouche dans la Néva. De magnifiques écluses venaient d'être achevées. L'activité de la navigation a obligé d'en réunir deux ensemble pour le même objet. Dans quelques circonstances de l'année, on doit ménager l'eau du canal, et en diminuer autant que possible la consommation. À cet effet, on a imaginé un moyen fort ingénieux. Deux écluses jumelles sont accolées l'une à l'autre. Quand les bateaux descendants sont dans un des sas, au lieu de verser l'eau dans le canal inférieur, avant d'ouvrir l'écluse, on la fait écouler dans l'écluse voisine. Les eaux des deux sas se mettent de niveau alternativement, et ce mouvement conserve une partie de l'eau, qui sans cela serait versée dans le canal inférieur et serait perdue. Il y a plusieurs canaux en France où ce moyen d'économiser l'eau devrait être employé. En portant le nombre des écluses ainsi accolées à trois ou plus, on diminuerait encore davantage la consommation de l'eau, dont la dépense serait ainsi réduite a fort peu de chose.

Les exportations faites par ces débouchés sont si considérables et la navigation si active, qu'année commune il passe par les écluses de Schlusselbourg de vingt-six à vingt-huit mille bâtiments, du port de cent vingt à deux cents tonneaux, ou des trains de bois qui les représentent. Pour donner un terme de comparaison, je dirai que, dans les meilleures années, la navigation du canal de Languedoc ne consiste que dans le passage de quinze cents bateaux d'une moindre grandeur.

Élisabeth fit enfermer, depuis sa plus tendre enfance, dans le château de Schlusselbourg, Ivan, petit-neveu de Pierre 1er, qui avait été déclaré héritier du trône par l'impératrice Anne. Ce malheureux prince y périt, par l'ordre de Catherine II, à l'occasion d'une entreprise faite en sa faveur.

J'assistais habituellement aux manoeuvres de la garde quand elle s'exerçait par brigade. Je vis successivement les régiments de Préobragensky et de Moscou, les chasseurs de Finlande et les chasseurs de la garde, les régiments d'Ismailowsky et Pawlowsky, enfin ceux d'Alemanowsky, et les grenadiers du corps; infanterie superbe et fort instruite; un peu lourde, un peu pesante, mais dont la composition, pour la taille et la tournure des hommes, est admirable. Elle est, il est vrai, l'objet d'un choix tout particulier, et recrutée dans les grenadiers, qui sont eux-mêmes choisis dans l'armée, où les conditions imposées sont remplies et au delà.

J'accompagnai l'empereur au camp de Zarskoïe-Sélo, où une grande partie de la garde fut réunie. J'y passai trois jours à voir manoeuvrer les troupes, que l'empereur commandait en personne. On y fit aussi la petite guerre. J'eus l'occasion d'admirer l'aplomb et la facilité avec laquelle l'empereur dirigeait les mouvements et son coup d'oeil pour remuer des masses considérables; mais j'aurai l'occasion de traiter plus en détail cet objet en parlant des manoeuvres de Moscou, et de donner des renseignements circonstanciés sur l'armée russe.

Je fus frappé, en ce moment, de la promptitude et de la facilité avec laquelle l'infanterie russe se fatigue. Après une marche de quatre heures, les soldats semblaient aussi épuisés que les nôtres après une journée entière. L'instruction remarquable des régiments, pris séparément, est supérieure à celle des chefs. Les généraux ne m'ont pas satisfait. L'empereur est le meilleur manoeuvrier de tous ceux que j'ai vus à ces réunions.

Il y avait aussi de la cavalerie de la garde au camp de Zarskoïe-Sélo; cavalerie superbe. Les cuirassiers, chevaliers-gardes et gardes à cheval sont montés sur des chevaux immenses, qui cependant sont très-maniables et ont une grande souplesse, la cavalerie légère, hussards, chasseurs, lanciers et dragons, est montée plus haut que dans l'armée française; mais ces différentes troupes doivent être considérées comme destinées à combattre en ligne, attendu que les Cosaques suffisent à tous les services des avant-postes et des reconnaissances. Aussi les hussards, chasseurs, etc., n'ont ni l'habitude ni l'expérience de ce genre de service.

L'arrivée du corps de l'impératrice Élisabeth fut suivie de ses funérailles. Son entrée à Saint-Pétersbourg eut lieu avec la plus grande solennité. L'empereur, l'impératrice, le reçurent à la barrière et l'accompagnèrent à pied jusqu'à l'église de la forteresse, lieu de sépulture des souverains russes depuis Pierre 1er. Le cortège était immense et occupait plus d'une lieue de longueur. En faire la description me serait impossible. Dans aucun autre pays, une cérémonie semblable n'offre quelque chose d'aussi imposant, ni d'une aussi grande pompe, ni d'un caractère plus religieux.

Le corps diplomatique y fut invité, et nous nous rendîmes tous à l'église pour assister au service et à l'inhumation, église petite et mesquine, dont la construction est récente comme celle de la ville. Le terrain sur lequel elle est construite est si bas et si rapproché des eaux, qu'il semble soumis à mille chances de destruction. Les souvenirs des âges anciens n'y figurent pas, et cependant ces impressions conviennent beaucoup aux solennités qui rappellent l'éternité. Les restes mortels des souverains de ce grand empire, déposés dans un lieu aussi moderne, sont un témoignage du peu d'ancienneté politique de ce peuple. Il en résulte, pour ainsi dire, un manque de dignité pour ce grand pays. Combien Moscou est préférable pour recevoir les dépouilles des empereurs: vieille ville et véritable capitale, dont l'action se fait sentir tout à la fois sur l'Asie et sur l'Europe; vieux Kremlin et accumulation de tombes, dans l'église la plus ancienne de cette ancienne résidence!

Quand l'empereur, le jour de son sacre, va faire, comme chose de cérémonie, une station et une prière dans l'église de ses ancêtres, remplie de leurs cercueils, on éprouve, malgré soi, un pieux recueillement et une sainte émotion. Cette cérémonie parle tout à la fois au coeur et à l'esprit.

Après les funérailles de l'impératrice Élisabeth, tout le monde se disposa à partir pour Moscou. L'empereur se mit en route immédiatement après le jugement définitif du procès de la conspiration et après avoir fait tous les actes de clémence compatibles avec la justice et une bonne politique. Je quittai Saint-Pétersbourg la veille du jour où les cinq individus, condamnés à être pendus, devaient être exécutés; je pris ma route par les colonies militaires, situées sur le Volcoff, que l'empereur m'avait autorisé à visiter, et dont je vais rendre compte.

L'empereur Alexandre avait été frappé des avantages de toute nature que l'empereur d'Autriche tire des régiments frontières, établis sur les confins de ses États du côté de la Turquie. Le but de cette organisation, indépendamment de la garde de la frontière, est d'entretenir en temps de paix, et de former pour la guerre, un grand nombre de soldats avec une faible dépense; de tirer d'une population assez faible des soldats dans une proportion très-forte, mais à la condition de les laisser habituellement dans leurs familles, et occupés de leurs travaux, quand la guerre ne les appelle pas ailleurs. Dans les provinces civiles d'Autriche, un régiment d'infanterie est entretenu par une population de quatre cent mille âmes, et dans les provinces militaires par une population de cinquante ou soixante mille âmes. Celles-ci donnent donc huit fois autant de soldats que les premières. Le succès de cette organisation en Autriche, dans l'intérêt du souverain, dans l'intérêt de la population, de son bien-être et des progrès de la civilisation, justifie la proportion adoptée, et prouve combien le système est bon et salutaire.

Les faiseurs en Russie imaginèrent de coloniser des régiments sans les placer au milieu d'une population correspondante par sa force aux besoins qu'exige leur entretien. Chose inouïe! on prit pour base d'un régiment une population de trois, quatre ou cinq mille âmes, soumise violemment à ce régime; et cette population, d'ailleurs peu propre au métier qu'on voulait lui faire faire, se composait en grande partie de bateliers du Volcoff, riches de leur industrie; ainsi la nature et le défaut de population, tout était contraire.

Ou avait donc renversé la question, et, au lieu de faire des soldats avec des paysans, on faisait des paysans avec des soldats. Un régiment étant placé dans un canton, la population lui fut donnée. Les filles devinrent les femmes des soldats, et le soldat, institué chef de famille, commanda dans la maison. Beau-père, belle-mère et belle-sœur, tout lui fut soumis. On bâtit des villages en forme de camps baraqués, et on donna aux familles des terres à défricher. De belles constructions pour les officiers, pour les hôpitaux, pour les exercices à couvert, furent exécutées avec magnificence, et de la manière la plus large et la plus intelligente; mais tout, en définitif, n'était qu'une manière de casernement. Ce système isolé ne pouvait se soutenir par lui-même. Ces régiments, n'étant pas formés et entretenus par la population du territoire, ne pouvaient rester au complet qu'au moyen de recrues fournies par les provinces de l'empire. Les soldats enrôlés, indépendamment de leurs services militaires, étant tenus de consacrer la plus grande partie de leur temps à cultiver la terre, formèrent ainsi des colonies agricoles, organisées militairement, et non des colonies militaires; corps de laboureurs recruté par l'armée, et non réunion de soldats faite avec des laboureurs. Le troisième bataillon, attaché au sol, ne devait jamais sortir, et cependant ceux qui le composaient étaient assujettis aux mêmes exercices militaires: véritable contre-sens. Il y a une grande différence à être soumis à l'autorité militaire, comme en Autriche, à porter le nom de soldat afin d'en prendre plus ou moins l'esprit, ou bien d'être obligé de remplir sa vie des détails qui constituent ce métier, indépendamment des devoirs imposés comme cultivateurs et comme colons. Il y avait donc autant d'erreur dans l'application des principes et dans le régime que dans les bases dont on était parti. Aussi a-t-on abandonné cette institution, et, si elle n'est pas détruite formellement par un ukase, le respect porté au nom de l'empereur Alexandre en est le seul motif. Les immenses constructions exécutées n'ont d'autre destination aujourd'hui que de loger des troupes de la garde ou de l'armée.

Les colonies militaires de cavalerie, situées en Ukraine, sont tout autre chose. Établies sur des bases raisonnables, conduites par un homme d'esprit, actif et éminemment propre à la direction de semblables établissements, le général de Witt, elles ont obtenu le succès le plus complet. J'aurai ailleurs l'occasion d'entrer dans quelques détails sur ce sujet.

Des colonies militaires, je me rendis à Novogorod, qui fut une ville riche et prospère aux temps du moyen âge, avec laquelle les souverains étaient obligé de compter, mais qui présente aujourd'hui le spectacle le plus misérable, la grande enceinte qui la contenait à peine autrefois existe encore; mais la plus grande partie de la surface qu'elle enferme est un désert aujourd'hui, et la partie habitée elle-même ne présente que quelques chétives cabanes; triste spectacle offert aux yeux du voyageur par cette cité célèbre, qui fut autrefois république puissante.

Les villes de Russie que je visitai alors ne m'offrirent rien de séduisant. Un peuple a besoin de la succession d'un grand nombre d'années pour se policer et s'enrichir. Une aisance générale, un bien-être universel, une grande sécurité, et la conscience d'une protection efficace de la part du pouvoir, peuvent seuls donner le goût d'embellir sa demeure. Des révolutions ayant autrefois détruit Novogorod, des ruines l'ont remplacée, et, jusqu'à présent, aucune circonstance n'en a favorisé lu renaissance.

Chose singulière et digne de remarque: la marche politique de la société a été, en Russie, en sens inverse de celle du reste de l'Europe. Tandis que l'Occident était soumis à la plus dure féodalité, tout le Nord était libre. Les circonstances qui ont fondé chez nous la féodalité l'expliquent: effet de la conquête, elle devint la base de l'ordre social. Dans le Nord, berceau des conquérants, la liberté s'était conservée; mais l'ordre de choses changea successivement en Occident, et particulièrement en France et en Angleterre. La formation des communes et leur affranchissement, l'alliance des souverains avec les peuples modifia, diminua l'existence et les droits des seigneurs; et, tandis que la marche progressive des temps protégeait ces peuples, un acte isolé attacha les paysans russes à la glèbe. Sous le règne de Boris Godunow, usurpateur qui s'empara du trône des czars en 1598 et ne régna que cinq ans, un ukase changea le sort de toute la population. Sur la représentation des seigneurs, pour empêcher les paysans de quitter leurs villages et de laisser les terres sans culture, il fut ordonné que les paysans ne pourraient s'éloigner à l'avenir et appartiendraient au sol qui les avait vus naître. Le seigneur, maître du sol, devint ainsi propriétaire de leurs personnes. Cet ukase, reçu sans contradiction, devint et forme encore le fondement de la société en Russie.

De Novogorod, je continuai ma route pour Moscou, où j'arrivai en quatre jours. Le passage des monts Valdaï coupe un peu la monotonie du voyage. Ces monts, placés au point de partage des eaux qui se rendent dans la Baltique et dans la mer Caspienne, présentent à peine à l'oeil une élévation supérieure de deux ou trois fois à celle de Montmartre. Au pied du versant méridional se trouvent de beaux et vastes lacs, dont la navigation se lie à celle des rivières et des canaux qui traversent l'empire.

Le pays que j'ai parcouru est souvent marécageux, d'autres fois riche et bien cultivé. La plaine de Tarjock en présente un remarquable exemple. On exécute une grande chaussée de Saint-Pétersbourg à Moscou, chose de luxe, car les grands transports se font ou par les canaux et les rivières, ou par le traînage en hiver. Cette route servira donc seulement aux voyageurs. Au reste, l'importance de la communication entre les deux capitales en justifie suffisamment la construction. Toutefois, dans un but aussi restreint, elle m'a paru trop large; mais tout, en Russie, se conçoit et s'exécute dans des dimensions gigantesques. L'immense étendue de l'empire a sans doute accoutumé les esprits à des nombres et des proportions supérieurs à tout ce que l'on conçoit ailleurs. Ce bel ouvrage, qui était, à cette époque, au tiers de son exécution, est terminé complétement aujourd'hui; mais alors on parcourait encore deux cent quarante verstes de route sur des rondins, espèce de route odieuse, produisant des secousses insupportables, et cependant c'était le seul moyen d'arriver.

Ce genre de construction exige une énorme consommation de bois, car à peine la durée des arbres employés est-elle de quatre ans. On rend les chemins moins rudes en équarrissant les bois, mais ceux-ci alors deviennent plus chers, soit à cause de la quantité de bois perdu, soit à cause de l'accroissement de la main-d'oeuvre. Je m'arrêtai à Tiver, l'une des villes les plus importantes de la Russie. Elle est grande, mais dépeuplée: aussi offre-t-elle le spectacle le plus triste. Elle ne porte le caractère ni d'une ville nouvellement bâtie, par la beauté des édifices, ni celui d'une ancienne ville, par les vestiges d'une ancienne population. Elle est située sur le Volga, fleuve qui traverse presque toute la Russie en y portant l'abondance et la richesse. Ce fleuve est la grande artère de cet immense corps.

Le 29 juillet, j'arrivai à Moscou, ville qui ne ressemble à aucune autre, et dont la vue étonnerait même celui dont l'esprit serait le plus prévenu. Son étendue immense, le caractère de ses édifices, les mille ou onze cents dômes dorés ou peints qui s'élèvent dans les airs, les intervalles cultivés, les vallons qui séparent les différents quartiers et font de chacun une ville à part, trois boulevards circulaires concentriques, plantés d'arbres, formant la plus magnifique promenade du monde, enfin le Kremlin avec ses tours, ses créneaux et ses fortifications du moyen âge, composent un ensemble dont il est impossible de donner une juste idée. On dirait une agrégation de villes; et cette ville est comme une image de l'empire lui-même, qui est une agrégation de royaumes.

Le Kremlin, situé sur une élévation, domine un peu la ville. Tout y porte le cachet du moyen âge. Ancien fort, ancienne résidence des grands-ducs de

Moscovie, il renferme encore aujourd'hui le palais qu'habite l'empereur. Sa surface, assez peu étendue, contient cependant huit églises, le palais et une place suffisante pour les parades journalières. Diverses architectures, orientales et chinoises, ont été suivies dans la construction de ces églises. Une d'elles renferme les tombeaux des czars, dont elle est entièrement remplie.

Du haut des remparts, cette immense ville parle puissamment à l'imagination. Mais quelle impression sa vue ne devait-elle pas faire sur un Français! Comment ne pas se rappeler que cette ville avait été entre nos mains, et que la puissance de nos armes s'était étendue jusqu'au centre de l'empire russe, à l'extrémité de l'Europe, aux confins de l'Asie, et cela, il y avait à peine quinze ans! Alors tout pliait devant nous; alors tout se prosternait sur nos pas. Mais ce triomphe d'un moment fut acheté au prix de quatre cent mille hommes laissés dans les déserts, au prix de l'invasion de la France et de l'entrée dans Paris des armées de toute l'Europe! Il me semblait voir apparaître, avec un éclat extraordinaire, notre grandeur passée et l'immense chute qui l'a suivie, dans ce lieu même où tant de souvenirs sont encore récents. Grand exemple des vicissitudes humaines et de la justice divine! L'abus de la force appelle une résistance légitime; la résistance amène la victoire, et, bientôt après, la vengeance. Les cendres de Moscou devinrent comme l'élément régénérateur de la monarchie russe. Notre destinée avait été de parcourir toutes les périodes de la fortune pour arriver aux plus grands malheurs. La compensation des maux qui nous avaient frappés s'était trouvée dans la possession d'un gouvernement doux et paternel, dans ta jouissance d'une liberté véritable, d'un état tranquille et d'une prospérité sans exemple. Mais, ces biens, mal appréciés au bout de seize ans, devaient nous être enlevés pour faire place au chaos; et, tandis que les principaux auteurs des grandes scènes passées disparaissaient du monde, Moscou, théâtre de tant de désolation et de tant de calamités, plus belle et plus imposante que jamais, était devenue le séjour paisible et brillant d'un empereur éclatant de jeunesse et de beauté, au moral comme au physique.

L'impératrice-mère était restée à Moscou depuis la mort de l'impératrice Élisabeth. Je fus présenté, immédiatement après mon arrivée, avec toute mon ambassade, à cette princesse. Je fus frappé de son air imposant, mais théâtral. Elle avait une sorte de grandeur dans les manières, un air grave et digne. Elle cherchait évidemment à faire effet par ses discours et quelques mots marquants. Sa grande gloire est d'avoir élevé Nicolas: tâche qui, par la manière dont elle l'a remplie, honore sa haute intelligence. Son esprit actif la rendait ambitieuse et avide de pouvoir. Pour donner quelque aliment à ses facultés, elle s'était chargée de la direction supérieure et de l'inspection de divers établissements d'éducation, de bienfaisance et d'industrie. Au moment où son jeune fils monta sur le trône, elle se crut destinée à régner sous son nom; mais lui, malgré son respect religieux pour elle, sut bientôt s'affranchir d'une dépendance que son droit, comme son devoir, lui défendait de supporter.

La plus tendre union n'a jamais cessé d'exister parmi les membres de la famille impériale. On l'attribue avec raison à l'autorité et à l'influence constante de l'impératrice-mère sur ses enfants. On l'accusait de manquer de franchise; j'ignore si cette accusation était fondée. Son regard incertain ne contredirait pas cette assertion. Elle a renouvelé, pour ainsi dire, la race de Romanow. Son mari, l'empereur Paul, était horriblement laid, et aujourd'hui la maison impériale de Russie est une des plus belles de l'Europe. Certes, cet avantage, dédaigné habituellement dans notre Occident, est précieux et donne de grands moyens d'action sur l'esprit des peuples. Elle l'a relevée aussi au moral. La pureté de ses moeurs, la régularité de sa conduite, ont effacé, pour ainsi dire, les souvenirs des désordres de Catherine.

Je vis ensuite la grande-duchesse Hélène, princesse charmante, remplie de beauté et d'esprit; comme l'impératrice Marie, de la maison de Wurtemberg, et tout à la fois sa petite-nièce et sa belle-fille, princesse également remarquable par son amabilité, les grâces de son esprit et ses avantages extérieurs.

L'empereur arriva enfin à Moscou, et y fit son entrée. Le cortège et les équipages étaient médiocres. Les Russes, sentant le besoin de se vieillir, portent jusqu'au ridicule l'emploi de choses qui chez nous seraient mises au rebut. Ainsi, par exemple, de vilaines voitures, comme on en avait il y a soixante ans, sont précieusement conservées à la cour pour les cérémonies. On en ferait au besoin faire de cette forme, pour être gâtées ensuite, plutôt que de faire usage de voitures élégantes et commodes comme celles d'aujourd'hui. L'empereur, à cheval, avec son état-major, par sa bonne grâce et son grand air, faisait tout l'éclat de cette fête. De belles troupes en grand nombre bordaient la haie depuis la barrière jusqu'au Kremlin.

L'empereur donna, peu de jours après son arrivée, la mesure de son caractère, de sa volonté et de son jugement sain. Sa mère, éloignée de lui depuis deux mois, et étrangère aux affaires, crut qu'à l'arrivée de son fils tout lui serait communiqué et que tout serait soumis à sa décision. Il en fut autrement, et les soins d'une tendresse active ne furent entremêlés d'aucune confidence. L'impératrice s'en formalisa. Elle s'en plaignit, et son fils, en lui montrant un tendre respect, résista à ses volontés. Il lui dit: «Ma mère, des hommages, des soins, de la tendresse, il sera toujours doux à mon coeur de vous les témoigner, et ce sera même un de ses premiers besoins. Concourir à vos désirs, vous donner les moyens de faire prospérer vos établissements de bienfaisance, vos fabriques, etc., tout cela est sacré pour moi, et le trésor de l'empire vous sera toujours ouvert pour cet objet; mais les affaires de l'État me regardent, souffrez que je les fasse seul.» Et, deux jours après, une revue de soixante mille hommes avait lieu. C'était un hommage rendu à l'impératrice-mère. L'empereur défilait à la tête de ses troupes et saluait sa mère: jamais il ne s'est écarté de cette conduite.

Cette revue fut suivie de beaucoup d'autres, de manoeuvres et de petites guerres. Le camp établi près de Moscou se composait de huit bataillons de la garde, du corps de grenadiers de vingt-quatre bataillons, du cinquième corps de dix-huit bataillons. Il y avait trente-trois escadrons, dont dix-sept de la garde, et cent soixante-huit bouches à feu attelées. Tous ces corps étaient au grand complet et présentaient un effectif présent sous les armes de cinquante-trois mille sept cents hommes. Je n'ai rien vu de plus beau en ma vie. Les troupes de ligne pouvaient supporter sans inconvénient la comparaison avec la garde, et, sous certains rapports, elles m'ont paru lui être préférables. L'instruction y était meilleure et leurs officiers valaient évidemment mieux. Ils étaient jeunes, comme ceux de la garde, matis savaient mieux leur métier. Dans la garde, à cette époque, les soldats étaient supérieurs aux officiers, aimables de salon, beaucoup plus occupés à plaire aux femmes qu'à remplir les fonctions de leurs grades. L'empereur Nicolas, dont la sollicitude est si grande pour tout ce qui est utile, aura, j'en suis convaincu, modifié cet ordre de choses. Quand les officiers de la garde vaudront leurs soldats, ce corps ne laissera absolument rien à désirer.

Le goût de l'empereur et les usages de la Russie rendent les exercices militaires l'objet de plaisirs journaliers. Tantôt c'était la cavalerie, toute réunie et seule, qui manoeuvrait dans les grandes plaines environnant Moscou; tantôt c'étaient vingt ou trente bataillons d'infanterie; une autre fois, toute l'artillerie. On fit la petite guerre à plusieurs reprises: une fois elle dura deux jours.

L'empereur commandait constamment lui-même. Je n'ai pas cessé d'admirer son aplomb, son calme, son coup d'oeil, à lui qui n'avait jusque-là commandé qu'une brigade. Il est né avec un instinct particulier pour manier les troupes; mais il attache peut-être à des minuties plus d'importance qu'il ne convient à un général d'armée et encore bien plus à un souverain. La force de son caractère et son courage étaient déjà prouvés. L'amour de la gloire, dans une âme comme la sienne, ne pouvait pas être mis en doute. La bonté et la force de son armée lui donnaient le moyen de se livrer à tous les calculs de l'ambition. Ainsi tout devait le faire supposer amoureux de la guerre et avide de gloire militaire. Une véritable et grande philanthropie semble être un contre-poids à ces qualités, et détruire un instinct belliqueux, sans lequel on ne fait rien de grand. Cette modification de son caractère est sans doute un bienfait de la Providence pour assurer le repos du monde, car personne plus que lui n'aurait pu le troubler. Sans doute il en résultera aussi un grand bien pour ses peuples. Tout entier à ses devoirs de souverain, éclairé par un esprit juste et par la voix de sa conscience, soutenu par un zèle infatigable et la force de la jeunesse, il régénérera son peuple et formera un ordre de choses meilleur que celui qu'il a trouvé. Alors il aura rempli la tâche dont le succès intéresse le plus la Russie. Les éléments qui composent ce pays, les circonstances naturelles qui lui sont propres, garantissent suffisamment la puissance que la Providence lui réserve dans l'avenir.

À l'occasion de ces exercices, j'ai beaucoup vécu avec les officiers généraux russes, et je les ai souvent reçus chez moi. Il y eut promptement entre nous une grande cordialité, resserrée par les souvenirs du champ de bataille. Le métier des armes comporte et amène une fraternité qui établit des rapporte faciles entre les gens de guerre de tous les pays, et particulièrement entre ceux qui se sont vus en face les uns des autres, noble mouvement du coeur humain, dont l'application se trouve dans l'estime qui résulte en soi-même et aux yeux des autres de l'accomplissement de ses devoirs; car les meilleurs juges en cette circonstance sont ceux qui en ont été les victimes. On fait un triste accueil à un général qui s'est laissé facilement battre, et lui-même ne se rappelle une époque honteuse qu'avec embarras. On éprouve des sentiments d'une tout autre nature pour celui qui nous a battu ou pour celui qui, quoique battu, n'a cédé qu'à la puissance du nombre et a fait une longue et vigoureuse résistance. Il est dans la nature de l'homme de respecter ce qui a le caractère de la force. On redoute celle qui nous menace; on chérit celle qui nous protège, et l'idée de la force porte avec elle un caractère toujours imposant. Or rien ne la constate, rien ne la caractérise davantage et ne l'embellit plus que le courage dans les revers et dans le malheur. En rapportant ces observations à ce qui me concerne, je dirai qu'en 1813 et 1814 j'ai presque constamment combattu les Russes et les Prussiens, et que, quand je ne les ai pas battus, je leur ai fait payer cher leur victoire. C'est à ces souvenirs que j'attribue l'accueil personnel si favorable et si bienveillant que j'ai reçu en Russie.

Je parlerai de l'état-major russe avec une grande réserve. Beaucoup d'officiers généraux n'étaient ni à Pétersbourg ni à Moscou, et les absents pouvaient être les plus distingués. Toutefois, après avoir cité le comte Michel Woronzoff, exprimé la haute estime que je porte à son caractère et à sa capacité, ainsi que l'étonnement qu'un homme de cette distinction soit aussi peu employé, je dirai qu'en masse les généraux que j'ai vus m'ont paru assez faibles. Je parle ici non de l'instruction proprement dite, que j'ai été peu à même de juger à fond, mais de cette physionomie à laquelle nous autres gens de guerre nous reconnaissons assez vite les bons officiers. Toutefois j'ai remarqué un général Vassiltchicoff qui a toute l'apparence d'un militaire distingué; le général Benkendorf qui commandait une division de cuirassiers de la garde; le général Tolstoï, homme de jugement et d'expérience. Il est indubitable qu'il y a un grand nombre de généraux à la hauteur de ceux que je viens de nommer.

Dans les grandes armées, après de longues guerres, il se forme nécessairement beaucoup de généraux capables de conduire et de bien commander huit à dix mille hommes; car, pour cet emploi, il ne faut que trois choses: du courage, du bon sens et de l'expérience; mais, pour les fonctions d'un ordre supérieur, il faut bien d'autres qualités. Aussi, dans tous les pays et dans tous les temps, les gens capables de les remplir sont rares.

Je dois parler ici du général Diebitsch dont la vie, quoique courte, a été marquée par des succès brillants et des revers qui ont empoisonné les derniers moments de sa carrière. Le général Diebitsch était un homme très-distingué, très-instruit, ayant des idées saines et toutes les bonnes doctrines sur la guerre. J'ai eu de très-longues conversations avec lui, et je l'ai vu pénétré de ces principes simples qu'une expérience plus longue que la sienne m'a montrés être l'essence du métier. Son activité était extrême, sa bravoure brillante, sa volonté forte. Il avait donc toutes les qualités nécessaires pour commander. La mauvaise campagne de 1828, contre les Turcs, n'est pas son ouvrage. Celle de 1829 lui appartient et lui fait honneur. Quant à sa campagne de Pologne, la première partie, quoique malheureuse, a dépendu de circonstances qui étaient en dehors des calculs qui devaient le diriger. On ne peut, avec justice, le rendre responsable du mauvais succès; car il a été le jouet des caprices de la fortune, auxquels tous les événements de la guerre sont plus ou moins soumis. La seconde partie de cette campagne peut seule être l'objet d'un blâme mérité. Il s'est abandonné à une sécurité coupable. Le général Diebitsch avait la confiance absolue de l'empereur Nicolas, et il m'a semblé la mériter. Parmi les généraux que j'ai vus en Russie il n'en est pas un seul qui pût lui être comparé, excepté le comte Woronzoff et le comte Paskewitz. Et Nicolas n'avait pas pu faire un meilleur choix. Au reste, ce choix avait été d'abord celui d'Alexandre.

À l'occasion des petites guerres aux environs de Moscou, je dois raconter un fait qui peint le caractère russe. Le mot *impossible* n'est pas compris par les Russes; on est même en droit de supposer qu'il n'existe pas dans leur dictionnaire. En conséquence, un ordre n'est jamais commenté par les subalternes. On ne s'occupe que de son exécution. Il est vrai que pour arriver au but, quel qu'il soit, on prodigue les moyens. L'empereur avait déterminé, en arrêtant le plan d'une opération, que le rassemblement d'un des corps se ferait sur un point déterminé. Pour y arriver, il fallait traverser un vallon marécageux d'une longueur de cent toises environ et un ruisseau. On y accumula les travailleurs, qui se relevaient de deux en deux heures. On passa la nuit à ce travail. Le lendemain, la digue et le pont étaient achevés. En France, un pareil travail aurait duré quinze jours. Je fus stupéfait du résultat, dont le souvenir ne s'est pas effacé de ma mémoire. La volonté russe est une chose à part, et on ne saurait trop l'admirer.

Le temps s'écoulait; le moment fixé pour le couronnement et le sacre approchait. Il devait avoir lieu le dimanche 27 août. Quelques circonstances particulières le firent remettre au dimanche suivant. Il survint, sur ces entrefaites, un événement imprévu d'une grande importance, l'arrivée inopinée du grand-duc Constantin. Pour en faire bien comprendre toutes les conséquences, je vais reprendre les choses de plus haut.

On se rappelle les circonstances de la révolte éclatée au moment où Nicolas était monté sur le trône. Constantin s'était conduit loyalement envers son frère et avait refusé une couronne qui lui était décernée, mais à laquelle il avait déjà renoncé dans des temps antérieurs. En faisant cet acte louable, il avait éprouvé un combat intérieur et un regret secret de perdre un semblable héritage. Ces sentiments se montrèrent dans mille occasions, et l'aigreur de sa correspondance avec Nicolas en était un indice suffisant. Nicolas avait désiré voir Constantin à Pétersbourg. La présence de son frère lui paraissait devoir être une approbation solennelle de sa conduite, et une confirmation de la reconnaissance de ses droits; mais celui-ci, sous différents prétextes, s'y était constamment refusé. Il craignait, en paraissant, disait-il, de causer des troubles. Il terminait habituellement ses réponses en disant: «Cependant, si Votre Majesté me l'ordonne, je me rendrai près d'elle,» mais de ce ton équivalant à un refus quand celui auquel on écrit est résolu aux égards.

Nicolas avait renoncé à l'espérance de voir son frère céder à ses désirs. Il en avait pris son parti. Après sa conduite envers lui à la mort d'Alexandre, après la déférence que depuis il lui avait montrée, il ne pouvait rien se reprocher; aussi se dit-il probablement: Mon frère n'a pas voulu de la couronne, il faut que quelqu'un règne: je suis chargé, malgré moi, du fardeau, mais je saurai le porter et me mettre au-dessus de ses caprices.

Les choses en étaient là quand la réflexion, et peut-être plus encore les sages conseils de la princesse de Lovitz [2] vinrent éclairer Constantin. Il dut penser que l'indulgence de Nicolas aurait des bornes, qu'après avoir respecté des caprices le maître pourrait parler, et qu'alors sa position serait insupportable. La marche sage et prudente de Nicolas assurait la durée de son pouvoir. Chaque jour le consolidait davantage, Constantin résolut donc, par une démarche inopinée, de réparer ses torts passés et de rentrer dans les bonnes grâces de son frère. Il se mit en marche, sans être annoncé, pour Moscou, voyagea rapidement, empêcha tous les courriers de le devancer, tomba comme une bombe à Moscou, et se présenta inopinément au Kremlin et au palais de l'empereur. Nicolas était occupé d'un travail avec le prince Galitzin, gouverneur de Moscou, lorsqu'on lui annonça le grand-duc. L'empereur répondit qu'il le recevrait après le travail qu'il faisait, croyant parler du grand-duc Michel. Mais, comme on lui répliqua que c'était Constantin, il se leva subitement en disant: «Constantin!» Et il courut dans la pièce voisine et se précipita dans ses bras. Dans une heure, cette ville immense de Moscou, et en deux heures tous les environs, furent informés de son arrivée, tant cette nouvelle paraissait grande à tous les esprits.

Note 3: <u>(retour)</u> Épouse morganatique du grand-duc Constantin. (*Note de l'éditeur.*)

Constantin, en partant de Varsovie, avait cru remplir un devoir; mais, comme il le faisait à contre-coeur, il voulait en restreindre autant que possible les conséquences. Il avait calculé sa marche pour arriver la veille du couronnement, et il comptait repartir le lendemain. Heureusement, le couronnement avait été retardé de huit jours et renvoyé au dimanche suivant. Constantin fut ainsi forcé de passer une semaine entière à Moscou. Un symptôme de la violence qu'il s'était faite se montrait dans sa physionomie et son humeur. On le voyait soumis aux impressions les plus contraires, et on reconnaissait que les passions les plus fortes et les plus opposées se combattaient dans son coeur.

Jamais événement de cette nature ne fit une impression plus vive et plus universelle. Le peuple russe est fidèle par sa nature. La question des droits de Nicolas n'était pas complètement claire aux yeux des masses. Il y avait encore dans les esprits un fond d'inquiétude et de défiance. L'arrivée volontaire de Constantin, sa présence au sacre, expliquaient tout, confirmaient tout; aussi, dès ce moment, l'opinion la plus favorable se prononça-t-elle en faveur du jeune empereur, et, le lendemain, vingt mille individus étaient, rassemblés au Kremlin pour assister à la parade et constater par leurs yeux un fait qui les remplissait de joie et de bonheur.

Je me rendis à la parade suivant mon usage, et je revis le grand-duc Constantin, que j'avais beaucoup connu à Paris en 1814 et 1815, et dans plusieurs voyages faits depuis dans cette ville. Sa figure, habituellement laide, animée par de mauvais sentiments, était devenue atroce et indiquait évidemment des combats intérieurs. On voyait avec quel regret il était venu à Moscou, dont le séjour lui était insupportable. Après la parade, il me reçut chez lui. Il me fut facile de reconnaître, à ses discours, ses véritables sentiments et la confirmation de mes soupçons. Ses paroles étaient incohérentes. Il me raconta ce qui s'était passé d'une manière confuse, me dit avoir été blessé du doute qu'on avait sur la persévérance de ses résolutions. Au surplus, ajoutait-il, il n'était pas fait pour régner et se sentait tout à fait impropre aux soins du gouvernement. Il me fit, à cette occasion, une comparaison triviale avec un domestique à lui, qui, ayant été quinze ans cuirassier, avait refusé d'être fait brigadier, parce qu'il ne se trouvait pas capable. Je le quittai, le laissant visiblement dévoré de regrets et en proie à mille sentiments contraires.

L'empereur ne cessa d'être admirable pour le grand-duc Constantin, il lui montra constamment la plus grande déférence; mais ce caractère farouche recevait les soins dont il était l'objet sans en paraître touché. Il y eut des grandes manoeuvres et des petites guerres. Il prenait à tâche de tout critiquer d'une manière amère et à haute voix. Son langage avait quelque chose de si inconvenant, que plusieurs fois je m'éloignai pour ne pas l'entendre, et j'évitai habituellement d'être auprès de lui. Mais, à la fin, les attentions délicates de Nicolas parvinrent à le toucher. La satisfaction de l'impératrice-mère, qui lui savait un gré infini de ce voyage, gage de la bonne harmonie qui régnerait à l'avenir dans sa famille, la joie publique exprimée chaque jour avec plus d'énergie, le sentiment universel que le principe des troubles dont l'empire pouvait être menacé avait disparu pour jamais, tout cela finit par l'émouvoir. Il se sut gré de ce qu'il avait fait; il en reconnut l'utilité, non-seulement pour lui, mais encore pour le pays. Il éprouva ce bonheur intérieur que produit une bonne conscience, et, dès ce moment, ses impressions, devenues douces, se peignirent sur sa figure. Cette figure prit une expression de contentement et de joie extraordinaires; d'horrible qu'elle était, elle devint presque belle. Je n'ai jamais vu une métamorphose pareille. Arriva le dimanche, 4, jour du couronnement. Constantin y remplit les fonctions de premier aide de camp de l'empereur. Sa bonne grâce, sa joie et sa satisfaction frappaient tous les yeux, et la vue de sa personne dans de pareilles dispositions donna un caractère particulier à cette cérémonie.

Lu petitesse de l'église où se fait la cérémonie, local peu favorable, réduit nécessairement à peu d'individus le nombre des témoins de ce spectacle auguste. Les autorités d'un ordre élevé y furent seules placées. Cette église ne peut être comparée qu'à une chapelle. Pour donner à la cérémonie plus d'éclat et y faire participer le peuple, on eut soin de réunir, par un amphithéâtre en plein air, trois églises, que l'empereur et sa famille vont visiter processionnellement. Six mille spectateurs pouvaient y être placés. Les détails du couronnement et du sacre ressemblent assez à ce qui se passe à Reims; mais la différence du local y apporte des changements. Une chose digne de remarque consiste dans ce que le couronnement du prince précède le sacre, tandis qu'en France la couronne n'est placée sur sa tête et l'intronisation n'a lieu qu'après le sacre. On conçoit les idées qui se rattachent à cette différence et la motivent.

La partie morale de la cérémonie fut une des plus belles choses que l'imagination puisse concevoir. L'empereur, placé sur son trône, reçut les hommages de tous les membres de su famille. L'impératrice-mère la première vint s'agenouiller devant lui. Alors l'empereur déposa le sceptre et la main de justice, descendit du trône avec précipitation, et baisa la main de sa mère qui l'embrassa et le serra dans ses bras. Constantin vint à son tour pour baiser la main de son frère. Celui-ci lui ouvrit les bras, l'embrassa et le serra dans de douces étreintes. Plus tard, au moment où l'empereur descend du trône pour se rendre au sanctuaire et aller à la communion, il remet son épée nue à l'aide de camp de service. Constantin, remplissant ces fonctions, reçut cette épée avec grâce. On eût cru, en la voyant entre ses mains, qu'elle était bien gardée! Après les détails minutieux des cérémonies grecques, l'empereur sortit avec son cortège, marcha au pied de l'amphithéâtre, se rendit à l'église des ancêtres, où il fit une station et des prières. Lorsqu'il parut ainsi en public, les plus vives acclamations, les transports de joie les plus unanimes et les plus sincères, l'accueillirent. L'union de la famille impériale complétait le bonheur général. Le temps était magnifique. Jamais fête ne put avoir un plus grand éclat ni paraître plus auguste.

Un repas d'étiquette eut lieu en public pour la famille impériale dans les vieux appartements du Kremlin. Le soir une illumination, dont il est difficile de donner une juste idée, vint terminer cette belle journée.

Le Kremlin, bâti sur un plateau, domine un peu la ville. Du côté de la rivière, il est à pic. Ces fortifications du moyen âge ne manquent pas d'élégance, et les vieux édifices qu'elles renferment leur servant d'ornement. La tour d'Ivan, qui est fort élevée, domine le tout. Les illuminations indiquaient l'architecture dans tous ses détails, et des masses de feu, élevées au milieu des airs sur la tour d'Ivan, couronnaient dignement ce spectacle et semblaient associer le ciel à la parure de la terre. Le lieu le plus avantageux pour voir l'illumination était le bord de la Moskowa, au point où la rivière fait un coude, et d'où l'on voyait également la magnifique illumination de la promenade au-dessous du Kremlin, au bout de laquelle se trouve l'immense salle d'exercice.

Les fêtes d'usage eurent lieu après le couronnement, et voici dans quel ordre:

La première fut donnée au Kremlin, et les premières classes seules y furent admises. Cette réunion de toute la cour, qui fut fort belle et très-nombreuse, fut aussi de peu de durée. À peine eut-on le temps de se reconnaître. La famille impériale, après une courte apparition de moins d'une heure, se retira.

La seconde fête, dédiée par l'empereur à la bourgeoisie, eut pour local la salle du spectacle. Les femmes portaient, presque toutes, des costumes de quelques provinces russes, costumes très-riches et fort élégants. Les hommes étaient en uniforme, sans épée ou en domino. Rien de plus beau que cette variété, en quelque sorte infinie, que la richesse des costumes et la profusion de perles et de diamants dont les femmes étaient couvertes.

Une table était dressée sur le théâtre pour la famille impériale. Les ambassadeurs, les ambassadrices, les dames à portrait et le maréchal Sacken y furent seuls admis.

La troisième fête fut donnée à l'empereur par les marchands. On choisit l'immense salle d'exercice. Elle se composa d'un dîner, où huit cents officiers furent invités. Le milieu de la salle, divisée en trois parties, servait au banquet, et les deux extrémités étaient disposées en jardin.

La quatrième fut celle de la noblesse. Elle eut lieu dans le bâtiment du club de la noblesse, local magnifique, un des plus vastes et des mieux disposés pour cet objet qui puissent exister. Elle se composa d'un bal brillant et d'un souper avec l'étiquette d'usage. La réunion était immense. Rien de plus splendide que cette fête.

Je donnai la cinquième. J'occupais le palais Kourakin, un des plus grands de Moscou, un de ceux que le hasard a fait échapper à l'incendie de 1812. Quoique vaste, il se trouva trop petit pour le nombre des invités. Je fis construire une magnifique salle à manger, décorée en tente, avec des trophées, et des ornements convenables à la circonstance. Une cantate avait été faite exprès et préparée pour cette fête; mais l'empereur me fit défendre de la donner. Toutes les femmes recevaient des bouquets. Un ordre remarquable régna partout. Le service se fit, pendant toute cette soirée, avec autant de facilité et de précision que s'il eût été question d'une petite réunion.

L'empereur fut charmant et causa pendant plus d'une heure avec moi. Il resta au bal jusqu'à deux heures, ce qui, pour lui, était sans exemple. Il me combla de témoignages de bonté. Lors du souper, les femmes, qui furent seules d'abord introduites aux diverses tables, présentaient un coup d'oeil éblouissant à cause de la richesse de leurs parures et de leurs bijoux. Dix-sept cents bougies éclairaient la salle et donnaient à la lumière un éclat qui rappelait celui du soleil. Je ne quittai pas de vue l'empereur, sans cependant le fatiguer de ma présence; mais je fus toujours à portée de lui pour remplir ses moindres désirs. Enfin, je pus croire qu'aucune fête n'avait mieux réussi et travail eu un plus grand succès.

Les dernières furent celles du duc de Devonshire, ambassadeur extraordinaire d'Angleterre. Celles-ci étaient médiocres et mal dirigées: il y eut aussi peu de monde. Vinrent ensuite les fêtes des grands personnages russes, celle du prince de Yousoupoff et celle de la comtesse Orloff, où la plus grande magnificence fut déployée.

Tout fut enfin terminé par une fête populaire hors de la ville. Des constructions considérables avaient été élevées exprès. Au milieu était un beau pavillon pour l'empereur, sa famille et toute la cour; autour et à distance se trouvaient des amphithéâtres, les uns garnis de musique, d'autres remplis de comestibles dont la distribution se faisait au peuple. On avait, en outre, réuni tout ce qui, en pareille circonstance, doit amuser la multitude. La fin de la fête rappela ce qu'il y a encore de sauvage dans les moeurs russes. Tout fut livré au pillage; chacun emporta ce qu'il voulut des débris de toute espèce qui tombèrent sous sa main.

Avant de quitter Moscou, je fis quelques excursions dans les environs pour voir les principaux châteaux et les maisons de campagne du voisinage. En général, elles sont assez peu nombreuses: il y en a beaucoup moins qu'on ne devrait le supposer, à cause du nombre considérable de grands seigneurs qui habitent Moscou, et dont les fortunes passent pour immenses. Celle du comte Cheremetoff, située à Staulies, à peu de distance de la ville, où il y a eu des fêtes magnifiques autrefois, était dans un état de délabrement extraordinaire L'intérieur est rempli d'objets d'art du plus grand prix, entassés avec profusion, mais la maison menace ruine; et cependant le comte Cheremetoff a un revenu de trois millions. Sa fortune, pendant sa minorité, a été liquidée, et ses dettes ont été payées. On ne comprend rien à ces fortunes russes; elles effrayent, pour ainsi dire, l'imagination par leur chiffre; puis elles disparaissent et sont remplacées par des dettes et la gêne.

La plus belle campagne des environs de Moscou, à mon goût, appartient à un prince Galitzin. Elle est située à Kaulminik, sur un affluent de la Moskowa. C'est un lieu délicieux; tout y est arrangé et entretenu avec le plus grand soin. Cette campagne aurait une réputation, même dans les environs de Paris et dans les environs de Londres. Le pays environnant Moscou est ondulé; le plateau est creusé par les courants d'eau qui le sillonnent. Des bois et des champs le divisent, et cependant il est triste et monotone. Il y manque une population suffisante pour lui donner la vie.

Le moment du départ approchait. L'empereur me donna l'ordre de Saint-André pour témoignage de sa satisfaction et de son estime. Cet ordre, le plus ancien [4] et le plus considéré en Russie, donne ceux de Saint-Alexandre et de Sainte-Anne. Les Russes lui ont conservé une grande valeur par la réserve avec laquelle il est distribué. À l'époque où je l'ai reçu, il y avait seulement trente-cinq chevaliers de Saint-André, y compris les étrangers. L'empereur y ajouta d'autres dons, des objets de malachite et une pelisse de martre.

Note 4: (retour) Fondé par Pierre Ier in 1689.   (*Note du duc de Raguse.*)

L'empereur, qui m'avait donné à dîner comme ambassadeur et en représentation, voulut me recevoir comme particulier. Je dînai chez lui, moi cinquième, avec lui, l'impératrice, le prince Charles de Prusse, son beau-frère, et le prince Philippe de Hesse, son parent. Rien ne peut exprimer la simplicité de cet intérieur, le bon goût qui y préside et la politesse qui y règne. L'empereur me dit en riant quand j'entrai: «Je vous ai fait inviter à dîner sans façon; c'est chez madame de Nicolas que vous venez dîner.» Il se montra maître de maison aimable et bienveillant pour ses convives, plein de soins, de gaieté et d'attention. Le grand-duc héritier vint, pendant le repas, voir ses parents. Le dîner fini, il se retira; puis, peu après, il reparut avec son habit de soldat et son fusil, et fit l'exercice devant nous.

Toutes les fêtes devaient être terminées par le feu d'artifice préparé par l'artillerie de la garde. Ce spectacle fut sans contredit le plus magnifique que j'aie jamais vu. J'en dirai deux mots. On vit d'abord, comme partout, des pièces d'artifice de diverse nature, un temple, le tout exécuté avec des feux de couleur d'une grande perfection; ensuite on vit apparaître un cirque d'une vaste étendue avec des portiques ouverts; trois chars de forme antique, couverts d'artifice, traînés par des chevaux, conduits par des hommes aussi vêtus à l'antique, également couverts d'artifice, étaient placés dans l'intérieur, et s'y disputèrent le prix de la course. Ils firent deux fois le tour du cirque. Le feu d'artifice fut terminé par un bouquet dont l'imagination peut à peine comprendre la dimension. Il y avait cinquante-quatre mille fusées et cent mille serpenteaux; et toutes ces pièces, partant à la fois, représentèrent l'éruption d'un volcan. Pendant que le feu d'artifice parlait aux yeux, quarante pièces de canon, tirant continuellement, parlaient aux oreilles.

Après ce beau spectacle, je pris un dernier congé de l'empereur. Il m'embrassa avec une expression d'amitié et d'intérêt dont le souvenir ne s'effacera jamais de ma mémoire. Il m'engagea, avec une bienveillance toute particulière, à ne pas oublier la promesse que je lui avais faite de venir le voir dans quelques années, promesse que j'ai été au moment de tenir, mais sous des auspices bien différents de ceux sous lesquels je l'avais faite. S'il plaît à Dieu, je la remplirai un jour. Le lendemain je me mis en route pour Varsovie. Mes premiers pas sur cette route me conduisirent sur le terrain de la bataille de la Moskowa.

Mon intention étant de visiter avec détail le champ de bataille de la Moskowa, appelé par les Russes Borodino, et d'apprécier sur les lieux les circonstances qui ont accompagné ce grand événement, j'emportai les trois relations publiées sur cette bataille, celle de Chambrai, celle de Ségur et celle de Boutourlin. J'avais, parmi les gentilshommes d'ambassade, des officiers qui s'y étaient trouvés; j'emmenai plusieurs officiers russes qui y avaient combattu: ainsi j'eus tous les moyens possibles pour recueillir, sur le terrain même, les renseignements désirables. Le champ de bataille est d'ailleurs assez petit; en peu de moments on peut le traverser dons toute son étendue.

Des trois relations que j'ai citées, celle de Ségur est la meilleure, la plus intelligible et doit être la plus vraie. Tout a dû se passer comme il le dit. On voit le lieu où Napoléon s'est tenu pendant la bataille, et l'on conçoit qu'il n'a rien pu voir, rien pu juger, rien pu ordonner à propos. Les dispositions premières ont été faites évidemment avec l'idée que la garde entrerait en ligne s'il était nécessaire, et appuierait les corps de Davoust et de Ney. Avec cette condition, les dispositions étaient bonnes. Quand on la demanda, elle fut refusée, ce qui changea toute l'économie de la bataille. Si elle n'avait pas dû marcher, la disposition était fautive; il y avait trop de troupes au centre, où était une fausse attaque, pas assez à la droite, où devaient se porter les grands coups et se faire le grand effort. Après l'enlèvement des flèches qui couvraient le village de Semanovsky et la prise de ce village, les corps de Davoust et de Ney étaient hors d'état de combattre. Les pertes effectuées et la dispersion des hommes ôtaient toute consistance à ces corps. Il fallait nécessairement des troupes fraîches pour les soutenir et même pour les remplacer. La cavalerie, faute de mieux, s'en chargea. Elle perdit beaucoup de monde par le feu de l'ennemi. Elle culbuta cependant ce qu'elle avait devant elle; elle tourna la redoute située au centre, s'en empara et la livra au vice-roi, qui, dès ce moment, put déboucher.

Alors la bataille était gagnée; mais, pour avoir des résultats, il fallait marcher franchement, avec des moyens compactes et réunis sur le chemin de Moscou. Aucune résistance n'aurait été opposée aux troupes françaises qui se seraient montrées sur ce point, parce que l'armée russe, en cet instant, était dans le désordre et la confusion. C'est en ce moment que le général Belliard vint trouver l'Empereur et lui demander sa garde pour soutenir la cavalerie. Il la refusa, et l'on perdit tout le fruit des succès obtenus. Aucun engagement sérieux n'aurait eu lieu, et l'armée russe, hors d'état de se reformer et de combattre, aurait été détruite ou prise en grande partie.

Assurément un général habile doit éviter de faire donner trop tôt ses réserves. Il doit refuser le premier secours qu'on lui demande; car ceux qui sont aux prises sont toujours empressés à en réclamer. Il faut tirer de chaque individu tout le parti possible, forcer chacun à employer toute l'énergie et toutes les facultés qu'il possède; mais il y a un moment (et le talent est de le juger) où il est aussi important de faire accourir le secours qu'auparavant il était utile d'en suspendre l'envoi, et c'est en cela que Napoléon a failli à la Moskowa. Il a été d'ailleurs, ce jour-là, infidèle à un principe que je lui ai entendu établir et soutenir toute sa vie: c'est que les généraux qui conservent les troupes pour le lendemain de la bataille sont toujours battus. Quand le succès est complet, quand le jour est décisif, les réserves sont superflues le lendemain. C'est donc au jour de la bataille, jour véritable de la crise, qu'il faut tout sacrifier, sans s'occuper de l'avenir. Alors Napoléon n'a pas agi ainsi quand il pouvait suivre et appliquer son principe sans danger; car, je le répète, sa garde n'aurait eu aucun engagement sérieux.

Napoléon, pendant toute cette campagne de Russie, n'était plus le même homme, son génie militaire avait pâli, son activité avait disparu; une grande insouciance, une grande apathie, avait remplacé sa sollicitude d'autrefois; une irrésolution habituelle était devenue le fond de son caractère; et M. de Ségur, tout en gémissant d'un si grand changement, l'a peint avec vérité. Il est représenté en 1812 tel que je l'avais trouvé en 1815. Le grand capitaine s'était survécu à lui-même.

Après avoir passé une journée entière sur le champ de bataille de la Moskowa, je continuai ma route et je m'arrêtai à Smolensk. Mêmes observations pour le combat malheureusement trop célèbre qui y fut livré. On ne peut concevoir quel génie infernal a pu inspirer l'idée de se ruer contre des murailles hautes de trente pieds, dans lesquelles il n'y avait aucune brèche, et de les escalader sans échelles? Comment a-t-on pu concevoir la pensée de les ouvrir avec des pièces de campagne? Ces murailles sont très-épaisses et construites en briques. Aussi huit à dix mille hommes restèrent sur la place et furent sacrifiés sans aucune espèce d'utilité. Un homme raisonnable ne pouvait pas se faire illusion à cet égard. Ceux qui virent Napoléon ce jour-là m'ont tous parlé de son indifférence à tout ce qui se passait sous ses yeux, et de l'insouciance dont chacune de ses paroles était empreinte.

Après Smolensk, j'allai voir la Bérézina, lieu tristement célèbre, où tous les débris de l'armée semblaient devoir périr. La poursuite des armées de Koutousoff et Wittgenstein fut molle et timide. L'armée française, si peu en état de combattre, eût été facilement précipitée dans la rivière si elle eût été attaquée avec un peu de vigueur; mais une chose inexplicable, c'est la conduite tenue par l'amiral Tischakoff, qui, avec une belle armée intacte, était placé sur la rive droite de la rivière. Au moment même où il voyait l'armée française occupée de préparer son passage et des travaux préliminaires, il donna ordre à la division Chaplitz, placée en face, de s'éloigner, et en partant il ne fit pas brûler les ponts établis sur les marais de la route de Wilna. Leur destruction eût suffi pour mettre un obstacle insurmontable à la marche de l'armée, après son passage de la Bérézina. Elle eût été alors détruite sans combat; car, une fois établie sur la rive droite, elle était dans l'impossibilité aussi bien d'avancer que de reculer. Un enchaînement de circonstances si extraordinaires autorisa Napoléon à croire, malgré tant de maux ressentis, que son étoile n'avait pas renoncé à le protéger.

J'arrivai à Varsovie. Le lendemain j'allai voir le grand-duc Constantin, qui me conduisit à la parade. Après la parade, nous allâmes voir le corps polonais, tout entier sous les armes dans la plaine de Vola. Pendant trois heures, cette armée exécuta de grandes manoeuvres avec une rare perfection. Je n'ai vu des troupes aussi belles, aussi instruites, que chez nous, dans notre beau temps et par exception. Elles ne laissaient rien, absolument rien à désirer. Le lendemain et le jour suivant, j'accompagnai de même le prince à la parade. Nous vîmes ensuite la cavalerie réunie, et le jour d'après l'artillerie. Ces différentes armes étaient à la hauteur de l'infanterie.

Si le grand-duc Constantin, comme on l'assure, n'était pas un grand général (et à cet égard il lui manquait, dit-on, une des qualités les plus essentielles), c'était certainement le meilleur inspecteur qui fût jamais et l'homme le plus capable de former des troupes. Après avoir rendu justice à son mérite personnel sous ce rapport, je ferai remarquer que jamais général n'a eu, autant que lui, de moyens à sa disposition pour créer de bonnes et belles troupes. La matière sur laquelle il opérait est excellente; car les Polonais sont essentiellement belliqueux et naissent gens de guerre. Bon nombre d'officiers de ces troupes avaient servi et fait la guerre avec nous.

L'armée polonaise était campée, par divisions, dans la belle saison, aux portes de Varsovie. Ces magnifiques camps baraqués m'ont rappelé le camp de Zeist de ma jeunesse. On sait combien les réunions permanentes contribuent à former l'esprit militaire et à compléter l'instruction. L'armée polonaise, payée en argent, avait la solde française, et, eu égard au prix des denrées, ces soldats étaient les plus riches de l'Europe.

Le grand-duc Constantin nommait directement à tous les emplois, jusqu'au grade de lieutenant-colonel inclusivement. Ce droit de promotion, donné à un homme qui connaissait tous les officiers de cette armée, qui vivait avec eux et était, plus que qui que ce soit, capable de les juger, garantissait la justice et le discernement des choix. Enfin, pour donner une idée de l'instruction exigée, je vais dire ce qui précédait la nomination des sous-officiers au grade de sous-lieutenant. Le grand-duc me présenta une trentaine de sous-lieutenants qui étaient nouvellement promus après avoir satisfait aux conditions imposées et qui attendaient des emplois vacants. Un sous-officier, avant d'être reçu officier, devait d'abord commander un peloton, puis un bataillon, puis une brigade. Quel que soit le prix mis à l'instruction, ici il y a exagération. Aussi m'écriai-je, en répondant au grand-duc, que cette troupe de généraux, si subalternes dans leurs véritables fondions, serait bien difficile à contenter, à conduire, et deviendrait une source d'embarras pour ses chefs naturels.

L'armée polonaise, dont le grand-duc avait l'entière disposition, se composait de douze régiments d'infanterie à trois bataillons, de huit régiments de cavalerie de quatre escadrons, et en outre de deux régiments de troupes à cheval des gardes; enfin de six compagnies d'artillerie.

L'armée polonaise était si bien instruite, qu'on aurait pu, en cas de guerre, la dédoubler pour y placer un nombre de recrues égal à celui des soldats. Au bout de trois mois, cette nouvelle composition aurait fourni des troupes excellentes pour combattre.

J'eus occasion de juger, pour la première fois, du grand parti que l'on peut tirer des fusées à la Congrève. Le tir en fut si juste et la manoeuvre, avec des chevalets à main, si facile, que je fus frappé des applications qu'on peut en faire. Cette nouvelle arme peut jouer, à la première guerre, un rôle très-important.

J'en rendis compte à mon retour en France. Je pressai le gouvernement de s'en occuper. Il l'a fait, et aujourd'hui la France est en mesure. Le général d'armée qui s'en servira le plus habilement à la première campagne aura une suite de succès non interrompus. La tactique moderne recevra probablement des changements, et, par suite, l'organisation des armes et les proportions existantes entre elles. Ces fusées feront époque dans la science militaire. Je vais indiquer les causes et déduire les principales conséquences de cette invention.

On connaît l'influence de l'artillerie aux jours de bataille, et le rôle qu'elle joue à la guerre. Ce rôle est devenu de plus en plus important, non-seulement en raison de son augmentation dans les armées, mais encore à cause de son extrême mobilité qui donne le moyen de combiner ses mouvements à l'infini: cependant cette mobilité a encore des limites, et le nombre des canons à conduire à la guerre est borné, non-seulement par la dépense, mais encore par l'embarras qu'un excès de matériel apporterait avec lui; embarras pouvant être tel, qu'il dépasserait de beaucoup en inconvénients dans les marches les avantages qu'il promettrait pour le moment de l'action.

L'expérience a démontré que les limites à observer ne doivent pas dépasser quatre pièces par mille hommes, et encore, ce principe suivi, cette proportion se trouve-t-elle toujours franchie, après quelques mois de campagne, la diminution du matériel n'étant pas soumise aux mêmes causes que celle de l'infanterie et de la cavalerie. Les fusées à la Congrève ont reçu successivement un grand perfectionnement. Dirigées maintenant avec une assez grande justesse, elles forment aujourd'hui une artillerie auxiliaire destinée à devenir bientôt une arme principale par le développement qu'on peut lui donner dans son action.

En effet, quand l'arme se compose seulement du projectile employé, quand aucune machine n'est nécessaire pour le lancer, et ne présente pas au feu de l'ennemi de surface sur laquelle il puisse diriger ses coups; quand enfin on peut, par des dispositions très-simples, donner momentanément à ce feu un développement tel, que le front d'un seul régiment soit couvert par une pluie de boulets qui représentent le feu d'une batterie de cent pièces de canon; alors les moyens de destruction sont tels, qu'il n'est plus possible de lutter contre eux, en suivant les règles et les principes que l'état actuel de l'art de la guerre a consacrés.

Voici comment je concevrais l'emploi des fusées à la Congrève. Je ferais former dans chaque régiment six cents hommes au service de cette arme nouvelle. Deux chariots suffisent pour porter cent chevalets tels que les Autrichiens les ont adoptés, et, à l'ordre donné, ces cent chevalets, servis chacun par trois ou quatre hommes, déploieraient un feu dont l'imagination peut à peine concevoir l'idée. À un feu pareil peut-on opposer et exposer des masses? même des troupes en bataille et plusieurs lignes parallèles? Non assurément. Mais, le gain de la bataille consistant à faire reculer l'ennemi, il faut marcher à lui et traverser l'espace qui nous sépare de lui. Or, pour le faire avec le moins de danger possible, on doit employer l'arme qui parcourt les distances le plus rapidement. Dès lors la cavalerie doit être employée de préférence, et cette cavalerie devra être soumise à une nouvelle manière de manoeuvrer, afin de se présenter au feu de l'ennemi avec moins de chances de destruction, c'est-à-dire éparpillée en tirailleurs, et cependant prête à se réunir à un signal donné pour se préparer au choc qui doit suivre la charge exécutée. Dans ce système de guerre et dans cette nouvelle manière de combattre, l'infanterie, changeant de rôle, devient l'auxiliaire dés fusées à la Congrève, ou plutôt ces fusées sont sa véritable arme, et les fusils de simples accessoires pour repousser ceux qui viennent l'aborder.

L'infanterie devra donc avoir une instruction toute différente. Elle devra se diviser en deux parties: la première, chargée de tirer des fusées; la seconde, destinée à appuyer la première et à lui servir de point de ralliement au moment où elle sera en contact immédiat avec l'ennemi. Alors la proportion des armes doit changer. Il faut plus de cavalerie et moins d'infanterie. Il faut une cavalerie exercée d'une manière toute différente de ce qu'elle l'est aujourd'hui. Il faut une infanterie-artillerie, si je puis m'exprimer ainsi, et dont l'emploi soit borné au service des fusées, à les soutenir et à les appuyer, à occuper les postes retranchés, à défendre les places, à faire la guerre de montagne.

Mais cette nouvelle artillerie prend une grande importance en mille circonstances où l'artillerie à canon ne joue aucun rôle. Dans les montagnes ou transporte aujourd'hui à grand'peine un petit nombre de pièces qui y fait peu d'effet. Avec des fusées, on a une arme à longue portée, facile à établir partout et à profusion sur la cime des rochers, comme sur les plateaux inférieurs. Dans les plaines rases, chaque édifice est transformé en forteresse, et la tour ou la terrasse d'une église de village devient à volonté la plate-forme d'une batterie formidable. Enfin cette invention, telle qu'elle est aujourd'hui, et avec les perfectionnements qu'elle comporte, se prête à tout, se plie à mille circonstances diverses, à toutes les combinaisons possibles et doit prendre un ascendant immense sur le destin des armées.

Si les fusées sont servies par un corps spécial, si elles sont traitées comme l'artillerie, étant nécessairement rares et leur direction toujours un peu incertaine, elles ne produiront que peu d'effet. Un développement immense leur donnera seul le moyen d'étonner et d'épouvanter, de foudroyer; c'est ainsi seulement qu'elles peuvent être employées avec utilité, et pour cela elles doivent devenir l'arme de l'armée proprement dite.

Les hommes réfléchissent peu sur la nature des choses. On admet volontiers et de confiance ce que d'autres ont déterminé. On agit souvent par routine, sans avoir employé son intelligence à modifier et à améliorer ce qui en est susceptible. Aussi ce ne sera qu'à la longue que la puissance des fusées à la Congrève sera appréciée et sentie; mais, si à la première guerre un général habile et calculateur entrevoit la question dans tous ses développements, s'il embrasse toutes les conséquences qu'il est permis d'en tirer, s'il prépare ses moyens dans le silence pour les déployer sur le premier champ de bataille, il obtiendra des succès tels, que, jusqu'à ce que l'ennemi ait employé les mêmes moyens, rien ne pourra lui résister. Au moment de cette grande expérience, le génie personnel du chef aura un grand ascendant, une immense action sur le sort de la guerre.

Cependant, quoique tous les calculs de la raison, toutes les prévisions puissent annoncer les résultats que je prédis, l'expérience seule établira d'une manière incontestable le mérite de cette nouvelle invention. Il y a tant de circonstances imprévues qui modifient les prévisions les plus fondées, les apparences les plus séduisantes, que l'homme sage et prudent ne sera convaincu dune manière absolue que lorsque les faits seront venus réaliser ces espérances; mais les apparences sont telles, les probabilités se montrent d'une manière si concluante, qu'un général calculateur doit, à la première guerre, préparer d'avance ses moyens, comme je l'ai dit, et étonner son ennemi par leur emploi. S'il est seul à en faire usage, il est probable qu'il sera maître de la campagne. Si son adversaire a été aussi prévoyant et aussi vigilant que lui, il se garantira au moins d'être sa victime, et, si les résultats ne correspondent pas complètement à ses espérances, il en sera pour quelques travaux inutiles et pour quelques dépenses. Mais la prévoyance doit embrasser, non-seulement l'emploi immédiat de cette arme nouvelle, mais encore toutes les conséquences qui en résultent relativement aux autres armes, à leurs proportions et à leurs manoeuvres.

L'accueil du grand-duc avait été rempli d'amabilité pour moi; et, si je pus me rassasier de jouissances militaires, il me donna aussi des plaisirs d'un autre genre qui n'eurent pas moins de charmes à mes yeux. Il me présenta à la princesse de Lovitz, sa femme. Chaque jour je dînais avec elle et le grand-duc. Je passais trois ou quatre heures ensuite dans leur intimité. Rien n'était comparable à la douceur, à la bonté et à l'amabilité de cette femme charmante. La vivacité de son esprit n'en était pas le principe, mais une douceur, une raison, une bonté, un laisser aller simple et bienveillant que l'on ne saurait exprimer.

La princesse de Lovitz, sans être belle, sans être même très-jolie, avait tout ce qui peut séduire. Sa douce influence avait calmé l'humeur farouche de Constantin, adouci son caractère violent. Elle exerçait d'une manière salutaire pour tout le monde son empire sur lui. Véritable ange descendu sur la terre, la manière dont elle a fini confirme les éloges que je donne à sa mémoire et que j'aurais voulu pouvoir offrir à sa personne. Dans ces causeries familières, le grand-duc fut d'une amabilité et d'une gaieté constantes. Il y aurait de quoi remplir un volume des histoires qu'il m'a racontées, toutes plus ou moins remplies d'intérêt pour moi, en raison des personnes et des lieux qui en étaient l'objet. Enfin, après trois jours de manoeuvres et de cette société intime, je continuai mon voyage pour Paris, en passant par Vienne.

Le royaume de Pologne jouissait déjà des fruits d'une administration éclairée. De belles routes se traçaient de toutes parts. J'étais venu de Breizt à Varsovie sur une magnifique chaussée. Il en existait une pareille pour aller à Kalisch. Dans la direction que je suivis, elle était moins avancée; mais déjà des parties considérables de route étaient terminées, et, au moment où la révolution a éclaté, tout était achevé. J'avais retrouvé plusieurs officiers polonais fort distingués qui avaient anciennement servi avec moi, entre autres le général Zimersky, et un capitaine ou major nommé Zemanovsky. J'eus grand plaisir à les revoir. Je me rendis à Cracovie, où je passai la Vistule pour entrer dans les États autrichiens.

Avant de poursuivre mes récits, je vais donner un aperçu sur l'armée russe, telle qu'elle était à cette époque, qui pourra donner des idées sur son organisation d'alors, son administration, ses moeurs et les circonstances particulières dans lesquelles elle est placée. Depuis, cette organisation a éprouvé de grands changements, et un autre ouvrage renferme des documents complets à cet égard. Ces doubles renseignements ne seront pas sans intérêt pour les militaires.

ARMÉE RUSSE.

La situation particulière de l'empire russe, son immense étendue, la population répandue sur sa surface, qui, à quelques provinces exceptées, est peu agglomérée, rendent le recrutement difficile et lent, et forcent l'empereur de Russie, pour peu qu'il veuille jouer en Europe un rôle en rapport avec sa puissance, à entretenir son armée toujours au complet, et à avoir, en temps de paix, sous les armes tout ce qu'il faut pour la guerre.

S'il agissait autrement (les événements arrivant d'une manière inopinée, les prévisions de la politique étant facilement en défaut, et dans tous les cas les moyens fort bornés), s'il devait les préparer seulement à l'instant où il calcule leur emploi, il ne serait alors jamais prêt à temps pour agir d'une manière efficace, et souvent les résultats définitifs seraient obtenus au moment où il serait à peine en état de les favoriser ou de les contrarier. J'ai vu tel soldat qui avait marché pendant onze mois, en parlant de son village, pour rejoindre le corps auquel il avait été destiné. Comme ces longues routes se font avec des recrues fort jeunes, avec des hommes nouveaux et nullement accoutumés à se tirer d'affaire au milieu de semblables difficultés, comme les secours qui leur seraient nécessaires sont souvent incomplets, il en résulte une perte d'hommes considérable, qui réduit souvent à moitié le produit du recrutement ordonné. Ainsi cent mille hommes levés se trouvent donner, dans les cadres, un effectif de cinquante mille hommes. Ces cinquante mille hommes n'arrivent, terme moyen, que six mois après avoir été levés, et encore il leur faut au moins, pour être dressés et instruits convenablement, le double de temps nécessaire aux autres soldats de l'Europe, et particulièrement aux Français, c'est-à-dire un an pour l'infanterie, et deux ans pour la cavalerie.

Ainsi trois causes rendent les effets du recrutement lent et les levées inapplicables aux besoins immédiats. Il faut donc, lorsque les circonstances paraissent les plus simples, les besoins les plus faibles, et quand la politique n'entrevoit aucun événement probable qui réclame le concours des armes; il faut, dis-je, dans ces hypothèses, que l'armée russe soit cependant au complet, prête à marcher effectivement, afin que, le cas arrivant, elle puisse le faire. Or, comme la population de la Russie est à présent de plus de cinquante millions d'habitants, elle a ainsi la faculté de recruter de très-nombreuses armées. La considération de cette puissance en Europe dépendant des forces qu'elle déploie; de plus, quand elle agit au loin, ses armées devant être d'autant plus fortes pour fournir les échelons dont elle ne peut se passer et réparer les pertes que les longues marches occasionnent, il lui faut avoir constamment de nombreux cadres au complet.

Il n'en est pas de même des puissances d'Occident, où la population agglomérée permet de lever et de rassembler en peu de temps les recrues dont on a besoin. En Autriche, où chaque régiment a son territoire, où le cadre d'un bataillon reste toujours sur place, surveille les hommes en congé qui sont envoyés dans leurs familles, et où on les réunit quand il le faut pour les exercices prescrits, on a tout à la fois une armée nombreuse pour la guerre et un nombre plus ou moins grand de soldats dans la paix, suivant la volonté du souverain. Ainsi tous les avantages se trouvent réunis, toutes les conditions sont remplies. En France, où l'on n'a pas cette organisation élastique qui se prête à toutes les circonstances, deux choses y suppléent: la grande population sur une étendue de pays fort bornée, et la facilité avec laquelle les paysans français deviennent soldats. Avec de bons cadres, on peut, en trois mois, dresser des soldats pour la guerre et au bout de ce temps les présenter à l'ennemi. J'en ai fait l'expérience plusieurs fois.

Pour appuyer par un exemple mes observations sur les lenteurs indispensables du recrutement de l'armée russe, je citerai un fait récent qui est sans réplique. À l'époque où je quittai la Russie, l'armée russe était d'une force telle, qu'après avoir défalqué les troupes d'Asie, de Finlande, et les garnisons de l'intérieur indispensables, il y avait trois cent mille hommes de troupes de ligne disponibles pour être portés partout, non compris l'armée polonaise et les Cosaques. Les deux campagnes de Turquie ont consommé par les maladies, la peste, etc., et le feu de l'ennemi deux cent mille hommes. Cette évaluation paraîtra peut-être bien considérable; mais elle a été faite par un des généraux les plus distingués de la Russie, un homme vrai, capable de bien juger, et dont l'assertion est une autorité pour moi, le général Woronzoff. L'état de l'Europe n'étant pas alarmant, on ne se pressa pas de les remplacer. Arriva la révolte de Pologne en 1830, et l'on ne put jamais parvenir à réunir plus de cent vingt mille hommes. Dans le cours de cette guerre, qui a duré neuf mois, on n'eut pas la faculté de mettre en action au delà de cent cinquante mille hommes, ce qui prolongea la lutte. Ce grand complet de l'armée russe, en 1826, était encore le résultat des levées extraordinaires de 1812 et de 1813, disponibles seulement en 1815, et qui se sont conservées, la paix ayant duré depuis cette époque.

Après être entré dans ces détails pour expliquer les principes sur lesquels l'armée russe est fondée, je vais entrer dans ceux de son organisation. L'infanterie de l'armée russe se composait alors de cent quatre-vingt-trois régiments à trois bataillons, savoir:

Garde impériale, dix régiments;

Grenadiers, seize;
Carabiniers, sept;
Infanterie de ligne, cent;
Chasseurs, cinquante.

Total, cent quatre-vingt-trois.

Il y avait en outre vingt-quatre bataillons de garnisons détachés, qui formaient deux divisions en Sibérie.

La cavalerie se composait de soixante-seize régiments, savoir:

Garde impériale, dix régiments;

Cuirassiers, huit;
Dragons, dix-sept;
Lanciers, vingt;
Chasseurs, huit;
Hussards, douze;
Cosaques de la garde, un.

Total, soixante-seize.

L'artillerie était formée, savoir:

L'artillerie à pied, de trente-deux brigades à cinq compagnies chacune;
L'artillerie à cheval, de trente-sept compagnies;
Les pionniers, de huit bataillons;
Le train, de quarante bataillons.

Enfin, il existait hors ligne cinquante-deux régiments de Cosaques à pied ou à cheval.

En outre l'armée polonaise était formée de:

Régiments d'infanterie, huit;
Régiments de chasseurs à pied, quatre;
--de chasseurs à cheval, quatre;
--de lanciers, quatre;
Brigades d'artillerie, deux.
Dans lesquelles sont quatre compagnies à cheval.

Indépendamment de l'armée proprement dite, telle qu'on vient de la dépeindre, il existe des troupes hors de ligne:

Soixante-seize bataillons de garnison;
Cinq cent quatre compagnies à district;
Douze *idem* d'ambulance;
Quarante-deux *idem*.

L'armée était organisée en vingt-neuf divisions d'infanterie, qui, ajoutées aux deux divisions des gardes et aux deux divisions polonaises, formaient un total de trente-trois divisions. Chaque division était formée de six régiments: quatre de ligne, deux de chasseurs, et se composait de trois brigades. Beaucoup de ces régiments n'avaient que deux bataillons dans la formation de ces brigades, quatre-vingt-seize troisièmes bataillons étant organisés en divisions de réserve, et employés à des travaux du gouvernement.

La cavalerie formait dix-huit divisions de quatre régiments chacune, et chaque régiment à quatre escadrons. Toutes ces divisions étaient organisées en divers corps d'armée, de deux ou trois divisions d'infanterie, et d'une ou de deux de cavalerie. Ces corps d'armée étaient celui de la garde, celui des grenadiers, et sept corps distingués par leur taille et le choix des hommes. Ensuite existaient: le corps de Lithuanie, celui de Finlande, celui du Caucase, celui de Sibérie, et le corps d'Orembourg (ces deux derniers composés seulement d'une division d'infanterie chacun, et de cavalerie irrégulière). À ces corps il fallait ajouter l'armée polonaise. Tous ces corps, ceux de Finlande, de Sibérie, d'Orembourg à part, formaient trois commandements.

Le premier, sous le nom de première armée, se composait de la garde, du corps de grenadiers et des cinq premiers corps;

Le second, sous le nom de seconde armée, des sixième et septième corps;

Enfin le troisième, sous le nom d'armée polonaise, des troupes polonaises et du corps de Lithuanie.

D'après des bases qui m'ont paru assez exactes et dont il serait trop long de donner le détail ici, l'effectif approximatif des sept corps d'armée et du corps de Lithuanie s'élevait à trois cent dix-huit mille hommes d'infanterie et soixante-trois mille sept cents chevaux. Ainsi, en ôtant les malades et non-valeurs de toute espèce, on est encore dans la vérité en disant que l'empereur de Russie pouvait, à cette époque, après avoir pourvu à tous les besoins de l'intérieur et des lignes du Midi, agir hors de chez lui avec trois cent mille hommes, sans y comprendre l'armée polonaise et les Cosaques.

L'artillerie attelée était, sur le pied de paix, alors de mille quatre-vingt-douze bouches à feu, et devait être augmentée de moitié au moment d'une entrée en campagne, en portant les batteries de huit à douze bouches à feu.

Les bataillons étaient composés de quatre compagnies, chaque compagnie forte par organisation de deux cent cinquante-huit hommes; cinq officiers par compagnie, et deux officiers supérieurs par bataillon. Chaque régiment de cavalerie était composé de six escadrons de campagne, de cent quarante chevaux, sept officiers, et d'un septième escadron de dépôt.

Excepté à Saint-Pétersbourg, à Moscou, et un fort petit nombre de villes où il y a garnison et où les troupes sont casernées, l'armée russe est placée dans des cantonnements. Ces cantonnements étant fort étendus, il en résulte une grande dispersion qui nuit à l'instruction. Voici comment on y supplée et ce qui se passe, chaque année, dans toutes les diverses divisions de l'armée.

INFANTERIE.--Au 1er avril, les compagnies sont réunies au chef-lieu de bataillon et exercées pendant un mois au détail. Les bataillons de chaque régiment se réunissent au 1er mai, et l'on manoeuvre pendant vingt jours par régiment.

Les manoeuvres par brigade ont lieu pendant les dix premiers jours de juin, et les divisions sont campées et manoeuvrent en division du 10 juin au 10 juillet, et, après le 10 juillet, la dislocation a lieu; les troupes retournent dans les cantonnements où elles ont passé l'hiver. Les capitaines sont responsables de l'instruction de leur compagnie. On calcule qu'il faut un an pour former un soldat d'infanterie.

CAVALERIE.--Au printemps on resserre les cantonnements pendant un mois, et on fait manoeuvrer pendant ce temps les escadrons du même régiment. En automne, les régiments se rapprochent, manoeuvrent par brigade pendant quinze jours, ensuite par division pendant dix jours. Les commandants d'escadron sont responsables de l'instruction de leurs escadrons. Les principes d'équitation sont les mêmes qu'en Prusse. La tenue est roide, et les chevaux sont assis sur leurs jarrets. Les mouvements se font par trois, ce qui exige une grande précision pour les demi-tours. Les officiers, à ce que l'on assure, étaient alors peu instruits. Les corps d'armée, infanterie et cavalerie, doivent être réunis tous les deux ans, et manoeuvrer pendant un temps plus ou moins long.

Les ordonnances des manoeuvres d'infanterie et de cavalerie sont, à peu de chose près, les mêmes qu'en France; mais l'ordonnance pour le campement des troupes est entièrement différente de la nôtre et me paraît préférable.

Chez nous, les troupes campent en front de bandière, et, en sortant du camp, elles sont naturellement formées en bataille. Il en résulte que nos camps occupent un espace énorme et sont très-minces; que les troupes ainsi étendues, si elles sont surprises par de la cavalerie, peuvent être détruites. En Russie, le campement se fait en colonne par bataillon; les rues du camp sont perpendiculaires au front de bandière, et leur largeur permet aux soldats qui sortent de leur tente de composer, par un à droite et à gauche, les deux sections du peloton que leur réunion doit former. Ainsi, en un moment, toute l'armée est formée en colonne par bataillon, prête à déboucher, et la profondeur du camp en fait comme une forteresse contre la cavalerie. L'habitude de faire la guerre contre les Turcs, les nécessités qui en sont la suite, ont fait naître chez les Russes l'idée de cette manière de camper, qui devrait être suivie constamment et partout; car, en sortant du camp, des troupes doivent être formées, non pour combattre, mais pour marcher.

Il existe à Saint-Pétersbourg une école de cavalerie, où les régiments envoient des élèves, qui retournent à leurs corps comme écuyers.

Un régiment d'infanterie, connu sous le nom de régiment d'instruction, est attaché à la garde. Il est composé de détachements de tous les corps d'infanterie de l'armée. Ces détachements sont relevés et rapportent ainsi dans leurs régiments respectifs une instruction uniforme.

AVANCEMENT.--L'avancement se fait, en temps de paix, à l'ancienneté, jusqu'au grade de colonel: dans chaque régiment, jusqu'au grade de capitaine inclusivement; jusqu'à celui de major dans la division, et même quelquefois dans le corps d'armée. Les lieutenants-colonels et les colonels roulent sur toute l'armée et peuvent changer d'armes. Les avancements sont mis à l'ordre par le lieutenant général, en conséquence des tableaux existants. Si un officier est absolument incapable, mais n'a pas démérité au point d'être renvoyé du service, on prend celui qui le suit sur le tableau, et le motif de cette disposition est mis à l'ordre du jour. Cette obligation rend cette disposition très-rare.

Personne, sans exception, à quelque famille qu'il appartienne, ne peut être officier sans avoir été soldat et sous-officier. Une école de sous-officiers de la garde sert à donner aux jeunes gens protégés le moyen de remplir la disposition de la loi sans compromettre leurs moeurs. Après douze ans de service sans reproche et sans punition, un sous-officier est de droit officier. Il reçoit un emploi de ce grade ou une destination civile de ce rang. La qualité d'officier subalterne donne les droits de la noblesse, mais non transmissibles. Huit cents officiers à peu près sont nommés ainsi chaque année. L'officier de la vieille garde (il y a cinq régiments d'infanterie vieille garde et six de troupes à cheval) a deux grades au-dessus de son emploi. Ainsi le capitaine est lieutenant-colonel, et passe souvent colonel dans l'armée; le lieutenant est major et passe souvent lieutenant-colonel dans l'armée; le sous-lieutenant est capitaine et passe major. Dans la jeune garde, il n'y a qu'un grade au-dessus de l'emploi. L'avancement de la garde est si rapide, qu'un jeune homme est, au bout de dix ans de service, ordinairement colonel. Il prend alors son rang d'ancienneté avec les colonels de l'armée.

ARMEMENT.--Les troupes sont munies de bonnes armes faites dans les manufactures, sous la direction de l'artillerie. Les principales manufactures sont à Toula. L'infanterie est armée avec un fusil du modèle français, dit de 1777 corrigé. Les chasseurs ont des fusils de deux pouces plus courts, mais garnis de baïonnettes de deux pouces de plus de longueur. Les cuirassiers ont la double cuirasse comme en France.

ADMINISTRATION.--L'administration de chaque régiment est entre les mains du colonel. Il en rend compte au lieutenant général, qui remplit en même temps les fonctions d'inspecteur général et d'intendant. Aucun autre contrôle ne vient éclairer le gouvernement.

Les règles de l'administration n'ont rien de fixe. Les abus sont grands; dans la cavalerie, ils sont pires que dans l'infanterie à cause des fourrages, remontes, etc. Le prix des fourrages est basé sur les mercuriales; mais les mercuriales sont fixées par les chefs de l'état-major des corps d'armée, qui les augmentent d'après les besoins des régiments. On voit quelle confusion doit exister dans les dépenses et dans la comptabilité.

Les non-complets sont grands; ils favorisent les intérêts privés et fournissent aussi aux besoins du corps. Ainsi, par exemple, le prix des fourrages du septième escadron, qui ordinairement n'a pas de chevaux, sert à compléter le prix des chevaux des remontes, pour lequel l'empereur ne donne que cent vingt roubles. Les régiments de cavalerie colonisés ont leurs remontes assurées au moyen des haras que ces établissements renferment. Dans la garde, on prend un autre moyen pour avoir des chevaux de grand prix. On accorde à un officier riche un congé de six mois ou d'un an, qu'il demande, à condition de faire une remonte de dix, quinze, vingt et trente chevaux pour le régiment, suivant sa fortune. Les chevaux de remonte pour le régiment de la garde sont amenés à la parade et vus par l'empereur, qui sait quel officier les a fournis. Une grande émulation en résulte parmi les officiers, et souvent leur congé leur coûte ainsi quinze à vingt mille francs.

Excepté à Saint-Pétersbourg, Moscou et un petit nombre de villes, les troupes sont cantonnées. Les paysans nourrissent les soldats placés chez eux, et doivent recevoir en indemnité les trois livres de farine de seigle fournies par l'État. Mais habituellement le régiment ne donne rien au paysan et vend la farine. On exige de l'administration des seigneurs un certificat de la délivrance; mais ordinairement le certificat est donné sans que la délivrance ait eu lieu.

Les rations de la caserne sont augmentées de quatre onces de gruau. Les soldats achètent des choux aigres avec le prix d'une portion de la farine. Ils boivent du *koas*, liqueur fermentée faite avec de la farine. Les soldats casernés reçoivent la permission de travailler, ce qui améliore un peu leur condition. La garde a, indépendamment des distributions d'une livre et demie de viande et d'une demi-livre de poisson par semaine, des légumes à discrétion au moyen de jardins qui lui sont donnés, et qui sont cultivés par les soldats. Dans d'autres localités, les régiments sont l'objet d'une semblable faveur, et ont des terrains à leur disposition. Souvent les produits sont assez abondants pour qu'une partie puisse être vendue au profit de l'ordinaire.

Une chose singulière est la dureté du régime journalier du soldat russe. Les casernes n'ont aucunes fournitures, et les soldats couchent sur des lits de camp en bois, comme en France les soldats dans les corps de garde. Au surplus cette manière d'être se trouve conforme au goût de la nation; car, dans les classes élevées, on se sert de matelas dont la dureté est à peu près égale à celle du bois, et j'ai remarqué chez l'empereur le même usage.

L'habillement des troupes russes est beau, de bonne qualité, et la forme est élégante. La durée de l'habit n'est que de deux ans et de la capote de trois. Dans la garde, les soldats ont un habit neuf tous les ans. La solde des officiers subalternes est très-faible; celle des officiers supérieurs, au moyen de diverses allocations, s'élève au même taux qu'en France. Ainsi ces officiers sont plus riches que les nôtres. Celle des soldats n'est que de dix roubles en papier par an; celle d'un soldat de la garde, douze; celle du cavalier, douze. Les choses de première nécessité et les objets de consommation des troupes sont à si bas prix en Russie, que la dépense totale, faite par l'empereur pour l'entretien d'un soldat d'infanterie, en y comprenant tous les éléments qui le composent, ne s'élève, en mettant en ligne de compte l'armement à remplacer tous les vingt ans; ne s'élève, dis-je, qu'à cent vingt roubles en papier par an; la cavalerie avec l'entretien, la nourriture et le remplacement qu'à.... Enfin la dépense approximative d'un régiment d'infanterie, à trois bataillons sur le pied de paix, est de deux cent trente-six mille huit cent quarante roubles, et celle d'un régiment de cavalerie de six escadrons, composé de treize cents chevaux, est de trois cent quatre-vingt mille. Si la situation de l'empire russe, et les circonstances particulières dans lesquelles il est placé, exigent indispensablement qu'il entretienne, en temps de paix, de très-grandes forces sous les armes, le correctif se trouve dans le bas prix de l'entretien des troupes. La puissance des États se compose d'éléments variables. L'argent et la population, dans certaines proportions, se tiennent comme en équilibre. Dans cette combinaison de forces, la France est un des États les mieux partagés. Possédant une grande population, agglomérée et belliqueuse, on peut réunir avec facilité la portion réclamée par les besoins de l'armée, et elle possède des ressources financières suffisantes pour faire face à toutes les dépenses utiles.

J'ai déjà parlé ailleurs de l'artillerie; mais j'en dirai encore un mot. L'artillerie est organisée en brigades de cinq compagnies. Une brigade est attachée à chaque division de l'armée. Quatre compagnies doivent servir chacune douze bouches à feu; la cinquième est au parc. Ainsi chaque division doit avoir quarante-huit bouches à feu, ce qui fait au delà de quatre bouches à feu par mille hommes, proportion la plus forte qui jamais ait été admise, et qui n'est pas évidemment sans de grands inconvénients. La répartition de toute l'artillerie dans les divisions est d'ailleurs mauvaise; elle doit les rendre très-peu mobiles. Quand on a besoin de grands effets d'artillerie, on en retire momentanément des divisions; mais cette mesure doit amener toujours de la confusion. L'organisation de cette arme doit consacrer deux espèces d'artillerie: celle des divisions, qui doit être suffisante, mais sans excès, et celle de réserve, qui doit être en dehors des divisions. Celle-ci doit appartenir à toute l'armée. Elle est placée sous la main du chef suprême, qui la met, par sa prévoyance, toujours à portée du lieu où elle peut être la plus utile, sans en embarrasser la marche des divisions dans leurs mouvements respectifs. Le mouvement d'une armée en général est toujours lent. Aussi est-il indispensable pour un général habile et manoeuvrier que les fractions de l'armée, c'est-à-dire les divisions, puissent se combiner de diverses manières entre elles avec rapidité.

La compagnie d'artillerie a avec elle ses attelages, qui en font partie intégrante. Le nombre des canonniers servants, canonniers conducteurs, etc., et des chevaux, se compose, par batteries de douze et de grosses licornes, de trois cent vingt et un hommes et cent quatre-vingts chevaux. Dans l'artillerie à cheval, la compagnie est de deux cent soixante-six hommes et quatre cent un chevaux. Chaque batterie est commandée par un colonel ou lieutenant-colonel, et il y a par compagnie six officiers, savoir: un capitaine (en premier ou en second), deux lieutenants en second et deux enseignes, un sergent-major et vingt-trois sous-officiers. En général l'instruction théorique est faible; mais l'exercice du canon, l'exécution des manoeuvres et la promptitude des mouvements sont dignes des plus grands éloges.

L'avancement de l'artillerie a lieu, sur tous les corps, à l'ancienneté, jusqu'au grade de général, qui est réservé au choix. Le grand maître de l'artillerie fait le travail de ce corps avec le major général de l'empereur. Il a sous sa direction supérieure l'instruction, les arsenaux, les fonderies. Le service de tout l'empire est assuré par quatre grands arsenaux, savoir: l'arsenal de Saint-Pétersbourg, celui de Kazan, ceux de Kiew et de Biansk. Là se trouvent aussi les fabriques de poudre. Des dépôts d'artillerie sont établis dans un grand nombre de villes en raison de leur position géographique. Les parcs à la suite des troupes sont placés au centre des cantonnements des corps d'armée; enfin il existe aussi des compagnies d'artillerie de garnison sédentaires. Les places fortes de l'empire se trouvent former onze arrondissements, savoir: Saint-Pétersbourg, la vieille Finlande, la nouvelle Finlande, la Livonie, Kiew, le Danube, le Sud, le Caucase, la Géorgie, Orembourg et la Sibérie.

Je terminerai cet aperçu succinct sur l'armée russe en parlant de son esprit. Parmi les soldats on trouve un grand patriotisme, un grand amour du pays, un grand dévouement pour sa gloire et pour le souverain. Ce sentiment appartient à la nation. Le paysan russe, serf et esclave, a des sentiments pour la patrie qui l'honorent et qui surpassent souvent ceux des peuples qui font de ce mot sacré la base de leur langage. Chose bizarre! là où la nation n'a aucun droit personnel, les individus sont dévoués, et ailleurs, quand il semble que la cause du souverain est la sienne propre, on est moins sensible à ce qui la concerne. Tout est contradiction dans le coeur humain; mais, en approfondissant ce phénomène, on en trouve l'explication dans le fait suivant:

Dans l'état de barbarie, les hommes ne connaissent que les jouissances naturelles, dont l'origine est placée dans la famille. Tout le charme des souvenirs se trouve concentré dans le lieu qui les rappelle. En se civilisant, le cercle des jouissances s'agrandit, et on se trouve bientôt en communauté de sensations et de plaisirs avec des gens qu'on n'a jamais vus. En faisant intervenir les passions et l'amour-propre avec une vie qui matériellement est la même, il arrive un moment où il y a plus d'analogie, des rapports plus naturels, et plus de sympathie entre les mêmes classes des divers pays qu'entre les individus de différentes classes appartenant à la même nation.

Au surplus, l'esclavage, chez les Russes, est moins dur que le nom ne l'indique. En général, les paysans russes sont heureux matériellement. La protection de leurs seigneurs leur est, non-seulement utile, mais quelquefois si nécessaire, qu'il y a des exemples de serfs qui ont refusé leur affranchissement. Une seule circonstance le rend dur, c'est que le serf ne puisse pas s'affranchir ni se racheter quand il en a réuni les moyens et lorsqu'il en a la volonté. Il y a des exemples de paysans russes qui, autorisés par leurs seigneurs à s'établir à Moscou, y ont fait fortune et sont devenus millionaires. Le seigneur est fier d'avoir un serf aussi riche, dont les biens pourraient lui appartenir, mais dont cependant il ne le dépouille pas. Sans le mettre à contribution, il lui refuse une liberté qui serait la garantie de son avenir et le complément de son bien-être.

L'esprit de religion est général dans le peuple et dans l'armée. Pour favoriser cet esprit et le satisfaire, on a établi dans chaque régiment une chapelle sous l'invocation d'un saint. Les soldats célèbrent la fête du patron de leur régiment, comme les paysans celui de leur paroisse. Dans la garde on y met une grande solennité, et cette fête devient fort touchante par la présence du souverain. L'empereur va au régiment, assiste au service divin et prend place à un repas de corps donné par les officiers, auquel sont invités un nombre déterminé de soldats, pris parmi les plus anciens, les plus recommandables, et l'empereur les embrasse. En général, rien n'est omis en Russie de ce qui peut honorer ce métier, tout à la fois si beau et si dur, dont le prix et la récompense ne peuvent se trouver que dans l'opinion et la considération publique.

Une autre chose remarquable en Russie, qui n'existe nulle part ailleurs, ce sont d'immenses salles d'exercice, établies à Saint-Pétersbourg, à Moscou et dans quelques autres villes, qui permettent d'exercer les troupes dans la mauvaise saison. Leur dimension donne la faculté à un fort bataillon, joint à un détachement de cavalerie et d'artillerie, de s'y former en bataille. Il peut y rompre et y défiler. La rigueur du climat explique ces constructions, qui auraient peu d'utilité ailleurs. Les charpentes de ces édifices, ordinairement faits d'après le système de Philibert Delorme, sont des modèles de légèreté et de grâce. Paul Ier fit établir les premières salles d'exercice.

Encore un mot sur le régime d'hiver. Pendant les grands froids, la cavalerie n'exerce pas; les chevaux restent à l'écurie. On est parvenu à les entretenir dans le meilleur état avec une ration extrêmement faible. Au commencement de leur retraite, on les nourrit très-fortement en grain pendant huit jours; ensuite on peut diminuer la ration à un point extraordinaire, sans inconvénient. Les chevaux ne souffrent pas et se conservent en bonne santé et dans un embonpoint suffisant.

Après avoir terminé cette digression sur l'armée russe, je reviens à mon voyage.

Je pris congé du grand-duc Constantin et continuai ma route pour Vienne, fort satisfait de ce que j'avais vu en Russie et en Pologne. Après avoir traversé Cracovie, petite république dont la création a été l'objet d'un singulier caprice de l'empereur Alexandre, je visitai les salines de Wieliczka, les plus belles mines de ce genre existant au monde. Je traversai la Silésie autrichienne, pays charmant, riche, peuplé et prospère. Une grande industrie s'y trouve établie. Le pays est pittoresque et les villes se touchent. Dès ce moment, on jouit d'un spectacle qui ne cesse de s'offrir aux yeux des voyageurs dans les États autrichiens, hors la Hongrie et la Galicie. On voit un peuple heureux, riche, jouissant d'une véritable liberté, conduit avec douceur et justice, soumis à l'ordre légal le plus régulier, pénétré de l'idée de la protection spéciale dont il est l'objet, et profondément attaché à son souverain.

J'eus un véritable bonheur à revoir Vienne. Le voyage que j'y avais fait, il y avait sept ans, était encore bien présent à ma pensée. Je renouvelai les expressions de ma reconnaissance à l'empereur pour les bontés dont j'avais été l'objet. Je passai trois jours avec le prince de Metternich, et je continuai ma route pour Paris, bien éloigné de penser que, la première fois que je reviendrais à Vienne, ce serait sous les auspices de mes malheurs personnels et des désastres de mon pays. Je pressai ma marche pour être à Paris avant le jour de la Saint-Charles, fête du roi, et j'y arrivai le 2 novembre.

Le roi me reçut avec une grâce parfaite, et me témoigna son entière satisfaction de la manière dont je l'avais représenté et dont j'avais rempli la mission qu'il m'avait donnée. Le dernier épisode brillant de ma vie venait de finir.

Après avoir raconté à Paris ce que mon voyage avait eu d'agréable et joui quelque temps des souvenirs encore vivants qu'il m'avait laissés, j'eus bientôt des motifs de vifs chagrins. Pendant mon absence de cinq mois, le désordre s'était mis dans mes affaires. Je les trouvai dans un état déplorable. Après de nouveaux et incroyables efforts pour sortir d'embarras, je dus me résoudre à voir tout l'édifice s'écrouler, à prendre des arrangements avec mes créanciers, et à vendre le patrimoine de mes pères, le lieu où j'étais né, que j'avais embelli et dans lequel je croyais devoir passer les dernières années de ma vie avec tranquillité et considération. J'espérais, pour prix d'une vie si agitée, si laborieuse, jouir de ce qu'Horace vante avec raison, et désigne ainsi: *Otium cum dignitate*. Mais il devait en être tout autrement, et une horrible tempête devait encore troubler mon existence. Après avoir arrêté la vente de tous mes établissements, de toutes mes propriétés, j'affectai tous mes autres revenus à mes créanciers et ne conservai que le nécessaire le plus strict pour vivre: douze mille francs par an. Enfin le roi me prêta cinq cent mille francs pour faciliter ces arrangements: j'omets à cet égard des détails inutiles dont les souvenirs seraient pénibles. L'ordre établi fut suivi. Il en était résulté une amélioration considérable dans ma position, quand la Révolution de juillet vint tout détruire de nouveau. J'avais la certitude, après avoir tout payé, de rentrer en possession du château et du parc, seuls objets de mon ambition. Des conventions particulières, faites avec le nouveau propriétaire, m'en avaient conservé le droit pendant cinq ans; mais, la Révolution m'ayant privé des moyens de liquidation, je n'ai pu jouir de cette faculté, qui alors formait la plus chère espérance de ma vie.

Au commencement de 1827, un événement privé occupa tout Paris. M. de Talleyrand étant allé, le 21 janvier, au service de Louis XVI, à Saint-Denis, y reçut une insulte publique et trouva le prix d'un projet criminel auquel sans doute il n'avait pas été étranger en 1814. Un comte ou marquis de Maubreuil, gentilhomme d'une province de l'Ouest et servant dans nos armées, avait montré une espèce de frénésie légitimiste au moment de la Restauration. C'était un homme d'une moralité plus que douteuse. Les entours de M. de Talleyrand, d'accord probablement avec lui, MM. de Vitrolle et Roux-Laborie, lui proposèrent d'aller assassiner Napoléon pendant son voyage à l'île d'Elbe. Sous divers prétextes, on lui fit donner des ordres pour requérir les troupes alliées, et il se mit en campagne.

Au lieu de courir après Napoléon, Maubreuil alla arrêter la reine de Westphalie, et lui enleva ses diamants. Poursuivi pour ce méfait, il fut mis en prison. Les diamants se retrouvèrent dans la Seine. Depuis, Maubreuil rechercha en vain la protection de M. de Talleyrand. Fatigué de démarches inutiles, il jura à celui-ci une haine éternelle, et répandit partout le récit de la commission dont il avait été chargé, mais qu'il n'avait acceptée, disait-il, que dans l'intention de sauver Napoléon. Ne trouvant pas sa vengeance suffisante, il attendit son ennemi dans une occasion solennelle pour le frapper. Après cet acte, il n'essaya pas même de fuir. Il fut mis en jugement. Il raconta devant la justice ses griefs et sa vengeance avec un grand calme. M. de Talleyrand attachait beaucoup de prix à persuader qu'on avait voulu attenter à sa vie; il insistait surtout pour établir qu'un horrible coup de poing lui avait été asséné sur le front. Maubreuil répondit: «J'ai donné à M. de Talleyrand un soufflet sur la joue gauche. Il a crié parce qu'il a eu peur, et il est tombé parce qu'il a de mauvaises jambes.» Maubreuil fut condamné à une détention, par voie de police correctionnelle, et chacun rit de la mésaventure du grand personnage.

Quelque temps après cette aventure, des discussions s'élevèrent entre le roi et la régence d'Alger. La guerre s'ensuivit. On parla d'une expédition devenue nécessaire pour faire disparaître enfin la piraterie à jamais, en détruisant les puissances barbaresques et en établissant des colonies à leur place. Je me mis de bonne heure sur les rangs, pour avoir le commandement, si l'expédition était jamais entreprise. J'étais, il me semblait, indiqué par mes antécédents, par les divers commandements que j'avais exercés et les expéditions auxquelles j'avais pris part. On traita, à la fin de 1827, la question de savoir si cette expédition était opportune: en ce moment, on conclut pour la négative; mais je reçus l'assurance du roi et du ministère d'alors, dont M. de Villèle était le président, que, si jamais elle était entreprise, ce serait moi qui en serais chargé. J'attendais donc. Je fis divers projets pour la préparer, et je m'occupai sans relâche à établir l'opinion de sa nécessité. En même temps, j'eus la pensée, pour me créer un intérêt permanent, de commencer la rédaction de mes Mémoires, et de vivre ainsi de mes souvenirs.

L'année 1827 se montrait fertile en événements précurseurs et symptômes de révolutions prochaines. L'influence de la Congrégation augmentait chaque jour. Les jésuites, dont les établissements se multipliaient rapidement, semblaient acquérir un pouvoir capable de tout envahir. Aussi chaque circonstance était saisie avec empressement par les mécontents pour manifester les sentiments dont ils étaient animés.

Le duc de Liancourt vint à mourir. C'était un homme de bien, un philanthrope. Son nom était populaire et donnait à son insu de l'autorité aux factieux, dont il encourageait sans le vouloir les intentions coupables. Les honnêtes gens sont ainsi presque toujours complices des révolutions. Eux seuls leur donnent le moyen d'éclore. Leur critique fondée de la marche du gouvernement sert d'appui aux ennemis de la société pour attaquer le pouvoir et en affaiblir l'action. Quand, par la suite des événements, l'existence de celui-ci est compromise, les honnêtes gens, effrayés de l'avenir, veulent le soutenir; mais alors leurs efforts sont impuissants, et ils sont les premiers qu'écrase l'édifice en venant à crouler. Le duc de Liancourt avait déjà joué ce rôle d'opposant, et le recommençait au moment où il termina sa carrière. De choquantes maladresses de la police occasionnèrent une collision entre les jeunes gens des écoles et l'autorité. Le refus de leur laisser porter le cercueil causa un désordre momentané et une espèce de scandale. Avec la disposition des esprits qui existait alors, le moindre événement prenait un caractère de gravité extraordinaire. Mais, quelque temps plus tard, un événement d'une bien autre importance eut lieu. Celui-ci prépara d'une manière directe et puissante l'écroulement du trône et de la dynastie.

En commémoration de l'expression énergique des sentiments des habitants de Paris au moment de la Restauration, Louis XVIII avait décidé que, le 3 mai de chaque année, anniversaire du jour de son entrée à Paris, le service serait fait au château uniquement par la garde nationale. La garde royale et les gardes du corps lui cédaient leurs postes, et le roi livrait entièrement les soins de sa sûreté aux citoyens: prérogative qui flattait leur amour-propre. Cet usage fut conservé par Charles X, et l'exercice en fut fixé au 12 avril, jour anniversaire de son entrée en 1814. Ordinairement, une grande revue de la garde nationale avait lieu à cette occasion. Effrayé des symptômes d'une opinion hostile, le roi hésita à l'ordonner; mais, sur la représentation du maréchal duc de Reggio, commandant en chef de la garde nationale, qui tenait à voir ce corps conserver son importance, elle fut fixée au dimanche 27 avril. On disposa tout pour en faire une fête publique.

En même temps, la Congrégation, toujours livrée à l'intrigue, ne cessait d'afficher des craintes d'un danger alors purement imaginaire, et voulait, à toute force, séparer le roi de son peuple pour l'empêcher de céder à l'opinion. Un instinct funeste lui faisait désirer des troubles. On disait que la vie du roi serait compromise à cette revue. On consigna les troupes dans leurs casernes et on en mit dans des emplacements retirés à portée du Champ de Mars, lieu de la réunion, après leur avoir distribué des cartouches et choisi, pour le jour de la revue, le moment où les régiments de la garde se relevaient et doublaient la force des troupes présentes à Paris. Désirant juger par moi-même de l'état des choses, quoique je ne fusse pas de service, je me décidai à accompagner le roi et à rester très-près de lui pendant toute la revue.

Une affluence extraordinaire de peuple garnissait les amphithéâtres du Champ de Mars. Jamais la garde nationale n'avait été si nombreuse. Cinquante mille hommes d'une tenue superbe se trouvèrent réunis sous les armes. Les choses se passèrent tout autrement qu'on l'avait supposé. Des cris de *Vive le roi!* se firent entendre avec la plus grande unanimité. Dans trois légions seulement, on y joignit ceux de *À bas les ministres! à bas Villèle!* et quelques-uns: *À bas les jésuites!* Dans deux de ces légions ces cris étaient isolés; dans une seule ils furent fort nombreux, et dans l'immense population située sur les tertres on ne fit entendre que *Vive le roi!* Ces faits sont de la plus exacte vérité. Je déclare les avoir constatés moi-même.

La même chose arriva au moment du défilé. Neuf légions crièrent uniquement *Vive le roi!* et les trois autres exprimèrent les sentiments qu'elles avaient montrés au moment où le roi avait passé devant leur front. Le roi n'en reçut pas une trop mauvaise impression. Après le défilé, le maréchal duc de Reggio s'approcha du roi pour prendre ses ordres. Charles X lui répondit en ma présence: «Monsieur le maréchal, vous ferez un ordre du jour où vous exprimerez à la garde nationale ma satisfaction sur le nombre et la belle tenue de ceux qui l'ont composée à la revue, ainsi que sur les sentiments qui m'ont été témoignés, en exprimant mes regrets que quelques cris, pénibles à entendre, y aient été mêlés.»

Le roi se mit en route pour tes Tuileries. Arrivé au château et ayant mis pied à terre, il nous congédia au bas de l'escalier, connu sous le nom d'escalier du roi. Il s'approcha de moi et me dit avec un air de bonhomie qui lui était familier: «Enfin il y en a plus de bons que de mauvais.--Comment! lui répondis-je, les trois quarts et demi sont bons.» Telle était la disposition du roi, quand il rentra chez lui; mais la légion de la Chaussée-d'Antin, celle dont les cris avaient été hostiles, ayant passé sous les fenêtres du ministère des finances, cria avec acharnement, tout en marchant: *À bas Villèle!* Le ministre dînait chez M. Appony, ambassadeur d'Autriche; il fut aussitôt informé de cette insulte. Hors de lui, exaspéré par la colère, il sort de table, se rend aux Tuileries et entraîne le roi à ordonner le licenciement de la garde nationale. L'ordonnance est signée et remise au duc de Reggio, au moment où il venait soumettre la rédaction de l'ordre du jour qui devait exprimer la satisfaction du roi. Les hommes de service de la garde nationale sont renvoyés brusquement et honteusement chez eux, au milieu de la nuit, sans avoir même été relevés dans les postes qu'ils occupent.

Cet incroyable événement a eu une immense influence sur nos destinées. Il a préparé et facilité la Révolution de juillet. On voit en cette circonstance à quel point la colère conseille mal. On casse, on flétrit, on chasse ignominieusement un corps de cinquante mille hommes, composé de toute la bourgeoisie de Paris, quand quarante-cinq mille ont montré les meilleurs sentiments, et cinq mille seulement se sont écartés du respect dû au souverain. Singulière justice! on renvoie chez eux, sans les désarmer, des individus vaniteux, après les avoir mécontentés et offensés; singulière prudence! Enfin on oublie la politique la plus vulgaire. Dans les époques de division, il est d'usage, quand on parle de ses amis, d'en exagérer le nombre, et au contraire de réduire presque à rien celui de ses ennemis, et ce manége a souvent un effet utile sur l'opinion; ici c'est tout le contraire: on établit aux yeux de tout Paris, à ceux du royaume, à ceux des étrangers, que le roi de France est brouillé avec sa capitale! On ne sait quel nom donner à une pareille mesure. La raison eût permis, commandé même, de casser deux légions pour les réorganiser ensuite. On aurait fait ainsi, dans une mesure convenable, un acte utile de sévérité.

Les deux légions coupables avaient pour colonels, toutes les deux, des hommes de la cour, M. le comte de Boisgelin et Sosthène de la Rochefoucauld. Par cette seule raison, elles devaient avoir un moins bon esprit. Ces choix avaient été absurdes; mais alors on semblait prendre à tache de tout faire en raison inverse du sens commun. Une garde nationale, par sa nature même, ne peut être conduite ni par des punitions ni par des récompenses; elle peut être soumise seulement à des influences. Or on n'a d'influence qu'au moyen des rapports personnels naturellement établis, et par conséquent entre gens de la même classe. Un grand fabricant, qui emploie beaucoup d'ouvriers, un banquier qui peut ouvrir des crédits, voilà les hommes appelés par la nature des choses à ces commandements dans leurs propres quartiers; mais un grand seigneur, qui traite les gardes nationaux avec hauteur, qui a des exigences envers eux, comme avec des troupes de ligne, sera bientôt en horreur, et on prendra à tâche de lui déplaire ou de le contrarier. Enfin, pour achever ce triste chapitre de la garde nationale, j'ajouterai encore un mot. Si l'on eût voulu seulement s'en débarrasser, un moyen tout simple était de supprimer son service, en lui adressant des remercîments et des compliments. Tout le monde eût été content, car chacun était fatigué et désirait le repos. Mais il fallait toujours maintenir l'organisation et conserver les contrôles; car dans tous les cas il y a toujours un avantage immense pour l'ordre public et pour le gouvernement à ce que cinquante mille hommes armés soient encadrés et sous les ordres de chefs reconnus par eux et choisis par l'autorité. On pouvait difficilement parvenir à leur retirer leurs armes, et, en cas de trouble, on a action sur eux. Si la totalité n'est pas fidèle, une grande partie reste au moins, et celle-ci est la force légitime, régulière et légale.

Les événements dont je viens de rendre compte furent le principe et la cause des sentiments constamment hostiles des Parisiens contre le roi. Les électeurs, toujours contraires aux desseins de la cour, les exprimèrent suffisamment, et, depuis, ces sentiments amenèrent l'explosion du mois de juillet, explosion qui, faute d'une garde nationale, ne put être combattue que par l'action directe de la force, et qui, par suite de l'absence de moyens coercitifs suffisants réunis d'avance, amena le renversement du trône.

Dans la session, le gouvernement avait présenté à la Chambre des pairs un code de lois militaires. Deux commissions se divisèrent le travail, et je fus nommé président de la commission principale, chargée de fixer les peines, l'organisation des tribunaux et leur compétence. Un travail consciencieux, auquel je pris une part active, et où je fus puissamment secondé par un homme très-capable, de beaucoup de lumières et du caractère le plus honorable, le général d'Ambrugac, membre de la Chambre des pairs, fut le résultat de nos soins. Soumis à la Chambre des députés, il n'eut pas le temps d'être voté avant la fin de la session et resta imparfait. Jamais meilleur travail n'a été fait et ne sera fait sur cette matière. Il est désirable qu'il soit consacré un jour par le vote législatif.

Immédiatement après la fin de la session, une ordonnance royale rétablit la censure. On ne peut pas disconvenir que le besoin de cette mesure ne se fît sentir; mais aussi on doit regretter que le mouvement d'une opinion opposée n'eût agi précédemment et détruit, deux ans auparavant, une disposition que le temps aurait fini par consacrer.

Le roi se rendit ensuite au camp de Saint-Omer, où douze à quinze mille hommes étaient rassemblés, et visita les principales villes de la Picardie, de la Flandre et de l'Artois. Cette réunion de troupes, utile à l'instruction de l'armée, avait été l'objet de mille discours. En France on fait souvent de peu de chose beaucoup de bruit. On avait prétendu que le roi, placé au milieu de ces troupes, devait réformer la législation et modifier la Charte, bruits répandus à dessein pour agiter l'opinion, mais sans aucun fondement.

Le roi fut bien reçu par les troupes et très-content de leur esprit. Un léger mouvement de jouissance absolutiste s'empara de lui, et il dit, à la fin d'un jour de manoeuvre, au duc de Mortemart: «Avec ces braves gens, on pourrait se faire obéir et beaucoup simplifier la marche du gouvernement.--Oui, lui répondit Mortemart; mais le roi ne devrait plus descendre de cheval, et déjà il est fatigué.--Cela est vrai,» dit le roi.

Le ministère Villèle, dans sa marche incertaine, avait déplu à tous les partis. Si on pouvait contester au chef du cabinet de hautes vues politiques, on ne pouvait cependant se dispenser de lui reconnaître une grande capacité administrative et de la prudence. M. de Villèle, doué de beaucoup de courage, d'un esprit fin et délié, louvoyait au milieu des factions contraires et courait après la popularité, tout en cherchant à conserver les faveurs de la cour, chose toujours difficile en temps de partis, mais impossible à l'époque où il se trouvait. Une Chambre servile, produit d'élections scandaleusement frauduleuses, l'avait soutenu et servi avec un dévouement absolu. On peut reprocher au ministère de n'avoir pas mis plus à profit sa docilité pour fonder des institutions monarchiques et réformer les torts dont l'ordre de choses existant était rempli; mais telle n'était pas la portée de son esprit. Il se renfermait avec une sorte de passion dans les limites administratives, et croyait avoir beaucoup fait pour le pays en établissant, dans le budget voté, la spécialité, mesure funeste qui a placé le gouvernement dans les Chambres; car, si l'ordre dans les finances est un élément de stabilité pour le gouvernement, l'esclavage des finances est un obstacle immense à la marche du pouvoir, dont il entrave tous les mouvements. Dans un gouvernement semblable au nôtre, la loi doit se borner à déterminer les grandes masses de dépenses. Ses divisions doivent être fixées par le gouvernement; et autant une spécialité minutieuse, consacrée par ordonnance, pouvant être au besoin modifiée par une autre ordonnance, est utile, autant il est contraire au bien public de la voir établir par une loi. Cette erreur funeste, une des causes de la marche incertaine du gouvernement et de nos malheurs, est l'ouvrage de M. de Villèle.

Cependant, malgré ses efforts, M. de Villèle était devenu impopulaire, et l'opinion publique se retirait de lui. Il se soumit volontairement au danger de nouvelles élections. Il fit ainsi un appel à l'opinion du pays, mesure imprudente et que rien ne commandait, car la Chambre avait encore deux années d'existence légale. Cette mesure était même hors de son caractère circonspect. En même temps il nomma soixante-seize pairs pour asseoir son pouvoir dans la Chambre haute. Cette nomination, que rien ne justifiait, blessa l'opinion publique. Les élections lui furent en partie contraires; elles rendirent la durée de son pouvoir incertaine, tandis que des mouvements populaires hostiles, que je fis réprimer avec assez de facilité, se succédaient dans la rue Saint-Denis. Cependant le courage de M. de Villèle ne s'ébranlait pas; les nouveaux obstacles qui se présentaient semblaient au contraire le développer, et il comptait lutter avec succès contre ses ennemis; mais ceux qui devaient le renverser étaient au milieu des rangs qui auraient dû le soutenir.

Les ultra-royalistes, mécontents de sa modération, le parti dévot, les intrigants ambitieux, dépourvus de talents et de lumières, mais infatués de leur prétendu génie, à la tête desquels se trouvaient le prince de Polignac et le duc de Rivière, n'eurent ni contentement ni repos qu'ils ne l'eussent perdu dans l'esprit du roi, dans l'espérance de le remplacer. Et c'étaient ces mêmes hommes envers lesquels M. de Villèle venait de consacrer ce grand acte de justice, de l'indemnité des émigrés, et d'exécuter avec une habileté et un succès inouïs cette opération colossale! Ils croyaient bien hériter de son pouvoir; mais, pour cette fois, ils se trompèrent.

Le roi, après avoir renvoyé M. de Villèle au commencement de 1828, frappé de la physionomie de la Chambre, prit ses successeurs dans la nuance de l'opinion libérale. MM. de la Ferronays, de Caux, Portalis, Roi, Martignac,

Saint-Cricq, Feutrier, Hyde de Neuville et Vatismenil composèrent cette administration. Les deux derniers appartenaient à la coterie connue sous le nom de la *défection*, et dont M. de Chateaubriand était le chef. Cette administration, débile par le défaut de talent, plus débile encore par la faiblesse des caractères, par la jalousie d'amours-propres misérables, qui empêchèrent de nommer un président, et par une rivalité bourgeoise, perdit toute espèce de dignité au moment où une attaque de paralysie força M. de la Ferronays à se retirer des affaires. Cependant, comme la modération était le caractère dominant de ce ministère, il calma les esprits; et le roi, ayant fait un voyage dans la Lorraine et l'Alsace, fut reçu en triomphe. Partout on lui donna des preuves d'amour et d'une grande popularité. Quelques concessions que le ministère avait faites avaient été blâmées par la cour, mais aucune d'elles n'avait de graves conséquences. Le mal véritable qui minait l'édifice nouvellement élevé était le peu d'appui que lui prêtait le roi. On savait que les hommes de son affection et de sa confiance intime restaient dans une opposition déclarée. Aussi ce gouvernement, faible de sa nature, avait encore à combattre l'influence du roi, employée à contrarier sa marche au lieu de la favoriser. Un ordre de choses semblable ne pouvait pas avoir de durée, et cependant une sorte de calme qui régnait dans les esprits aurait pu servir à fonder quelque chose de stable.

Un des premiers actes de ce nouveau ministère fut de former un conseil supérieur de la guerre, dans lequel je fus appelé. Trois maréchaux de France s'y trouvaient. M. le Dauphin le présidait, et, sous lui, chacun des maréchaux présidait une fraction du conseil, formée en commission. Chargé particulièrement de la commission de cavalerie, je présidais souvent le conseil dans ses travaux préparatoires. Nous nous livrâmes avec ardeur aux recherches et aux discussions les plus approfondies. Il n'est aucune question d'organisation que nous n'ayons abordée; mais l'incapacité de M. le Dauphin neutralisa tout. Le seul et unique travail qui obtint la sanction de l'autorité royale et son exécution fut l'organisation de l'artillerie, telle qu'elle est aujourd'hui, véritable chef-d'oeuvre, organisation qui satisfait à tous les besoins du service. L'artillerie n'est plus divisée en personnel, en matériel et en attelage. L'unité est la batterie, c'est-à-dire des pièces avec ce qu'il faut pour les servir et pour tes traîner. Tout est placé sous les ordres des mêmes officiers. Le matériel reçut aussi une simplification impossible à porter plus loin, et je ne conçois aucun désir à former dans l'intérêt d'un meilleur emploi de cette arme importante.

Nous avions voulu établir pour l'infanterie un système mixte qui se rapprochât un peu de ce qui existe en Autriche. Nous avions divisé la France on cinq grands arrondissements; les régiments qui s'y seraient recrutés n'en seraient pas sortis habituellement. Ainsi ces régiments auraient toujours été à portée de leurs moyens de recrutement et de leurs bataillons de réserve. Ces derniers bataillons eussent été composés uniquement des hommes ayant encore trois ans à servir, qui devaient être envoyés en congé après avoir passé cinq ans sous les drapeaux. Ces bataillons de réserve n'auraient dû comprendre que des hommes du même arrondissement que ceux des corps dans lesquels ils avaient été incorporés. Ainsi un régiment de trois mille hommes, par exemple, aurait été composé de quinze cents hommes, ayant moins de cinq ans de service, et présents au corps, venant de dix ou douze départements différents, et de quinze cents hommes ayant plus de cinq ans de service, absents du corps, appartenant à un seul et même département. Ce système aurait eu presque tous les avantages du système autrichien, sans avoir aucun des inconvénients qu'on peut lui reprocher: mais tout resta indécis, et M. le Dauphin ne sut se résoudre à rien.

L'administration nouvelle avait consenti au démembrement du ministère de la guerre, et M. le Dauphin avait voulu se charger du personnel. À cet effet, M. de Champagny, un de ses aides de camp, avait été nommé directeur et travaillait avec lui. Les promotions ainsi faites, les nominations officielles étaient signées par le ministre qui acceptait ainsi la responsabilité des choix du prince. Cette mesure impolitique donna à M. le Dauphin l'odieux des refus, tandis que le ministre semblait distribuer les faveurs. On ne peut blâmer les actes de M. le Dauphin, qui étaient en général réguliers et légaux; mais les rapports forcés, résultant de ses nouvelles fonctions, avec les officiers de l'armée, lui firent, eu égard à ses manières naturelles, une foule d'ennemis. Cette division de l'autorité affaiblit encore cette administration déjà si débile.

Les affaires de la Grèce occupaient les esprits depuis plusieurs années. La cause de la religion et de la liberté de ce peuple barbare semblait la pensée intime de chacun. Singulière disposition de la nation française, qui lui inspira subitement un engouement que rien ne justifiait. Les libéraux exploitèrent cette mine et se mirent à la tête de l'opinion. On s'associa au sort des Grecs; on fit des quêtes pour eux; un comité se forma pour diriger les secours à leur donner, et il semblait, à tes entendre, que les destinées du monde dépendaient de quelques milliers de bandits qu'on aurait dû apprécier à leur juste valeur. Je fus sollicité pour entrer dans ce comité grec; mais j'ai toute ma vie répugné à faire partie des associations politiques extra-légales, les croyant toujours composées de niais, de dupes et de fripons, et ne voulant figurer ni parmi les uns ni parmi les autres. Sans doute, les désordres de la Turquie et le sort des Grecs opprimés devaient éveiller l'attention et inspirer de l'intérêt; mais la politique devait suivre une autre marche.

Les puissances de l'Europe avaient à choisir entre deux partis: ou intervenir dans le but simple de l'humanité, ou préparer le remplacement de la puissance turque par une puissance nouvelle, forte et redoutable. Dans le premier cas, il fallait obtenir du Grand Seigneur, en lui conservant la souveraineté de la

Morée, de donner à ce pays une organisation se rapprochant de celle de la Valachie et de la Moldavie, et les Grecs, affranchis d'une tyrannie journalière, auraient respiré en paix. Dans le second, il fallait embrasser, dans ce nouvel ordre de choses, une grande étendue de pays et former un corps d'État assez puissant pour jouer un rôle politique et occuper un jour Constantinople quand le destin aura amené le dernier jour de l'existence de ce trône en débris. Au lieu de cela, on a rêvé un royaume là où il y avait à peine des éléments pour une organisation provinciale; on a mis une couronne royale sur la tête du chef d'une population de huit cent mille malheureux mourant de faim; on a appelé à un régime constitutionnel une masse d'individus qu'on ne peut conduire autrement que par la force. Une organisation militaire, dont le but spécial eût été d'assurer l'obéissance, était seule en rapport avec les besoins de cette population. C'est le genre de gouvernement qui convient le mieux aux barbares; il suffit que les chefs soient éclairés. Un tel système économique, facile dans son jeu, prompt et puissant dans son action, garantit l'ordre et prépare la civilisation. Ce petit pays, dans son régime actuel, est et sera longtemps un embarras pour l'Europe.

Le système adopté s'est trouvé dans l'intérêt de la Russie, dont le but devait être l'affaiblissement de l'empire ottoman. Il a été dans les vues de l'Angleterre, qui, possédant les îles Ioniennes, a cru pouvoir facilement y dicter des lois et en faire comme une annexe, chose dans laquelle elle s'est trompée. Les vues seules de la Russie étaient saines et selon les intérêts d'une politique personnelle éclairée. La France et l'Angleterre ont joué, en cette circonstance, le rôle de dupes; mais l'Angleterre a été trompée par ses calculs, et la France par l'illusion de sentiments généreux, la puissance d'une opinion passagère, d'une mode capricieuse et fugitive.

Dès le 20 octobre, les escadres française, anglaise et russe avaient attaqué l'armée navale du Grand Seigneur et l'avaient réduite en cendres à Navarin. Ainsi les deux États les plus intéressés à la conservation de sa puissance navale avaient inconsidérément aidé une troisième, qui était intéressée à la détruire. Mais la victoire navale n'empêchait pas la Morée d'être occupée par l'armée égyptienne, alors fidèle au Grand Seigneur. Pour terminer enfin cette affaire longue et pénible, une expédition fut jugée nécessaire. Le commandement en fut donné au général Maison. Son opposition directe aux Bourbons aurait dû l'empêcher d'obtenir cette marque de confiance; mais ce faible ministère crut obtenir, en choisissant ce général, le concours et l'appui de l'opinion libérale. Maison, homme de nulle activité, général de peu d'ancienneté et ne jouissant d'aucune action sur l'armée, ne lui apporta de secours d'aucune espèce. Ce choix déconsidéra le pouvoir; mais le gouvernement se déconsidéra bien davantage encore quand, plus tard, sans un seul fait de guerre, le roi nomma maréchal un des généraux de l'armée qui y avait le moins de droits. Je m'en expliquai avec abandon et franchise avec

Charles X, et lui demandai ce qu'il ferait pour un général qui aurait sauvé le royaume, puisqu'il accordait une pareille récompense à celui qui n'avait ni droits anciens ni droits récents à faire valoir.

Je m'étais fixé à la campagne, et j'y demeurais autant que mes occupations du conseil de la guerre et mes devoirs de cour me le permettaient. C'est dans le noble et vieux château Dépoisse, en Bourgogne, chez de bons amis et à côté d'aimables voisins, M. et madame de Guitaut, que je commençai, cette année, le travail que j'achève en ce moment, et que les circonstances ont rendu d'un si grand prix pour moi. Je m'établis aussi à Saint-Germain et au château de Grandchamp, situé dans le voisinage, chez une famille que j'aime tendrement. Le mari, le général de Damrémont, est mon parent; pendant plusieurs années il a été mon premier aide de camp, et s'est formé à son métier près de moi. C'est un officier distingué que j'honore et estime. Sa femme, personne remplie de talents, fille du général Baraguey-d'Hilliers, est ma pupille, sa famille m'ayant nommé son tuteur à la mort de son père en 1813, au retour de la Russie. Le temps s'écoulait doucement, et j'attendais de l'avenir une amélioration de ma position. Mes dettes se liquidaient; en huit ans j'avais la certitude de les payer et de rentrer dans la possession du manoir paternel, principale ambition dont mon esprit était encore rempli, et but de mes efforts. Cependant la fortune sembla vouloir m'accorder un sourire, m'offrir une occasion de sortir une dernière fois du repos et de rentrer encore dans les enivrantes scènes de la guerre. On parlait de nouveau de l'expédition d'Alger.

Au commencement de cette année, la guerre avait éclaté entre la Russie et la Porte. Le 4 juin, l'armée russe avait passé le Danube et pris Isastcha. Les portes de cette forteresse s'étaient ouvertes à la vue de l'ennemi. Le passage d'un aussi grand fleuve, exécuté avec succès, avait jeté la terreur et l'effroi parmi les Turcs. Aucun moyen de résistance n'était préparé et les Russes n'avaient qu'à marcher; mais, chose inouïe! les forces russes n'avaient pas été rassemblées d'avance, les troupes disponibles ne parurent pas suffisantes pour s'avancer dans le pays, et l'empereur resta avec une quinzaine de mille hommes, pendant dix-huit jours, dans les lignes de Trajan. Le retard de l'arrivée des troupes avant l'opération est impardonnable, et la suspension de l'offensive, même avec des troupes peu nombreuses, l'est également. Quinze mille hommes suffisent pour battre une grande armée turque, et les Russes n'avaient alors personne devant eux. Dans une guerre semblable, l'arrivée successive des troupes est fort avantageuse. On a peu de moyens pour vivre, les communications sont naturellement couvertes, et les pertes, constamment réparées, maintiennent les corps dans un complet suffisant. On mit le comble aux fautes alors, en s'occupant sans retard du siège de Brahilow, et en consacrant à cette opération immédiate des moyens qui ailleurs auraient été employés plus avantageusement. On suspendit donc une offensive qu'on n'aurait pu trop hâter. Schumla, qui, au début de la campagne, était sans défense, eut le temps de recevoir une garnison, et la campagne, manquée dès les premières marches, ne se composa plus que d'une série de fautes.

En marchant vite, on aurait pris Schumla sans combat et on se serait emparé des défilés du Balkan. La difficulté de cette guerre était principalement dans le défaut de vivres: en ne s'arrêtant pas, on la diminuait de beaucoup: en stationnant, comme on l'a fait, on éprouva de grandes privations et de grandes souffrances. On eut la malheureuse idée du siège de Varna, opération sans utilité et sans objet. Varna est un mauvais port marchand; il ne peut être le lieu de rassemblement d'une armée pour les Turcs, et n'était utile à rien aux Russes une fois entre leurs mains. Se donner la peine d'en faire le siège était donc superflu; autre chose eût été de s'emparer de la rade de Bourgas et du fort de Sisopoli, qui en défend l'entrée. Mouillage excellent, propre à contenir les plus grandes escadres au delà du Balkan, ce lieu était indiqué aux Russes pour y faire un établissement de dépôt pour les vivres, les blessés, les malades.

L'armée russe, maîtresse de ce point, avait, après le passage du Balkan, une double ligne de communication et des magasins de toute espèce à portée. Huit jours de travaux et six mille hommes de débarquement, soutenus par une flotte, leur donnaient le moyen de s'y défendre contre toutes les forces de la Turquie. Il fallait donc s'emparer d'abord de ce point, puis passer le Balkan, et on dictait la paix ou on entrait à Constantinople. On tint cette conduite en 1829. Les Turcs cependant, à cette époque, avaient réuni quelques moyens, et ce qui alors fut exécuté sans peine eût été fait encore d'une manière plus facile en 1828.

Le gouvernement français, disposé favorablement et avec raison, envers la Russie, se laissa entraîner à concourir à ses vues, d'une manière opposée à une saine politique. L'intervention de la France aurait dû avoir lieu sous d'autres auspices.

La France a toujours le choix de deux alliances en Europe: elle peut s'unir à la Russie, ou à l'Autriche. Cette dernière alliance lui donne la garantie de la paix en Europe, car l'Autriche, puissance centrale, modératrice, ne pouvant avoir l'ambition d'acquérir parce qu'elle possède tout ce qu'elle peut raisonnablement désirer, est intéressée au repos. À l'Autriche et la France se joint naturellement l'Angleterre, et cette alliance contient la Russie, dont la puissance colossale, les moyens immenses et l'ambition ne cessent de menacer l'Europe! Dans la position particulière où était la maison de Bourbon, une alliance russe promettait d'autres avantages, en favorisant un agrandissement dont la France a besoin et qui eut popularisé sa dynastie. Le gouvernement français pouvait hésiter entre le parti à prendre; mais, une fois décidé à favoriser les Russes, il fallait faire valoir cette amitié, en tirer parti et entamer une opération qui, en nous donnant les bords du Rhin et le grand-duché, satisfit les intérêts moraux et matériels de la France. Cette alliance seule peut un jour donner les moyens d'atteindre ce but.

L'Autriche est trop jalouse de la France, pour consentir volontiers à augmenter ses forces. Elle a encore des souvenirs trop récents de son humiliation, pour être disposée à la bienveillance. La Russie, au contraire, éloignée et ayant devant elle un champ immense à exploiter, ne saura jamais payer trop cher l'alliance et l'amitié de la France.

Un moyen terme était à prendre, et une politique circonspecte eût été encore à la portée du gouvernement français. Il fallait, avant le commencement des hostilités, effrayer la Turquie par une menace directe. Il fallait envoyer une escadre dans le Levant avec quelques troupes, s'interposer comme médiateur, et forcer le Grand Seigneur à faire justice aux Russes, dont les réclamations étaient pour la plupart fondées et motivées par la nécessité. Il fallait enfin traiter les Turcs comme des enfants qu'on empêche de s'exposer à un danger qui doit les faire périr. Mais on ne sut ni prendre un parti hardi, qui nous eût remis au premier rang en Europe et nous eût préparé de grandes destinées, ni s'établir en pacificateur prévoyant et prudent. On exprima des voeux pour les succès des Russes; on s'y associa d'intention et d'action même jusqu'à un certain point, en menaçant l'Autriche d'intervenir contre elle si elle agissait dans l'intérêt des Turcs. On contribua enfin puissamment à l'annihilation de la puissance turque, sans spécifier pour la France ni garantir à cette puissance aucun avantage; conduite inepte et sans aucune portée.

Pendant ce temps, le ministère se traînait péniblement. M. de Chabrol, qui d'abord était entré dans sa composition, après là chute de celui de M. de Villèle, auquel il appartenait, avait bientôt senti la nécessité de se séparer d'une administration dont la nuance politique n'était pas la sienne. Il avait, en conséquence, donné sa démission, et avait été remplacé par Hyde de Neuville; mais, en quittant les affaires, M. de Chabrol avait conservé la confiance du roi et restait en rapports fréquents avec lui. Dix-huit mois d'une administration douce et calme, mais faible et décolorée, s'étaient écoulés, et les ministres pleins de sécurité, se confiant dans les expressions bienveillantes que le roi leur adressait chaque jour, se virent tout à coup dépossédés, éloignés des affaires et privés de leurs portefeuilles.

M. de Chabrol, dont l'ambition insatiable n'avait pu s'accoutumer au repos, dont l'esprit et l'instinct le portaient à l'intrigue, quoique son caractère ne manquât pas d'honnêteté, profitait de ses relations avec le roi pour recevoir la confidence de son mécontentement, qu'il aggravait par une approbation habituelle et par une critique journalière des opérations du ministère. Il fut chargé de former un nouveau ministère, dont M. de Polignac serait le chef; idée funeste, presque folle, dont les conséquences devaient être la perte de la monarchie. M. de Chabrol, en s'y prêtant, devint ainsi l'artisan de nos malheurs. Entré lui-même dans ce ministère, il y associa quelques hommes raisonnables, mais faibles, incapables d'arrêter le torrent auquel on allait s'exposer. Les ministres nommés eurent peine à s'entendre, et le ministère fut remanié et composé définitivement de MM. de Polignac, de Chabrol, Courvoisier, Bourmont, d'Haussez, Montbel et Guernon de Banville, jusqu'au moment, en 1830, où, l'époque des mesures violentes approchant, M. de Chabrol et M. Courvoisier, voyant le précipice ouvert devant eux et ne voulant pas s'y jeter avec le trône qu'il allait engloutir, abandonnèrent leurs postes, lis furent remplacés par MM. de Peyronnet, Chantelauze et Capelle. J'étais en Normandie, dans le château de Dangu, chez une femme distinguée de mes amies, la comtesse de la Grange, mariée à un général longtemps mon compagnon d'armes, quand parut l'ordonnance funeste du 7 juillet. J'en fus atterré, et je n'en croyais pas mes yeux. Dès ce moment, je ne prévis plus que malheurs et désastres pour mon pays.

LIVRE VINGT-QUATRIÈME

1830-1831

Sommaire.--Mes efforts pour faire entreprendre l'expédition d'Alger.--Mes relations avec le général Bourmont et avec les autres membres du ministère.--Déloyauté de Bourmont.--Plaisanterie de mauvais goût du Dauphin.--Déceptions diverses.--Caractère du Dauphin.--Ordonnances du 25 juillet 1830.--Ordre de me rendre à Paris.--Occupation militaire de Paris.--27, 28, 29 juillet.--Je remets le commandement à M. le Dauphin.--Situation d'esprit du roi.--Discussion sur les opérations de Paris.--Discussion avec M. le Dauphin sur le retrait des ordonnances.--Je fais un ordre du jour pour retenir les troupes sous les drapeaux.--Scène violente du Dauphin.--Retraite du roi.--Il arrive à Rambouillet.--Événement de Trappes--Je conseille au roi l'abdication en faveur du duc de Bordeaux.--Arrivée des commissaire auprès du roi.--Ils retournent à Paris.--Arrivée des colonnes parisiennes.--Les commissaires sont introduits près du roi.--Départ de Rambouillet.--Changement de résolution du roi.--Retraite sur Cherbourg.--Voyage du roi.--Son embarquement à Cherbourg.--Appréciation du ministère Villèle.--Des fautes qui ont amené la révolution de 1830.--Londres.--Je passe en Hollande, puis à Vienne.--Le prince de Metternich.--Anecdote sur le duc d'Orléans.--Anecdote sur Eugène Beauharnais.--L'empereur d'Autriche et sa famille.--La Société de Vienne.--Le gouvernement autrichien.--Nos travaux.--Je rencontre le duc de Reichstadt.--Conversation.--Mes rapports intimes avec ce prince.--Son intelligence.--Son opinion sur sa position.--Mes récits des campagnes de son père.--Ses adieux.--Sa maladie.--Sa mort.--Portrait du duc de Reichstadt.--Voyage en Hongrie.--Lintz.--Ichll.--Salzbourg. Travaux de la route entre la vallée du Rhin et celle du Pô.--La Suisse en 1833.--Îles Borromées.--Côme.--Milan.--Arc de triomphe.--Champ de bataille de 1796.--Monument élevé par Eugène.--Vérone.--Venise.--Question d'Orient.--Solution possible, où la France aurait sa légitime part.

Huit mois d'un doux loisir s'étaient écoulés à la campagne. J'avais retrouvé dans la délicieuse habitation du général de Damrémont une vie d'intérieur, une vie de famille qui m'était inconnue depuis longtemps, un bien-être et un calme tout nouveaux pour moi. Livré à la rédaction de ces *Mémoires*, nourrissant mon esprit des plus beaux souvenirs, le passé se présentait à moi sous des couleurs brillantes. Le moment de quitter cette douce existence était venu, et, vers le 15 janvier, à mon grand regret, je rentrai à Paris.

On se rappelle que, depuis le commencement des hostilités avec Alger, le rêve de ma vie avait été de commander l'expédition qui, tôt ou tard, serait dirigée contre cette ville. Les diverses administrations avaient semblé consacrer en principe que moi seul je pouvais être chargé de cette opération. Aussi je m'étais regardé constamment comme ayant des droits acquis et comme le général désigné de cette expédition future. Effectivement, je paraissais remplir mieux qu'un autre les conditions exigées. Le grade de maréchal était jugé nécessaire pour un commandement de cette nature, se composant de trente mille hommes de troupes de terre, se compliquant de marine et devant s'exercer au loin. Les grades n'ont pas été imaginés pour le plaisir de ceux qui en sont revêtus, mais faits pour établir les commandements et assurer l'obéissance. En temps de paix, dans les circonstances ordinaires, rien n'est plus facile à un général que de se faire obéir; mais, au milieu des obstacles et des complications de la guerre, rien n'est si difficile. Quand les dangers, les passions, les souffrances, agissent sur les hommes, tout les arrête, tout devient cause ou prétexte de résistance. Le chef doit être le plus grand possible pour avoir plus de chances de tout surmonter. Il lui faut l'autorité du grade, qui lui donne d'une manière constante une supériorité sociale; il doit y ajouter l'autorité du caractère, celle de l'opinion de sa capacité, fondée sur ses actions antérieures, et celle de son crédit. Alors, s'il ne rencontre pas des obstacles réellement supérieurs aux forces humaines, il réussira là où eût échoué un autre général auquel aurait manqué quelques-uns de ces moyens d'action. C'est ce qui fait que, à égalité de talents, de bravoure et de caractère, une naissance illustre est encore un avantage, et qu'un général d'un sang royal doit être préféré à tout autre.

Ce raisonnement, pris dans la nature même des choses, dans la connaissance du coeur humain et dans l'expérience des conditions et des nécessités de la guerre, suffisait pour démontrer que, pour le commandement de l'expédition d'Alger, un maréchal devait être préféré à un simple lieutenant général, qui n'apporterait ni l'autorité du grade ni celle de la réputation, et dont le devoir, au milieu des difficultés d'une guerre d'une nature nouvelle, serait de prononcer souverainement, et au delà des mers, sur ses égaux.

Plusieurs circonstances militaient encore en ma faveur et me désignaient particulièrement parmi les maréchaux: j'étais le seul qui eût fait la guerre d'Égypte. Or la guerre qu'on méditait était de même nature. J'avais été en outre longtemps en rapport avec les musulmans, et je connaissais leurs moeurs. Il était question d'un siége, et j'avais parcouru la première partie de ma carrière dans le service de l'artillerie. Enfin ma position politique devait inspirer toute confiance. Tout semblait donc me promettre qu'aucun changement ne serait apporté aux résolutions antérieurement prises, et tout semblait me garantir la réalisation de mes espérances.

À l'époque funeste où M. de Bourmont fut nommé ministre de la guerre, j'abordai cette question avec lui. Je lui fis part des promesses faites par le roi, de mes désirs et de ce que je croyais pouvoir appeler mes droits. Je réclamai son concours et son appui. Il me promit l'un et l'autre. Je lui parlai franchement de ce qui lui était personnel. Il me déclara formellement, m'en déduisant les raisons, qu'il ne pensait pas et ne pouvait penser pour lui à ce commandement. Il ne voyait que moi, disait-il, qui pût en être chargé.

Je le remerciai, mais je lui répondis que je prenais cette déclaration pour une politesse, et j'ajoutai qu'il me paraissait tout simple qu'un ministre lieutenant général profitât de son crédit pour arriver à un commandement dont le bâton de maréchal de France paraissait devoir être la conséquence. Il persista dans ses dénégations, il renouvela ses assurances, et avec des expressions telles, que je ne pouvais pas raisonnablement douter de sa sincérité. Cette persuasion redoubla mon zèle pour faire entreprendre l'expédition.

De temps à autre M. de Bourmont m'entretenait de ses projets relatifs à l'expédition. Il demanda à me communiquer le mémoire qu'il avait fait pour démontrer la nécessité de son exécution et en développer les moyens. Je me rendis chez lui suivant ses désirs. Nous consacrâmes trois heures à discuter son travail. En général, il me parut bon et mériter d'être adopté, sauf quelques légères modifications. Mais les choses n'avançaient pas, et cela par une première raison: c'est que M. de Bourmont est par sa nature d'une lenteur inouïe; le temps s'écoule avec lui sans emploi utile; il semble n'en pas connaître le prix. Aussi les jours se succédaient sans qu'il fît aucune proposition sérieuse, et cependant on avait toujours reconnu deux choses sur lesquelles tout le monde était d'accord: que quatre mois au moins étaient nécessaires pour les préparatifs, et que l'époque la plus favorable pour entreprendre l'expédition était le commencement du mois de mai.

La fin de l'année approchait, mais je pressais fréquemment le ministre de la guerre pour le décider à entrer en matière avec ses collègues, et toujours inutilement. Il hésitait à élever sérieusement cette question d'Alger, à laquelle il savait M. le Dauphin contraire.

Un jour, vers la fin de décembre, ayant été chez lui, il me prit à part et me dit: «Notre affaire va mal; la marine ne veut pas de l'expédition et présente obstacles sur obstacles. Elle prétend qu'il est trop tard pour y penser cette année.--Mais l'amiral Mackau y est favorable, faites-le venir, endoctrinez-le et mettez-le en avant.--Lui-même, répondit-il, adopte l'opinion manifestée par son ministre.--Je le verrai, répliquai-je, je ne conçois rien à ce changement de langage, car, il n'y a pas longtemps, il m'a parlé tout autrement.»

Là-dessus je quittai le ministre. J'écrivis un petit mot à M. de Mackau, et il vint chez moi. Il me dit ces propres paroles: «Jamais M. de Bourmont ne nous a parlé de l'expédition d'une manière ni sérieuse ni officielle. Étant à dîner avec lui chez le ministre de Suède, au moment du café, il nous réunit, le ministre de la marine et moi, dans un coin du salon et nous parla vaguement de l'expédition. Nous lui répondîmes qu'il semblait rester peu de temps d'ici au printemps pour les préparatifs; qu'aucune disposition première n'ayant été prise, avant que tout ne fût en train, si on s'y résolvait, il s'écoulerait un temps bien précieux.--Après dix minutes de conversation sur ce ton, ajouta-t-il, nous nous séparâmes sans que rien n'annonçât l'intention de traiter cet objet de nouveau.»

Je fus étonné, comme on le suppose, de cette explication, et la conclusion entre M. de Mackau et moi fut que M. de Bourmont, ni personne, hors moi, ne voulait de l'expédition. C'était un leurre, un aliment pour l'opinion publique, mais il n'y avait aucun projet réel.

M. de Polignac avait eu l'étrange pensée de faire vider notre querelle avec le dey d'Alger par le pacha d'Égypte, et de charger celui-ci de le mettre à la raison au moyen d'un subside. L'idée était folle. Jamais le pacha d'Égypte, placé à une si grande distance d'Alger, dépourvu alors de moyens en matériel régulièrement construits, et d'un personnel instruit, en rapport avec les besoins d'un siége, n'aurait pu réussir dans une pareille entreprise. C'était M. Drovetti, consul de France, lié d'intérêt avec le pacha, auquel il aurait fait gagner de l'argent qu'il aurait partagé sans doute avec lui, qui avait suggéré cette idée bizarre. M. de Polignac l'adopta. Un aide de camp du général Guilleminot, nommé Huder, fut chargé de la négociation et envoyé à cet effet à Alexandrie.

Bourmont m'en avait prévenu dans le temps, et, comme moi, il trouvait la chose extravagante. Huder était venu prendre ses ordres. Il lui avait parlé longuement et l'avait convaincu, me dit-il, des inconvénients de ce projet. Il lui avait recommandé spécialement de faire sentir au pacha les immenses difficultés de son exécution. Pour encourager cet envoyé dans cette marche, opposée au but apparent de sa mission, il lui avait donné d'avance la décoration de la Légion d'honneur.

Mais Méhémet-Ali, qui avait vu de bons millions à prendre et à garder, car il en aurait été quitte pour une petite démonstration, endoctriné d'ailleurs par Drovetti, avait accepté toutes les propositions, et renvoyé M. Huder avec une réponse favorable.

Celui-ci étant arrivé au lazaret, Drovetti partit pour Toulon, afin de conférer avec lui et de hâter l'accomplissement de ses désirs. On était au 15 janvier, époque où, de retour de la campagne, j'étais établi pour le reste de l'hiver à Paris. À mon arrivée, étant allé, suivant l'usage, voir les divers ministres au jour de leur réception, celui de la marine me parla vaguement d'Alger, ensuite me prit à part, et me dit: «Monsieur le maréchal, vous avez beaucoup réfléchi sur cette opération, je voudrais avoir l'occasion d'en causer avec vous d'une manière un peu suivie et connaître votre opinion sur les moyens de son exécution.» Je lui dis que j'étais à ses ordres, et lui offris de venir dès le lendemain chez lui. Le rendez-vous pris, nous décidâmes d'y appeler M. de Mackau.

Dans cette conférence, où tous les projets faits par diverses commissions mixtes de terre et de mer furent lus, je démontrai à M. d'Haussez qu'il y avait beaucoup d'exagération dans les demandes, en prenant pour point de comparaison l'expédition d'Égypte, et en profitant des diverses circonstances aujourd'hui en notre faveur. Je prouvai qu'il ne fallait ni le nombre de bâtiments demandé, ni le nombre de chevaux, ni, par conséquent, le temps indiqué comme nécessaire pour les préparatifs. Cette conférence fit impression sur M. d'Haussez; mais, tout à fait nouveau dans l'administration de la marine, et forcé pour ainsi dire de s'en rapporter à ses bureaux et aux amiraux qui, en général, étaient contraires à l'expédition, il hésitait encore dans l'opinion qu'il devait adopter.

Je prévins M. de Bourmont de cette conférence, en l'engageant à chercher à en tirer parti. Il me le promit, quoiqu'il me parût sans aucun espoir. Les choses restèrent quelques jours dans cet état. Nous étions arrivés à la fin de janvier. Encore quinze jours, et il n'y avait aucune possibilité de rien entreprendre cette année. La conclusion de ce traité ridicule avec le pacha d'Égypte paraissait devoir être immédiate, et j'en gémissais à tous les titres.

J'avais souvent entretenu M. de Chabrol de mes désirs et de mes espérances personnelles, lorsque, faisant partie du ministère Villèle comme ministre de la marine, il avait participé à la résolution prise à cette époque de me confier le commandement quand l'expédition aurait lieu. Continuant à m'être favorable, je lui en reparlai de nouveau aux Tuileries, le dimanche 31 janvier, et l'informai de la conférence que j'avais eue avec M. d'Haussez. Il me dit:

«En avez-vous parlé à M. de Polignac?

--Non, lui dis-je.

--Je vous engage, répliqua-t-il, à le faire; cela est indispensable pour le succès.»

À l'instant même je m'adressai à M. de Polignac, qui, étant souffrant ce jour-là, venait seulement d'entrer dans le cabinet du conseil, et je lui fis la demande d'un rendez-vous. C'était la première fois de ma vie que j'allais l'entretenir d'une affaire importante et me rendre chez lui pour autre chose que pour lui faire une simple politesse. Il fixa notre entretien au lendemain lundi, 1er février, à midi.

J'entrai immédiatement en matière, en lui demandant pardon d'aborder de moi-même des questions de politique et d'État que je n'étais pas appelé à traiter; mais j'ajoutai: «Les circonstances de ma vie, les connaissances qui en résultent, seront mon excuse.» Je lui dis ensuite: «Le bruit public, prince, est généralement répandu que le gouvernement est dans l'intention de charger, au moyen d'un traité et de subsides, le pacha d'Égypte de venger notre querelle avec Alger, et d'obtenir pour nous satisfaction. Je suis autorisé à penser, si ces bruits sont fondés, que votre but ne sera pas atteint. Le pacha d'Égypte peut vous faire telles promesses qu'il voudra, mais il est hors de sa puissance de les tenir. Où est l'artillerie de siége qui lui est nécessaire? où sont ses canonniers, ses sapeurs, ses officiers du génie, etc.? Une opération de cette nature, aussi compliquée, est au-dessus des facultés des Turcs, par les difficultés naturelles qu'elle présente et l'ensemble qu'elle exige.

--Mais, répondit-il, son armée viendra par terre et son matériel par mer.

--Mais, prince, il y a cinq cents lieues de distance d'Alexandrie à Alger; il y a des déserts à traverser, il y a des régences à vaincre, des tribus d'Arabes à subjuguer ou à séduire. La conquête de l'Asie par Alexandre était plus facile à exécuter que celle de la côte d'Afrique par Méhémet-Ali. Je suppose même non la conquête, mais une révolution en sa faveur, ce que tant d'intérêts opposés rendent impossible, aurait-il des myriades d'Arabes à ses ordres, les sept ou huit mille Turcs qui sont dans Alger s'y défendraient avec succès.

--Mais la place d'Alger n'est pas forte par terre.

--Elle est imprenable pour des gens qui n'ont pas de canons ou qui n'ont qu'une mauvaise artillerie mal servie. À la guerre, comme presque partout ailleurs, rien n'est absolu, tout est relatif. Là où les moyens d'attaque sont nuls, les moyens de défense sont faciles. Contre une armée munie d'une mauvaise artillerie, de simples murailles sont imprenables, tandis que Metz et Lille doivent succomber au bout d'un temps donné devant les moyens que l'art de la guerre et le développement des connaissances actuelles permettent de consacrer aujourd'hui au siége des places.

--Mais la France pourrait fournir sa marine, les canonniers, les officiers du génie, etc., etc.

--Oubliez-vous, prince, que l'armée protectrice qui tient la campagne est toujours le principal, que l'artillerie, malgré sa haute importance dans cette circonstance, n'est qu'accessoire? Ses opérations, quoique spéciales, sont cependant subordonnées. Eh bien, la mettrez-vous sous les ordres du pacha, et les troupes du roi de France seront-elles réduites à être les auxiliaires d'un barbare ignorant? Leur sûreté dépendra-t-elle de ses dispositions? Cela présenterait un scandale capable de révolter l'armée entière. Il n'y a qu'une manière raisonnable d'envisager la question: c'est de faire faire l'expédition par une armée française, munie de tous ses moyens; et, si l'on veut y faire participer le pacha d'Égypte, employer un corps de ses troupes comme auxiliaires. Il faut retourner la question: agir avec une armée française sous le commandement d'un Français, et y réunir un détachement d'Égyptiens. Comme cela je comprends l'opération; comme cela je vois dans le concours des Turcs une certaine utilité. Les opérations véritables sont faites par l'armée. Les obstacles réels, c'est elle qui les surmonte, tandis que le corps turc prouve, par sa présence, aux habitants de l'intérieur, que nous ne faisons pas une guerre de religion. Des turbans aux avant-postes doivent désarmer tous les Maures, laisser la milice turque isolée et ainsi abandonnée à la haine dont partout elle est l'objet. Tout autre système, croyez-moi, est pure illusion et n'aurait pas d'autre résultat que d'enrichir le pacha et de nous rendre la fable de l'Europe.»

M. de Polignac se rabattit sur l'impossibilité de rien entreprendre cette année, eu égard à l'époque à laquelle on était arrivé et les moyens immenses nécessaires à rassembler. Alors je lui fis voir qu'en ne perdant pas un moment il était encore temps. On pourrait réduire sans inconvénient les demandes qu'on avait faites, et qui étaient véritablement exagérées; je choisis pour exemple les dispositions prises lors de l'expédition d'Égypte. Je traitai à fond la question des moyens d'exécution. Après quelques moments de réflexion, le prince me dit: «Monsieur le maréchal, vous venez de changer toutes mes idées, et la manière dont vous avez envisagé les choses est toute nouvelle pour moi. Je vous demande d'y réfléchir et de vous en reparler.»

Le premier résultat de cet entretien fut l'abandon immédiat du projet de Drovetti. On y substitua quelque chose d'analogue à ce que j'avais indiqué à M. de Polignac. M. de Langsdorf, attaché d'ambassade, qui se trouvait alors à Paris, fut envoyé sur-le-champ à Alexandrie pour rompre à tout prix la négociation entamée avec Méhémet-Ali. Il devait proposer au pacha un autre projet, dont la base était une expédition simultanée par terre contre les régences de Tripoli et de Tunis. M. de Langsdorf, malgré ses efforts auprès d'Ibrahim et de Méhémet-Ali, ne put réussir à leur faire accepter ces nouvelles propositions. Le vice-roi craignait de compromettre par cette alliance sa popularité parmi les populations musulmanes. Cette négociation, qui avait vivement inquiété les agents anglais, se perdit au milieu du fracas de l'expédition et de la prise d'Alger.

Le mercredi suivant, 3 février, je reçus un billet de M. de Polignac qui m'engageait à passer sur-le-champ chez lui. Il sortait du conseil et me dit: «Vos raisonnements m'ont complétement convaincu. Cette conviction est partagée par le roi et par mes collègues, et l'expédition est résolue. Une commission de généraux de terre et de mer va se réunir pour discuter, la plume à la main, quels sont les moyens d'exécution indispensablement nécessaires. Si tous les calculs confirment votre opinion, comme je n'en doute pas, on se mettra à l'oeuvre à l'instant même. Je vous engage à voir le ministre de la guerre sans retard, pour vous concerter avec lui, afin de fournir à cette commission, qui, dès demain, commencera son travail, tous les renseignements dont elle a besoin.»

Je lui parlai de mes intérêts propres et du commandement. Il me répondit: «Je ne pense pas qu'il puisse être remis en de meilleures mains, et c'est toute ma pensée; c'est aussi celle de mes collègues; et, n'en doutez pas, vous ne trouverez aucune opposition du côté du roi; il m'en a déjà parlé. Le seul conseil que j'aie à vous donner, c'est de voir M. le Dauphin, et de lui faire parler.»

Je me rendis chez le ministre de la guerre, qui me confirma cette bonne disposition, et me fit hommage d'un succès sur lequel il n'avait pas compté. Je lui parlai de la réunion du lendemain. Il en désigna devant moi tous les membres; mais il me dit qu'il croyait convenable à mes intérêts de ne pas m'y mettre, pour ne pas irriter M. le Dauphin, mécontent de la résolution prise, et qu'il m'attribuait. «En effet, ajouta-t-il, M. de Polignac a dit au roi et au conseil que vous l'aviez convaincu, et, comme il y est opposé, il vaut mieux ne pas mettre votre nom constamment en avant.»

Cette précaution me parut de la bienveillance, et je l'en remerciai. C'était, au contraire, un commencement de trahison envers moi.

Je sus, quelques jours après, que M. le Dauphin, dans son emportement, avait dit: «Et de quoi se mêle le duc de Raguse? il n'est pas membre du gouvernement; il n'est pas appelé à délibérer sur ces projets. D'ailleurs, si cette expédition se fait, il ne la commandera pas.»

On travailla avec une grande activité à la discussion des projets. J'entraînai plusieurs membres de la commission, et elle reconnut la possibilité de l'expédition pour cette année. Le 7 février, les ordres définitifs furent donnés aux ministres de la guerre et de la marine.

Il était assez naturel de faire d'abord le choix du commandant. Il devait influer sur celui des principaux agents; mais le roi, me dit le ministre de la guerre, avait ajourné cette nomination pour le moment. Il ajouta: «Cela nous donnera le temps de tout arranger pour faire tomber le choix sur vous. Ne faites aucune démarche. Laissez-moi les commencer, en entretenir le roi et surtout M. le Dauphin.»

Je croyais encore à sa loyauté, et je gardai le silence. Cependant mes réflexions et quelques avis firent naître des inquiétudes dans mon esprit. J'eus une nouvelle explication avec Bourmont, qui n'hésita pas à me renouveler les mêmes assurances.

M. de Polignac était ou paraissait être toujours dans la même conviction pour ce qui me concernait.

Fatigué d'attendre en vain que Bourmont eût parlé, j'allai trouver M. le Dauphin. Je lui rappelai ses promesses anciennes; je lui présentai et lui fis valoir mes titres. Il m'accueillit bien, sembla m'écouter volontiers, et me dit que, comme ma démarche avait été prévue, il avait demandé au roi ce qu'il devait me répondre. Le roi lui avait dit de ne prendre aucun engagement, et il se conformait à ses ordres, ne voulant ni détruire des espérances qui peut-être étaient fondées, ni les encourager, car peut-être aussi ne se réaliseraient-elles pas. Il ajouta qu'il m'écoutait avec plaisir. Je terminai cette conversation par un résumé de mes titres, et je lui dis en riant: «Monseigneur, si le commandement de cette expédition m'est enlevé, j'en éprouverai, je crois, un tel chagrin et un tel dégoût, qu'il ne me restera plus qu'à me faire capucin.»

M. le Dauphin rit beaucoup de cette plaisanterie, et mon audience se termina.

L'impression que j'avais reçue était assez favorable. Je n'ai jamais été gâté par M. le Dauphin. Ce prince m'a même toujours montré peu de bienveillance; mais ses manières brusques et habituellement déplaisantes avaient disparu en ce moment, et je le crus favorable à mes désirs. J'allai voir le roi le soir.

Le roi a toujours eu, pour tout le monde et pour moi en particulier, des manières aimables et gracieuses. Je lui exposai ce qui m'amenait auprès de lui. Il commença à répondre par des choses vagues sur l'incertitude de l'expédition et sur son importance, qu'il cherchait à diminuer. Mes réponses étaient faciles: j'établis mes droits. Quand je vins à ceux que je fondai sur ma fidélité, il m'interrompit et me dit: «Oh! pour ceux-là, je les reconnais!

--Et les autres, Sire! Est-ce donc rien d'avoir commandé en chef des armées pendant dix ans, d'avoir été en Égypte, en Turquie, et d'être, de plus, officier d'artillerie, quand il est question d'un siége?»

Le roi convint de tout cela et me fit une réponse obligeante, mais vague. Je sortis de chez lui moins satisfait que de chez M. le Dauphin. Cependant je ne pouvais pas mettre en comparaison le sentiment de l'un et de l'autre pour moi. Les jours s'écoulaient, et cette nomination, qui aurait dû précéder les autres, ne se faisait pas. Tout le travail s'expédiait, et, la nomination des agents principaux, dont le contact avec le général en chef est habituel, étant terminée, je crus y voir l'indication positive d'un choix arrêté en secret et se portant sur le général Bourmont. Je m'en ouvris à M. de Polignac, qui parut surpris et ne pas le croire. Rien, me dit-il, ne le lui avait indiqué. J'ignore s'il me trompait: mais je serais disposé à en douter; car le lendemain il me dit, après avoir parlé au roi, qu'effectivement il y avait des chances pour Bourmont, mais aussi pour moi, qu'il fallait attendre en balançant les craintes par les espérances. Mais je m'aperçus enfin à quel point j'étais dupe de ma crédulité et de ma bonne foi. Bourmont n'avait pas voulu se mettre en avant pour faire décider l'expédition, de peur de déplaire à M. le Dauphin. Il m'avait fait promesses sur promesses pour m'engager à faire les démarches nécessaires à son exécution. Ce but rempli, tous ses efforts tendaient à m'écarter afin de se réserver à lui-même le commandement.

Après six semaines d'angoisses de ma part, il fut nommé.

J'ai rarement éprouvé en ma vie une peine aussi vive; je voyais renversée l'espérance d'entendre encore prononcer mon nom avec louange, et de rappeler les services passés par des services nouveaux, d'être le vengeur de la civilisation sur la barbarie, d'effacer la honte séculaire de la chrétienté; enfin de faire une guerre qui pouvait peut-être contrarier la politique de quelque gouvernement, mais dont le succès aurait les applaudissements du monde civilisé. Je m'étais bercé de l'idée d'être l'agent d'un pareil bienfait pour l'humanité. Toutes ces espérances disparurent comme un songe.

M. le Dauphin, dont le naturel l'a toujours porté à se livrer à des sentiments hostiles aux autres, parut jouir dans cette circonstance de ma déconvenue. Il eut bien soin de se rappeler la plaisanterie que je lui avais faite six semaines auparavant. Comme j'étais absent, le soir même, d'un grand cercle de la cour, madame la duchesse de Berry ayant demandé où j'étais, M. le Dauphin prit la parole et répondit tout haut: «Le maréchal! il s'est retiré dans un couvent et se fait moine.»

La plaisanterie ne fut pas comprise d'abord; mais, lorsqu'elle fut expliquée, on la trouva de mauvais goût. Les gens qui n'avaient pas d'amitié pour moi en portèrent le même jugement.

La peine que je ressentis de la nomination de Bourmont aurait été bien plus vive encore si j'avais pu en deviner toutes les conséquences. Je ne voyais et ne pouvais voir alors que la perte de grands avantages; mais comment deviner la masse de maux dont une absence de Paris m'aurait garanti!

Je fus un moment tenté de donner ma démission de la place de major général. Un motif de délicatesse m'en empêcha. J'avais consacré presque tous mes appointements à payer mes dettes. En les diminuant j'en privais mes créanciers. Toutefois je m'absentai de la cour et n'y revins qu'au 1er mai, pour prendre mon service. Les ministres, et particulièrement M. de Polignac, avaient senti combien ma situation était pénible, et à quel point on avait été injuste envers moi; car mes droits au commandement étaient incontestables, d'abord à raison de promesses anciennes, ensuite, et c'était mon premier titre, parce que moi seul j'avais démontré la possibilité de l'expédition et l'avais fait décider par mes démarches. Elle était pour ainsi dire mon ouvrage. J'avais empêché la plus fausse et la plus mauvaise des combinaisons, celle d'avoir recours au pacha d'Égypte. Par là j'avais préservé le gouvernement d'un ridicule ineffaçable et le ministère d'une responsabilité d'argent terrible; car, à coup sur, les millions donnés à Méhémet-Ali n'auraient rien produit, et leur emploi n'aurait jamais pu être justifié ni approuvé. Le gouvernement, se sentant mon obligé, avait une dette à acquitter. Il le reconnut, et l'assurance m'en fut donnée de toutes parts et à plusieurs reprises. D'abord il fut arrangé qu'aussitôt la ville d'Alger conquise le ministre de la guerre reviendrait, et qu'alors j'aurais la mission d'achever la conquête de ce pays. Le gouvernement m'en serait donné, et je serais chargé de fonder une colonie.

Mon amour-propre pouvait souffrir de cette combinaison; mais je me mis au-dessus de considérations vulgaires. J'envisageai la beauté, l'importance et les difficultés de la mission, sans me rappeler ce que la conquête de la ville aurait ajouté à son éclat. Je fis ce raisonnement. Dans un temps régulier et loin du moment de la conquête, un semblable commandement, avec les pouvoirs qu'il comporte, serait recherché par les individus de la plus haute position. Au moment où il fallait fonder, établir, créer, il était plus beau, plus important, plus difficile, par conséquent plus désirable, et, parce que l'éclat de la première conquête en était séparé, ce n'était pas un motif pour le dédaigner. Je me croyais éminemment propre à cette mission. La nature de mon caractère, l'esprit de suite qui m'est propre, ma grande activité, des connaissances dont je trouverais l'application à chaque instant, mon aptitude à gouverner des peuples de divers degrés de civilisation, prouvée par les succès obtenus dans les provinces illyriennes, où mon nom est encore vivant et prononcé avec respect et bienveillance, m'avaient décidé à accepter éventuellement cette mission. Je crus pouvoir la regarder comme assurée après la reddition d'Alger, reddition opérée après une canonnade de quatre heures contre le fort impérial, et sans siège régulier.

J'attendais les ouvertures officielles de mon envoi prochain dans ce pays, mais en vain. Tout avait été changé par l'influence de la politique extérieure, qui empêchait d'y fonder une colonie.

Je fis exprimer le désir d'avoir l'ambassade de Russie, que la retraite du duc de Mortemart devait laisser vacante, et à laquelle j'avais l'espérance que l'empereur Nicolas me verrait arriver avec plaisir. Je sus qu'elle serait donnée à un autre. Ainsi, cette dette reconnue envers moi, on ne s'occupait pas de l'acquitter, et cependant on ne la niait pas. Était-il donc déjà arrêté dans la pensée du gouvernement que ses dons perfides envers moi se composeraient de la plus cruelle mission, d'une mission qui aurait pour résultat de me mettre dans la position la plus difficile, la plus déchirante dans laquelle un homme puisse jamais être placé: position pire pour moi que pour tout autre, parce que mes opinions bien connues, mes doctrines politiques, proclamées et incontestables, étaient en tous points et en toutes choses opposées à la marche du gouvernement. Le fond qu'on faisait sur moi était uniquement basé sur mes sentiments d'honneur et ma religion à remplir mes devoirs, mais non sur mes intérêts et ma conviction; chose honorable sans doute et qui témoigne de l'idée qu'on s'était faite de ma loyauté, et qu'en effet j'ai justifiée au prix de tout mon avenir.

La marche du gouvernement augmentait mes inquiétudes. L'extravagant renvoi de la Chambre pour l'expression des sentiments quelle éprouvait, droit qu'elle possédait et dont elle fit usage dans des formes respectueuses; les doctrines, plus extravagantes encore, soutenues par les journaux défenseurs du ministère, cette assertion insensée que le renvoi à la Chambre nouvelle de deux cent vingt et un députés qui avaient signé l'Adresse était une insulte faite au roi, prouvèrent jusqu'à quel point d'aberration étaient tombés les dépositaires du pouvoir. Aussi le sentiment de leur inconcevable incapacité était dans la conscience publique. Un des traits les plus remarquables de cette incapacité était leur confiance absolue au milieu des immenses difficultés qui les entouraient. En effet, une grande confiance ne résulte jamais que de deux choses: ou du sentiment de ses forces, qu'un génie d'un ordre supérieur a presque toujours en lui-même, et de la puissance qu'il exerce sur la multitude par les souvenirs qu'il lui rappelle; ou de la stupidité qui ne voit rien, n'entend rien, ne comprend rien, et se jette, sans s'en douter, dans l'abîme ouvert sous ses pas. Dans la circonstance, l'incertitude entre ces deux explications ne pouvait pas exister un moment.

Le spectacle présenté par la famille royale n'était pas plus rassurant. On connaît la portée d'esprit de M. le Dauphin. Elle ne va pas jusqu'à combiner deux idées; mais, en revanche, il y a, dans son absurdité, une résolution, une volonté inimaginables, et cependant cette décision absolue, qu'aucun raisonnement ne parvient à changer, c'est presque toujours le hasard qui l'a fait naître. Aussi est-il impossible de mener à bien avec lui la moindre affaire. Son concours au pouvoir était donc funeste. Il empêchait d'apporter aucun remède efficace aux immenses difficultés du moment. Le roi Charles X a de la douceur, de la bienveillance; il sait que la nature, en lui donnant des avantages qui le font aimer, ne l'a pas pourvu de ces qualités éminentes capables de subjuguer et de tout maîtriser. Il est facile de remuer son coeur. On agit même momentanément sur son esprit. L'action est fugitive, mais on peut la renouveler. Il est d'ailleurs resté soumis à l'empire des opinions de sa jeunesse. Je pourrais raconter mille traits qui rappellent le prince de Coblentz dans toute sa pureté: mais enfin il y a chez lui de la bonté et du mouvement. Eh bien, toutes ces qualités-là, mises en oeuvre à propos, pouvaient le sauver et nous sauver; mais elles étaient anéanties par la rudesse et par l'orgueil sauvage de son fils.

Mécontent pour ce qui me concernait personnellement, effrayé de l'avenir, je ne rêvais qu'une chose, c'était mon éloignement. Aussi attendais-je, avec la plus vive impatience, la fin de mon service. Le 1er septembre, je devais être libre.

J'avais tout disposé pour une longue absence, et j'avais résolu de partir dès le mois d'octobre pour l'Italie. Je comptais y passer l'hiver et le printemps. Mon intention était de revoir les immortels champs de bataille de ma jeunesse. Là je trouverais des souvenirs qui me dédommageraient des misères présentes, me rajeuniraient en me rappelant les vives sensations que m'avait causées une gloire éclatante, en me rappelant le premier âge dans le plus beau pays du monde. Si le bouleversement de cette pauvre France fût arrivé pendant mon absence, des devoirs impérieux n'auraient pas uni mon nom à la catastrophe.

C'est dans cette disposition d'esprit et au milieu de ces projets que m'ont surpris les ordonnances tristement célèbres du 25 juillet.

Le plus profond secret fut gardé le dimanche, 25, et personne ne sut que le roi venait de signer l'arrêt de mort de la monarchie. Le lundi, 26, au matin, le *Moniteur*, à son arrivée, apprit la résolution de la veille. Le roi venait de partir pour Rambouillet, et personne ne le vit dans la journée.

Je me rendis à Paris. N'ayant pas encore vu le *Moniteur*, je le fis demander chez le baron de Faguel, ministre des Pays-Bas, logé dans l'hôtel qui touchait le mien. Ma surprise fut d'autant plus grande en lisant ces ordonnances, que M. de Polignac avait donné sa parole à l'ambassadeur de Russie, Pozzo di Borgo, dans la nuit du samedi au dimanche, qu'il n'y aurait point de coup d'État. Témoin de l'agitation générale dont tous les esprits étaient saisis, je rentrai à Saint-Cloud, où le roi n'arriva qu'à dix heures trois quarts. En descendant de voiture, il me demanda si j'avais été à Paris et ce qu'il y avait de nouveau.

--Un grand effroi, un grand abattement, Sire, et une chute de fonds extraordinaire.

M. le Dauphin suivait le roi, et me dit:

--De combien les fonds sont-ils tombés?

--Monseigneur, de quatre pour cent.

--Ils remonteront, me dit le prince.

Nous arrivâmes dans le cabinet; le roi me donna le mot d'ordre, et sur-le-champ fut se coucher.

J'étais dans l'usage d'aller passer la journée du mardi dans les environs de Saint-Germain, et je me disposais à m'y rendre quand un message du roi m'apporta l'ordre de me rendre chez lui après la messe, à onze heures et demie. Lorsque je fus entré dans son cabinet, le roi me dit: «Il paraît que l'on a quelques inquiétudes pour la tranquillité de Paris. Rendez-vous-y, prenez le commandement, et passez d'abord chez le prince de Polignac. Si tout est en ordre le soir, vous pouvez rentrer à Saint-Cloud.»

Cet ordre était la conséquence naturelle de mes fonctions. Il ne me restait qu'à obéir. Je demandai mes chevaux et partis. Le prince de Polignac me donna connaissance de l'ordonnance qui m'investissait du commandement [5], et j'allai m'établir au logement du major général de service.

Note 5: (retour) «Charles, par la grâce de Dieu, roi de France et de Navarre, salut Sur le rapport du président du conseil des ministres, Nous avons ordonné et ordonnons ce qui suit:

ARTICLE PREMIER.

«Notre cousin le maréchal duc de Raguse est chargé du commandement supérieur des troupes de la première division militaire.

ARTICLE II.

«Notre président du conseil, chargé par intérim du portefeuille de la guerre, est chargé de l'exécution de la présente ordonnance.

«Donné en notre château de Saint-Cloud, le 27 juillet de l'an de grâce 1830, et de notre règne le sixième. «*Signé*: CHARLES.

Par le roi:

«Le président du conseil des ministres, chargé par intérim du portefeuille de la guerre, «Le prince DE POLIGNAC.

«Pour ampliation:

«Le président du conseil des ministres, chargé par intérim du portefeuille de la guerre, «Le prince DE POLIGNAC.»

Une grande agitation régnait dans les esprits. Du mouvement, des groupes, se faisaient remarquer; mais d'abord aucunes dispositions n'annonçaient des intentions éminemment hostiles. Cependant les rassemblements de la rue Saint Honoré commencèrent à grossir; ils se portèrent ensuite sur la place du Palais-Royal. Là, on jeta des pierres aux gendarmes qui s'y trouvaient; on les assaillit; enfin on les mit dans le cas de faire usage de leurs armes. Une trentaine de coups de fusil furent tirés en cette circonstance. Ces événements pouvaient faire craindre des choses plus graves pour la soirée.

Je donnai l'ordre à toutes les troupes de sortir des casernes et de venir occuper les positions suivantes:

Le 1er régiment de la garde vint occuper le boulevard des Capucines, avec deux pièces de canon et cinquante lanciers;

Le 3e, le Carrousel, avec quatre pièces de canon et cent cinquante lanciers;

Les Suisses, la place Louis XV, avec six pièces de canon;

Le 15e occupa le pont Neuf;

Le 5e, la place Vendôme;

Le 50e, les boulevards Poissonnière et Saint-Denis;

Le 53e avec les cuirassiers, la place de la Bastille.

Toutes ces troupes étaient en position à cinq heures; elles se mirent en communication entre elles par des patrouilles dans toutes les directions, et ne rencontrèrent nulle part de résistance. Vers les sept heures, des attroupements se portèrent encore dans la rue Saint-Honoré, en arrivant par les rues transversales. Deux barricades, commencées près des rues du Duc-de-Bordeaux et de l'Échelle furent détruites par mon ordre. Les troupes s'étant retirées, on les recommença. Il fallut y retourner. Des matériaux de construction, qui se trouvèrent là, servirent d'armes contre les troupes. Quelques soldats furent blessés par des pierres, et à deux reprises ils furent obligés de faire feu. Ces hostilités de la part des Parisiens ne pouvaient pas être sérieuses, et ces espèces de retranchements, construits si près des lieux où des forces considérables étaient réunies, semblaient n'avoir d'autre but que de provoquer et de juger les dispositions des troupes.

Des patrouilles ont pu avoir quelque rencontre ailleurs, et cela est probable, puisqu'un homme a été tué vers la rue Feydeau; mais cependant rien de plus important ne se passa dans cette journée.

À neuf heures, les groupes se dissipèrent d'eux-mêmes. Chacun rentra à son logis, et, à dix heures et demie, toutes les rues devinrent libres. La tranquillité étant parfaitement rétablie, rien absolument n'annonçant des projets de désordre pour la nuit, les troupes reçurent l'ordre de rentrer dans les casernes.

Le mercredi, 28, de grand matin, les groupes se reformèrent, et une extrême agitation se manifesta dans la population. Les choses pouvant devenir graves, j'expédiai des officiers à Versailles et à Saint-Denis pour en faire venir les garnisons, et des courriers à Melun, Provins, Fontainebleau, Beauvais, Compiègne et Orléans. J'envoyai un officier au-devant du 4e régiment de la garde, venant de Caen et devant arriver seulement le 3 août, afin de hâter sa marche.

L'agitation se changea bientôt en tumulte. Dès sept heures, les désordres prirent le caractère le plus hostile. On brisait partout les armes de France; on coupait les cordes des réverbères; on traînait les drapeaux blancs des mairies dans le ruisseau, et on criait: *À bas les Bourbons!*

J'écrivis immédiatement au roi pour l'informer de ce qui se passait.

J'envoyai partout l'ordre aux troupes de sortir des casernes aussitôt après avoir mangé la soupe, et de s'établir de la manière suivante:

Le 1er régiment de la garde, boulevard des Capucines, avec deux pièces de canon et cent lanciers;

Le 6e à son arrivée de Saint-Denis, devait se placer en réserve à la Madeleine;

Le 3e de la garde et deux cents lanciers sur le Carrousel, aussitôt après avoir été remplacé par le 2e régiment venant de Versailles, avec le 2e de grenadiers à cheval;

Le 15e régiment fut placé sur le pont Neuf;

Le 5e et le 50e sur la place Vendôme;

Le 53e et les cuirassiers sur la place de la Bastille.

À huit heures, je fus informé que, par la plus étrange fatalité, deux gendarmes d'élite, chargés de porter ma lettre au roi, l'avaient perdue. Le mal était fait, il fallait se hâter de le réparer. J'écrivis une autre lettre qui lui parvint sans retard 6.

Note 6: (retour) «Sire, j'ai déjà eu l'honneur de rendre compte à Votre Majesté de la dispersion des groupes qui ont troublé la tranquillité de Paris.--Ce matin, ils se reforment plus nombreux et plus menaçants.--Ce n'est plus une émeute, c'est une révolution. Il est urgent que Votre Majesté prenne des moyens de pacification. L'honneur de la couronne peut encore être sauvé.--Demain, peut-être, il ne serait plus temps.

«Je prends mes mesures pour combattre la révolte. Les troupes seront prêtes à midi; mais j'attends avec impatience les ordres de Votre Majesté.»

L'officier d'ordonnance, porteur de cette lettre, me dit, au retour, que, remise au moment où le roi allait à le messe, elle resta déposée sur un tabouret de la galerie, et ne fut ouverte par le roi qu'au retour de la chapelle. Il n'y fut pas fait de réponse.

À neuf heures, un jeune homme, envoyé par le préfet de police pour demander un renfort de troupes, s'informa près de mes officiers s'il était vrai que la ville fût mise en état de siége. Prévenu de cette question, j'envoyai chez M. de Polignac pour savoir ce que cela voulait dire.

Sur ces entrefaites, et vers dix heures, je fus mandé chez le président du conseil ou je trouvai les ministres réunis.

Ils me remirent l'ordonnance du roi, qui déclarait la ville de Paris en état de siége 7. Et, comme je ne connaissais pas au juste l'étendue des pouvoirs que cette ordonnance me conférait, un des ministres me lut l'article du Code, et ils me prévinrent que, pour faciliter leurs rapports avec moi, ils allaient venir s'établir aux Tuileries, et me demandaient de leur faire préparer des logements.

Note 7: (retour)

«Charles, par la grâce de Dieu, roi de France et de Navarre, à tous ceux qui ces présentes verront, salut;

«Vu les articles 53, 101, 102 et 103 du décret du 24 décembre 1811;

«Considérant qu'une sédition intérieure a troublé, dans la journée du 27 de ce mois, la tranquillité de Paris;

«Notre conseil entendu,

«Nous avons ordonné et ordonnons ce qui suit:

ARTICLE PREMIER.

«La ville de Paris est mise en état de siége.

ARTICLE II.

«Cette disposition sera publiée et exécutée immédiatement.

ARTICLE III.

«Notre ministre secrétaire d'État de la guerre est chargé de l'exécution de la présente ordonnance.

«Donné en notre château de Saint-Cloud, le vingt-septième jour de juillet de l'an de grâce 1830, et de notre règne le sixième. «*Signé*: CHARLES.

«Par le roi:

«Le président du conseil des ministres, chargé par intérim du portefeuille de la guerre. «Le prince DE POLIGNAC.

«Pour ampliation:

«Le président du conseil des ministres, chargé par intérim du portefeuille de la guerre, «Le prince DE POLIGNAC.»

À midi, ne recevant aucune instruction de Saint-Cloud, et le désordre croissant toujours, je crus urgent de mettre à profit la disposition favorable des troupes, dont le bon esprit pouvait changer. J'étais d'autant plus autorisé à le craindre, que soixante hommes du 50e avaient, dès les huit heures du matin, abandonné leurs drapeaux, et s'étaient réunis au peuple. Ce funeste exemple avait déjà été offert, dès la veille, par quelques hommes du 5e régiment de ligne; je donnai donc l'ordre de marcher sur les rassemblements et de les disperser.

Le général Saint-Chamans, chargé du commandement de la colonne de gauche, devait suivre le boulevard jusqu'à la place de la Bastille, disperser les rassemblements qui s'opposeraient à sa marche, rallier le 53e et les cuirassiers, prendre le commandement de ces corps, observer le faubourg Saint-Antoine, et se mettre en communication avec la place de Grève. Le général Talon devait aller, avec un bataillon du 3e de la garde, un bataillon suisse, cinquante lanciers et deux pièces de canon, occuper la place de Grève, en passant par l'île et débouchant par le pont au Change. Il devait être soutenu au besoin par le 15e régiment, placé au pont Neuf, et se mettre en communication avec les troupes qui occupaient la place de la Bastille.

Le général Quinsonnas devait partir du Carrousel avec deux bataillons du 3e régiment, deux pièces de canon et des gendarmes, pour nettoyer la rue Saint-Honoré, et occuper le marché des Innocents. Enfin, le général Wall, avec un régiment de la ligne et des gendarmes, avait ordre d'occuper la place des Victoires.

Tous ces chefs eurent pour instruction de disperser par leur marche tous les rassemblements qui se trouveraient devant eux, de détruire les barricades qui s'opposeraient à leur marche, et de ne faire usage de leurs armes que s'ils étaient attaqués. J'ajoutai: «Vous entendez bien: vous ne devez tirer que si on engage sur vous une fusillade; et j'entends par fusillade, non pas quelques coups de fusil isolés, mais cinquante coups de fusil tirés d'ensemble sur les troupes.»

Les colonnes s'ébranlèrent. À peine mises en mouvement, les groupes placés devant elles se dispersèrent; mais une horrible fusillade sortit des fenêtres de presque toutes les maisons. Les troupes ripostèrent et exécutèrent les mouvements avec vigueur et résolution. Elles montrèrent en cette circonstance un courage admirable.

J'appelai à moi le 6e régiment, et le 2e fut chargé d'occuper tout à la fois la place Louis XV et la Madeleine. Je fis renforcer les troupes du pont Neuf par un bataillon suisse, afin de mettre à l'abri de tout danger ma communication avec la place de Grève. Cette marche des troupes ne fut partout qu'un long combat. Cependant elles parvinrent à occuper les postes qui leur avaient été assignés, et à s'y maintenir tout le reste de la journée. La colonne du général Wall, n'ayant pas reçu de coups de fusil dans la rue des Petits-Champs, n'en rendit pas, et, dans sa marche, tout se passa d'une manière assez pacifique. Il n'y eut, de ce côté, des hostilités qu'à la place des Victoires.

L'engagement du général Talon fut extrêmement vif à la place de Grève, et l'Hôtel de Ville fut occupé. Le général Quinsonnas, qui avait ordre de s'établir sur la place du marché des Innocents, et d'éclairer ensuite la rue Saint-Denis, jeta imprudemment trop en avant un bataillon du 3e, à la tête duquel se trouvait le colonel Plaineselves. Ce bataillon, n'étant pas soutenu, se trouva séparé du reste de la colonne. Assailli par un feu meurtrier, son colonel a la cuisse cassée. Ce brave bataillon fait un brancard avec des fusils et emporte son chef toujours en combattant. Obligé d'éviter le boulevard, où les barricades se sont multipliées après le passage du général Saint-Chamans, il arrive heureusement à l'hôpital de la garde au Gros-Caillou, après avoir passé par la rue de Clichy. D'un autre côté, le général Quinsonnas était bloqué. Il me fait informer de sa détresse par son aide de camp, le capitaine Courtigis. Cet officier ne peut parvenir au quartier général que déguisé, et après avoir couru les plus grands dangers.

J'envoie le bataillon suisse, placé sur le pont Neuf, pour le dégager. Il y parvient, et le général Quinsonnas prend position sur le quai de l'École.

À trois heures, l'affaire avait un caractère très-grave, et je dus en informer le roi. Tous les calculs avaient été faits contré une émeute, une insurrection partielle; mais, dès le moment où la population entière prenait part à la révolution, il n'y avait d'autre ressource pour rétablir l'ordre que des négociations; car, pour la soumettre, il eût fallu d'autres moyens, et les moyens n'étaient pas à ma disposition. L'insuffisance du nombre de troupes était évidente. Il eût donc été nécessaire d'évacuer momentanément Paris, en convoquant la garde nationale et lui confiant la police de la ville; d'établir ailleurs le siége du gouvernement, etc, etc. Mais ce sont là des mesures de gouvernement qui sont au-dessus des pouvoirs d'un général chargé du commandement d'une ville; au surplus, je discuterai plus tard ce qui est relatif aux opérations et à la direction qu'a reçue l'affaire militaire. Toutefois le résultat n'était plus équivoque en ce moment. Il fallait négocier et faire des concessions, en profitant, pour en diminuer l'étendue, de l'effet moral produit sur les esprits par un combat vaillamment soutenu, et la crainte que cet état de choses ne se prolongeât.

J'étais occupé à écrire au roi quand on m'annonça cinq notables de Paris. C'étaient MM. Casimir Périer, Laffitte, Gérard, Lobau et Mauguin. Je les reçus immédiatement. Laffitte porta la parole; il me dit: «Monsieur le maréchal, nous venons, au milieu des angoisses que nous cause l'état des choses, vous demander de faire arrêter l'effusion du sang.--Et nous adresser, ajouta le général Gérard, à un général qui a le coeur français.

--Messieurs, leur répondis-je, je vous fais la même demande. Des troubles graves se sont manifestés ce matin et ont présenté tous les signes d'une rébellion. J'ai ordonné de disperser les rassemblements et de rétablir le bon ordre. Les troupes, en se rendant sur les points qui leur avaient été indiqués, ont été assaillies par une fusillade meurtrière. Elles ont répondu à ce feu, et elles ont dû y répondre. Que les Parisiens suspendent leurs hostilités, et les nôtres cesseront à l'instant même. Ceux qui ont commencé doivent finir les premiers; cela est de justice et de droit; on ne peut se laisser tuer sans se défendre.»

Pour l'obtenir, me dirent-ils, il faudrait pouvoir annoncer le retrait des ordonnances, et, dans ce cas, ils s'engageaient à employer leur influence pour rétablir la paix. Je leur répliquai que, n'ayant pas de pouvoirs politiques, je ne pouvais prendre aucun engagement à cet égard; mais je leur proposai, s'ils faisaient cesser le feu des citoyens, de me rendre à leur tête à Saint-Cloud pour donner plus de poids à leurs réclamations. MM. Mauguin et Laffitte ayant voulu développer leurs griefs contre la marche du gouvernement, je leur dis: «Messieurs, n'entrons pas dans une discussion superflue et sans objet. Ce serait perdre notre temps, car vous blâmeriez des choses que je suis loin d'approuver; mais il y a une question militaire. En ce moment elle prime toutes les autres à mes yeux, et je ne peux l'abandonner.»

J'interpellai mes camarades présents, les généraux Gérard et Lobau, et ils ne purent s'empêcher de le reconnaître.

«Voyez, messieurs, quelle puissance j'aurais pour soutenir vos voeux si le calme était rétabli! Au surplus la fatalité m'a chargé de ce cruel commandement. C'était le plus grand chagrin qui pût accabler ma vie. Mais je ne puis transiger avec mes devoirs, dussent la proscription et la mort être le prix de leur accomplissement. Aidez-moi à tout concilier en faisant cesser, de la part des habitants, des hostilités qui ont prévenu et motivé celles des troupes.»

Là-dessus ces messieurs réclamèrent de moi d'envoyer au roi sur-le-champ l'expression de leurs demandes, et je le fis immédiatement. Je leur proposai de voir M. de Polignac, qui était dans la pièce voisine avec tous les ministres. Ils l'acceptèrent; mais M. de Polignac s'y refusa. Cette lettre importante, qui faisait connaître au roi le véritable état des choses et la gravité des circonstances, fut confiée à mon premier aide de camp, le colonel Komiérowski, avec ordre d'aller vite, de la remettre lui-même au roi, et de donner des explications verbales sur la situation de la capitale. Il partit avec une escorte de vingt-cinq lanciers, et arriva à Saint-Cloud avant quatre heures. Il fut introduit près du roi par M. le duc de Duras. Le roi lut la dépêche et lui dit d'aller attendre sa réponse.

En sortant du cabinet, il fut entouré par les personnes de service à Saint-Cloud. On y conservait une sécurité parfaite et on y était incrédule sur le véritable état des choses.

Enfin, après vingt minutes d'attente, Komiérowski, qui savait la gravité de la position, insista auprès du duc de Duras pour avoir une réponse du roi. Le premier gentilhomme de la chambre allégua les règles de l'étiquette qui ne lui permettaient pas de rentrer si promptement chez le roi. Enfin Sa Majesté fit entrer Komiérowski. Le Dauphin et madame la duchesse de Berry étaient dans le cabinet. Le roi dit au colonel pour toute réponse: «Dites au maréchal qu'il réunisse ses troupes, qu'il tienne bon et qu'il opère par masses.»

Ce sont les seuls ordres qui me furent rapportés et que le roi me confirma par écrit, quelques heures après, dans la soirée [8].

Note 8: (retour)

LE ROI CHARLES X AU MARÉCHAL DUC DE RAGUSE.

«Mon cher maréchal, j'apprends avec grand plaisir la bonne et honorable conduite des troupes sous vos ordres.

«Remerciez-les de ma part, et accordez-leur un mois et demi de solde.

«Réunissez vos troupes, en tenant bon, et attendez mes ordres de demain.

«Bonsoir, mon cher maréchal.
«CHARLES.»

ORDRE POUR LE MARÉCHAL DUC DE RAGUSE, COMMANDANT SUPÉRIEUR DE LA PREMIÈRE DIVISION MILITAIRE.

«1° Rassembler toutes les forces entre la place des Victoires, la place Vendôme et les Tuileries;

«2° Assurer le ministère des affaires étrangères, celui des finances et celui de la marine;

«3° Assurer le voyage des ministres de Paris à Saint-Cloud, demain, 29, entre dix et onze heures;

«4° Dans cette position, attendre les ordres que je serai dans le cas de donner dans la journée de demain;

«5° Repousser les assaillants s'il s'en présente, mais ne point faire de nouvelles attaques contre les révoltés.

«Fait à Saint-Cloud, le 28 juillet 1830.
«CHARLES.»

AU PRINCE DE POLIGNAC, PRÉSIDENT DU CONSEIL DES MINISTRES.

«D'après les ordres que j'envoie au maréchal duc de Raguse, le prince de Polignac et tous les ministres ses collègues se rendront demain, à onze heures et demie, à Saint-Cloud, escortés de manière à assurer leur voyage.

«Le prince de Polignac et le ministre des finances auront soin de tout ce qui concerne le Trésor royal, ainsi que des moyens de pouvoir transporter les sommes en argent qui peuvent se trouver dans ce trésor.

«Fait à Saint-Cloud, le 28 juillet 1830.

«CHARLES.»

Il serait impossible d'expliquer cette conduite si je ne me rappelais que M. de Polignac, après avoir refusé de recevoir les députés, me dit qu'il allait écrire au roi.

En effet, j'appris plus tard que, pendant que j'écrivais au roi, un homme d'écurie, un fouet à la main, entra dans le billard où se tenaient les officiers de service, et demanda la dépêche qu'il devait porter. À ce moment M. de Polignac sortit du cabinet et remit une dépêche à cet homme.

Cette estafette dut nécessairement précéder la lettre que j'écrivais au roi, puisqu'elle était portée par un courrier, et que mon aide de camp avait l'entrave d'une escorte. Il me paraît très-probable que cette lettre engageait le roi à persévérer dans la lutte et à ne point céder aux conseils que je pouvais donner.

M. le duc de Guiche était en bourgeois chez M. de Polignac quand les députés entrèrent chez moi. Il n'attendit pas la fin de ma conférence avec eux, et partit de là à cheval pour Saint-Cloud. Lui aussi devait y apporter les appréciations personnelles de M. de Polignac et y précéder mon aide de camp.

Les ministres m'avaient présenté une liste de douze personnes à faire arrêter, les considérant comme les chefs du mouvement. Elle avait été ensuite réduite à six et se composait de MM. Laffitte, la Fayette, Gérard, Marchais, Salverte et Puyraveau. Les ordres étaient déjà donnés. Deux des personnes désignées faisaient partie de la députation. Quand elle fut sortie, je déclarai à M. de Polignac que je ne ferais point arrêter ces deux individus. Il y aurait eu une sorte de déloyauté à faire mettre la main sur des gens qui venaient d'eux-mêmes se présenter. Il y aurait eu un tort grave à les poursuivre, au moment où ils se présentaient comme conciliateurs, et j'ajoutai: «Quand une population entière est en armes, quand les maisons sont transformées en forteresses, et les fenêtres en créneaux, qu'est-ce que des chefs? Il n'en manquera jamais.»

Je dois à la vérité et à la justice de dire que M. de Polignac ne me fit aucune observation. Voilà la vérité de cette affaire des arrestations, qui a été racontée de diverses manières. Au surplus, toute arrestation était déjà devenue impossible en ce moment dans Paris, excepté celle des deux personnes désignées faisant partie de la députation.

J'avais tenté la fortune d'après des calculs positifs, dont je donnerai plus tard l'explication; mais tout annonçait une résistance telle, qu'il n'était pas possible d'espérer de la vaincre. Puisque le développement de mes forces et leur action la plus vigoureuse n'avaient rien produit, je n'avais plus d'autre parti à prendre que de les concentrer à la nuit, de les établir dans une bonne position défensive et d'attendre. Mais la nuit arrivait lentement au gré de mes désirs. La marche du général Saint-Chamans avait été suivie d'incroyables efforts, de la part des Parisiens, pour le séparer complètement de moi. Les arbres du boulevard coupés, des barricades multipliées, les boulevards dépavés, enfin une défensive imposante, créée comme par enchantement, mettaient entre lui et moi des obstacles insurmontables. D'un autre côté, toutes les tentatives qu'il fit pour se mettre en communication avec le général Talon, occupant l'Hôtel de Ville, furent impuissantes. La rue Saint-Antoine, dépavée, barrée par un grand nombre de barricades, était défendue par le feu des maisons. Tout mouvement de troupes était donc devenu impossible dans cette direction. Cependant le général Talon avait reçu l'ordre d'attendre le général Saint-Chamans pour se retirer. De nouveaux ordres furent envoyée par des officiers déguisés, et la retraite de ces deux principales colonnes s'opéra, celle du général Saint-Chamans par le pont d'Austerlitz, les boulevards extérieurs, et celle du général Talon par l'île et le pont Neuf.

Ces deux officiers distingués ramenèrent tous leurs blessés. Toutes les troupes se trouvèrent ainsi réunies et concentrées, après un des plus rudes combats qui se soient jamais livrés. Nous avions consommé la plus grande partie de nos munitions. J'avais beaucoup d'artillerie à Vincennes. La difficulté de traverser Paris m'avait empêché d'en disposer. Je fis partir, mercredi au soir, le 2e régiment de grenadiers à cheval, dont je n'avais pas cru devoir me priver jusqu'à ce moment pour Vincennes, en le dirigeant par l'extérieur. Il était chargé d'y prendre l'artillerie et des munitions et de les escorter; mais il ne put nous rejoindre qu'après l'évacuation de Paris.

Dans ma longue carrière militaire, et au milieu d'événements de tout genre dans lesquels j'ai été acteur, je n'ai rien éprouvé de comparable aux tourments et aux anxiétés de cette journée. Mon quartier général était établi sur la place du Carrousel. Je recevais à chaque moment une multitude de rapports alarmants. À force de calme et de soins, j'étais parvenu à pourvoir à tout, et la journée s'était terminée aussi bien que possible, c'est-à-dire sans graves accidents; mais toute illusion devait cesser pour un homme raisonnable, et, à moins que les réflexions de la nuit, les pertes éprouvées, ne changeassent complètement l'esprit des Parisiens, il n'y avait plus d'espérance possible que dans une transaction très-prompte.

Les troupes, à la pointe du jour, prirent une position entièrement défensive et concentrée. Je plaçai deux bataillons suisses dans le Louvre. C'était la tête de ma ligne, et je considérais ce poste comme une forteresse imprenable. Le 3e bataillon suisse, le 3e régiment de la garde et le 6e étaient sur le Carrousel avec six pièces de canon. Le 1er et le 2e régiment de la garde occupaient la place Louis XV et le boulevard de la Madeleine avec deux pièces d'artillerie.

Le 15e régiment et le 50e étaient placés dans le jardin des Tuileries, et deux pièces de canon étaient à la grille, en face de la rue de Castiglione. Le 5e et le 53e étaient sur la place Vendôme. Enfin j'établis des postes dans les maisons à l'entrée des rues aboutissantes au Carrousel et à la place qui sépare le Louvre des Tuileries.

Je plaçai une batterie dans la rue de Rohan. Elle enfilait la rue de Richelieu et empêchait tout mouvement offensif de ce côté. Je mis un détachement du 6e régiment de la garde dans les maisons de la rue de Rohan, en face de la rue de Rivoli, pour empêcher les habitants de ces maisons de fusiller les troupes qui se trouvaient dans cette dernière rue.

J'en fis autant dans les maisons de la place du Carrousel, placées en face du château des Tuileries. Une proclamation engagea les habitants à se tranquilliser. Je convoquai les maires et les adjoints, en costume et en écharpe, pour les envoyer parcourir les environs des Tuileries et parler au peuple. Mais il est pénible de n'avoir à citer que MM. Hutteaux d'Origny, maire du dixième arrondissement, Olivier, adjoint au dixième, Petit, maire du deuxième, de la Garde, adjoint au onzième: ce furent les seuls qui se rendirent à ma convocation.

Je défendis, de la manière la plus formelle, aux troupes de tirer autrement que pour se défendre contre une attaque. Je provoquai la réunion des ministres et leur déclarai que, dans l'état des choses, je n'entrevoyais d'autres ressources, pour sauver la monarchie, que de traiter et de rapporter les ordonnances. Ils me répondirent qu'ils n'en avaient pas le pouvoir. Je les déterminai alors à se rendre sur-le-champ à Saint-Cloud, et leur fournis une escorte. J'envoyai le général Girardin au roi avec un mot qui lui donnait créance, et il avait pour mission de représenter au roi l'urgence des circonstances. Enfin, MM. de Sémonville et d'Argout étant venus me trouver, je les engageai à se rendre également à Saint-Cloud, pour chercher à éclairer et à convaincre le roi.

J'attendais à chaque moment des nouvelles et des pouvoirs. Si encore à onze heures j'eusse été autorisé à promettre le retrait des ordonnances, la dynastie était sauvée.

Dans une circonstance aussi critique, il était de la plus grande importance de traiter quand on occupait encore Paris, quand le château des Tuileries, véritable chef-lieu de la capitale, était encore en notre possession; aussi étais-je décidé à tout risquer plutôt qu'à me retirer volontairement. Cependant les circonstances devenaient toujours plus pressantes. Quelques tiraillements insignifiants avaient eu lieu sur plusieurs points; mais tout à coup un parlementage s'établit sur le boulevard, et bientôt jusque sur la place Vendôme. M. Casimir Périer, dont le nom a une grande autorité, s'avança, s'adressa aux régiments qui l'occupaient. Après une courte, mais vive allocution, il les entraîna. Cette défection était le destin de cette importante journée; car, si les troupes fussent restées fidèles, ma défense pouvait encore durer vingt-quatre heures.

Informé par le général Wall de ce funeste événement, je fis sortir du jardin des Tuileries le 15e régiment et le 50e, qui auraient pu être entraînés par cet exemple, et les renvoyai aux Champs-Élysées. Je ne pouvais les faire remplacer par un bataillon du 2e régiment, déjà bien faible pour garder les débouchés de la rue Royale et contenir les forces venant du boulevard et du faubourg Saint-Honoré, tandis que les insurgés, occupant le palais Bourbon et les avenues des ponts, menaçaient les Invalides et semblaient se disposer à passer la rivière. En conséquence j'envoyai le bataillon suisse, stationné sur la place du Carrousel, à la grille de Castiglione pour la défendre, et un des deux bataillons placés au Louvre en fut retiré pour occuper le Carrousel. Tous les calculs militaires auraient été en ce moment pour l'évacuation immédiate. Il n'y avait pas un moment à perdre; mais les calculs politiques ordonnaient impérieusement de rester, et j'étais résolu d'y demeurer jusqu'à l'extrémité. Je rendis compte au roi de ce nouvel événement, et je renouvelai mes efforts pour faire cesser les hostilités de la part des Parisiens.

Un groupe nombreux s'avançait dans la rue de Richelieu, faisant un feu assez vif, et déjà était arrivé à la hauteur du passage Saint-Guillaume. Le capitaine d'artillerie, commandant la pièce de canon placée dans cette direction, me fit demander l'autorisation de tirer sur le rassemblement.

Je me rendis moi-même près de la pièce et j'examinai avec attention ce rassemblement, dont le feu redoubla à ma vue. Ayant remarqué des femmes dans le groupe, je défendis de tirer. Voulant cependant arrêter les hostilités sur ce point, je donnai l'ordre au chef de bataillon de la Rue, mon aide de camp, d'aller parlementer et d'annoncer à ces individus qu'on était en négociation, mais que s'ils avançaient davantage on tirerait sur eux. Cet officier parvint à faire cesser le feu. Les Parisiens crièrent: *Vive le roi! vive la Charte!* et firent le même accueil à M. Hutteaux d'Origny, l'un des maires, qui, l'ayant suivi revêtu de son écharpe, bravait avec un grand sang-froid les balles qui sifflaient et ricochaient le long des maisons.

Il était déjà une heure, tout paraissait enfin tranquille, lorsqu'une vive fusillade se fit tout à coup entendre. J'étais encore en ce moment dans la rue de Rohan. Peu après le feu cesse, un bruit confus frappe mes oreilles et j'aperçois le bataillon suisse en désordre. Il avait évacué précipitamment le Louvre, où de braves gens, comme les soldats qui le composaient, auraient pu se défendre éternellement contre des ennemis sans canons. La cause de cet événement inattendu fut d'abord un mystère pour moi; mais l'ensemble des explications qui m'ont été données depuis m'a fait connaître la manière dont les choses se sont passées. Le bataillon auquel j'avais donné l'ordre de sortir du Louvre pour occuper la place du Carrousel avait laissé en arrière une compagnie, placée à l'angle de gauche du Louvre, du côté de la rue du Coq, où se trouvaient des constructions qui favorisaient les approches. L'adjudant-major de ce bataillon, étant allé chercher cette compagnie, la retira inconsidérément, sans prévenir le colonel Salis qui l'eût fait remplacer. Les Parisiens, ayant vu le poste dégarni, pénétrèrent et se montrèrent à l'entrée des appartements, où ils tirèrent quelques coups de fusil. Les Suisses, surpris, se retirèrent précipitamment. Le colonel perdit la tête: au lieu de refouler et de faire prisonniers cette poignée d'ennemis qu'il avait devant lui, frappé de l'idée du danger d'être bloqué dans le Louvre, il en sortit en toute hâte et en désordre. Une fois dehors, il voulut essayer de résister et de combattre, mais vainement, et le désordre dégénéra bientôt en une véritable fuite. À la vue de cette retraite précipitée des Suisses et de l'arrivée des Parisiens qui les suivent; à la vue des coups de fusil partant des maisons de la place du Carrousel, les troupes placées sur le Carrousel se précipitent, infanterie, cavalerie et artillerie sous l'arc de triomphe. La plus grande confusion en est la suite. Je monte à cheval et passe le défilé un des derniers. Des hommes et des chevaux sont tués à mes côtés, et j'arrive dans la cour du château. Là je rallie soixante Suisses. Avec cette faible troupe je fais tête à ceux qui nous pressent, afin de donner à la foule le temps de s'écouler par la porte de l'Horloge. Les Parisiens pénètrent dans la cour même, et l'un d'eux tombe percé d'une balle, au moment où, arrivé à dix pas, il venait de tirer sur moi. Je les fais charger par quatre officiers qui m'accompagnaient, et ils sont chassés. Je fais fermer la grille sous les coups de fusil. Mes soixante Suisses restent maîtres du champ de bataille.

J'envoie courir après les troupes, dont la retraite a été trop prompte. Je fais revenir un bataillon déjà arrivé au Pont-Tournant. Je le place à ta tête du quinconce pour protéger la retraite et faire l'arrière-garde, et nous gagnons la place en bon ordre. J'y fais halte pendant le temps nécessaire pour assurer la retraite des troupes venant du boulevard de la Madeleine, et contenir les masses qui s'étaient rassemblées dans le faubourg Saint-Honoré, et dont la tête occupait tous les débouchés. Une fois qu'elles sont passées, nous continuons notre mouvement. Arrivés à l'avenue Marigny, nous trouvons une barricade établie, d'où partent de nombreux coups de fusil. On nous fusille aussi des jardins. Nous continuons notre mouvement lentement, tandis que j'envoie l'ordre aux troupes marchant en tête de s'arrêter à la barrière. D'un autre coté, la cavalerie aux ordres du général Saint-Chamans avait dû se porter jusqu'à la hauteur de la porte Maillot pour chasser les bandes de Neuilly, Courbevoie, etc., rassemblées sur nos derrières. Enfin la masse des troupes prend position à la barrière, et j'y arrive moi-même. J'occupe la tête du faubourg du Roule, assuré que dans cette position personne ne se présentera devant nous. En vue du château, ayant de l'artillerie dans un lieu découvert, nous étions encore menaçants. C'était quelque chose pour la négociation. Tant que nous étions en présence, nos paroles avaient du poids.

Si la cour alors eût évacué Saint-Cloud et fût venue s'établir à Saint-Denis, libres des soins de sa sûreté, nous aurions pu, une fois rejoints par l'artillerie de Vincennes, dont l'arrivée devait avoir lieu dans la journée; nous aurions pu, dis-je, aller prendre position à Montmartre et de là foudroyer la ville, ou au moins la menacer. Au lieu de cela, on en avait jugé autrement à Saint-Cloud, et je reçus en ce moment la nouvelle que le roi avait donné le commandement de son armée à M. le Dauphin. Celui-ci me prescrivait d'évacuer Paris, et de ramener les troupes à Saint-Cloud. En conséquence, après quelques moments de repos, elles continuèrent leur mouvement, et allèrent prendre les nouvelles positions qui leur étaient assignées [2].

Note 9: (retour)

LE DAUPHIN AU MARÉCHAL DUC DE RAGUSE.

«Mon cousin, le roi m'ayant donné le commandement en chef de ses troupes, je vous donne l'ordre de vous retirer sur-le-champ, avec toutes les troupes, sur Saint-Cloud. Vous y servirez sous mes ordres. Je vous charge, en même temps, de prendre les mesures nécessaires pour faire transporter à ᐃ Paris toutes les valeurs du Trésor royal, suivant l'arrêté que vient d'en prendre le ministre des finances. Vous voudrez bien prévenir immédiatement les troupes qu'elles ont passé sous mon commandement.

«De mon quartier général, à Saint-Cloud, le 29 juillet 1830. «LOUIS-ANTOINE.»

Note A: (retour) Faute que nous conservons, parce qu'elle est dans l'original; car sans doute le prince a cru écrire DE Paris.

En évacuant le Carrousel et les Tuileries d'une manière si brusque et si inopinée, je ne pus faire retirer de toutes les maisons les postes placés pour défendre l'entrée des petites rues. Plusieurs détachements, voyant cette retraite forcée, eurent le temps de sortir et de rejoindre leurs corps en mouvement. D'autres restèrent et se défendirent jusqu'à extinction. Enfin il y en eut un du 6e régiment, commandé par le lieutenant Ferrier, qui, resté ainsi en arrière, déboucha et traversa, toujours en combattant, les masses qui occupaient déjà le Carrousel et l'entrée de la rue de Rivoli. Il nous rejoignit aux Champs-Élysées, amenant avec lui seulement vingt-deux hommes d'un détachement de cinquante, le reste ayant péri. Cette action vigoureuse mérite de grands éloges. Je pourrais encore citer beaucoup d'autres officiers pour le courage qu'ils montrèrent dans ces deux journées difficiles.

Voilà l'exposé le plus exact des événements dans les journées des 27, 28 et 29 juillet, et des ordres qui furent donnés. Peut-être, dans leur exécution, y a-t-il eu des fautes commises et des modifications apportées par les circonstances; mais, les bouleversements politiques m'ayant empêché de recevoir des rapports détaillés, je ne puis ni les raconter ni en prendre sur moi la responsabilité. Dans une guerre de cette nature, dans de pareils combats, comme dans les guerres dont les pays coupés sont le théâtre, le chef qui, par la force des choses, perd sur-le-champ ses colonnes de vue, n'a que deux choses à faire: ordonner les dispositions générales, et parer aux grands accidents. C'est à ce double devoir que j'ai dû me borner.

Je rencontrai M. le Dauphin entre Saint-Cloud et Boulogne. Il me reçut froidement. Je lui expliquai succinctement ce qui s'était passé, il continua sa marche au-devant des troupes, et moi, je me rendis près du roi qui était en ce moment avec le prince de Polignac. Depuis quelques heures il avait perdu beaucoup de terrain; ses intérêts étaient bien compromis; eh bien, il n'était pas encore décidé à une transaction, ni à renoncer à ce ministère qui perdait la monarchie, ni à ses funestes ordonnances.

Je trouvai le roi triste, mais bon pour moi. Il me questionna. Je le pressai vivement de ne pas perdre une minute. Je lui exprimai mon vif regret de ce que la réponse aux propositions n'eût pas pu être faite, au moins de la position de l'Étoile. C'eût été encore tout autre chose, et on aurait été d'accord avant la nuit; mais au moins il fallait se hâter. À cinq heures la résolution fut prise, et cependant ce fut à sept heures du lendemain seulement que le duc de Mortemart partit pour Paris avec des pouvoirs.

Les événements, après mon arrivée à Saint-Cloud, tenant à un tout autre ordre de choses, je reviens à ce qui s'est passé à Paris. Les conséquences en ont été si grandes, si immenses, ayant changé l'état de la société, qu'elles ont dû être et devront être encore longtemps le sujet d'une controverse.

Je vais démontrer que, malgré les résultats, je ne pouvais agir autrement. Tout autre parti présentait des inconvénients plus graves en apparence, sans offrir aucun des avantages que celui-ci promettait.

J'aborderai franchement toutes les questions, et je chercherai à n'oublier aucun des arguments qui ont été faits contre la conduite tenue, ni aucune des opinions manifestées sur ce que j'aurais dû et pu faire.

Je commence par rappeler ce qui est établi plus haut et d'une manière incontestable. Je n'étais dans le secret de rien. Je n'avais été consulté sur rien. Par conséquent je n'avais rien pu préparer. Voici maintenant l'état des forces dont je pouvais disposer:

RÉGIMENTS DE LA GARDE.

1er régiment de la garde. 800

(Ce régiment fournissait le service de Saint-Cloud.)

2e régiment de la garde. 1,200

3e *idem.* 1,200

6e *idem.* 800

(Ce régiment fournissait la garnison de Vincennes.)

7e régiment suisse. 1,500

Infanterie de la garde. 5,500

(Seule infanterie parfaitement sûre.)

INFANTERIE DE LA LIGNE.

5e	|		
50e	| régiment.	4,000
53e	|	
15e (léger).	|	

Total de l'infanterie. 9,500

CAVALERIE.

Lanciers. 400

Cuirassiers. 350

Total de la cavalerie.   750

ARTILLERIE

Douze pièces de canon.

J'ajouterai que le service de Paris s'élevait à quinze cent vingt-six hommes. Tant que Paris restait tranquille, on ne pouvait pas faire rentrer les postes nécessaires au maintien du bon ordre et à la police des rues. Aussi, lorsque la révolution éclata, comme elle se montra partout à la fois, presque tous les postes furent désarmés, de manière que ce fut au moins une diminution de douze cents hommes dans les forces de la garnison.

Les libéraux ont prétendu que, revêtu d'un grand pouvoir, il fallait en user dans l'intérêt du pays, et non dans l'intérêt de ceux qui m'en avaient investi. Je devais déclarer au roi qu'il fallait céder à l'opinion publique, rapporter les ordonnances, et, pour l'y contraindre, faire arrêter les ministres et m'unir aux mécontents.

Ce projet m'a été apporté par des gens qui m'ont vivement sollicité de l'exécuter le mardi et le mercredi; mais aucune illusion n'a masqué un moment, à mes yeux, l'extravagant et l'odieux de ce projet.

Je répondis à ceux qui me parlaient ainsi: «Vous voulez que j'aille trahir un vieillard qui a mis en moi sa confiance et sa foi. Infidèle à mon mandat, je tournerais mes armes contre celui qui les a mises entre mes mains! Y pensez-vous? Je serais l'artisan immédiat et volontaire de la ruine de la monarchie. Quel nom aurais-je mérité, et quel nom recevrais-je dans l'histoire? Je serais considéré comme le sauveur de la monarchie, en prenant ce parti, dites-vous? Vous vous faites illusion. Je sais mieux qu'un autre, et par expérience, ce qu'il en coûte pour s'élever à des considérations de cette hauteur. Je sais quelle est la récompense accordée aux actions les plus généreuses, les plus désintéressées, les plus patriotiques, quand elles sont hors de la règle des devoirs positifs. Les intérêts froissés sont sans miséricorde. D'ailleurs, on n'est rien que par le droit; c'est à titre d'obéissance que je commande; si je désobéis, je n'ai plus de droit à commander. Au surplus, et vous le savez bien, mes opinions particulières sont opposées aux coups d'État. Mes principes, non plus que mes affections, ne me commandent pas en ce moment un dévouement aveugle. Ainsi il n'y a aucun entraînement dans ma conduite, mais le sentiment d'un devoir pénible, cruel, auquel je dois tout sacrifier. Ces raisons sont de nature à vous fermer la bouche, à vous faire voir en moi une résolution inébranlable; mais cette pensée criminelle, si elle pouvait me séduire un moment, ne produirait pas l'effet que vous en attendez. Serais-je obéi, le croyez-vous? Non, tout serait désorganisé, chacun irait de son côté. Le roi serait livré sans défense, et je n'aurais aucun moyen d'arrêter un mouvement qui emporterait tout. La ruine complète, qui serait le résultat infaillible de cette conduite, serait donc attribuée à moi seul et avec raison. Au lieu d'être un dictateur, comme vous le prétendez, je serais un malheureux sans action, sans pouvoir, et couvert de mépris, même aux yeux de ceux dont j'aurais servi les intérêts. Je serais, dites-vous, porté en triomphe. Dieu me préserve d'un éclat ainsi justifié, et d'un triomphe au prix de la malédiction et du mépris de la postérité!»

Aujourd'hui que toutes les circonstances ont tourné contre moi, ma conviction est encore plus vive, s'il est possible. Après avoir répondu à cette étrange accusation de n'avoir pas parlé en maître, en imposant ma propre volonté au roi, j'attaque la question des dispositions militaires.

Le mardi, on ne peut élever de doute sur ce qu'il y avait à faire, puisque tout rentra dans l'ordre, et, pour ainsi dire, sans effusion de sang.

Le mercredi matin, c'était tout autre chose. Une grande insurrection se manifestait. Des actes hostiles à la royauté étaient commis. Les cris factieux proférés donnaient aux événements un caractère qui prescrivait de grandes mesures.

Trois partis étaient à prendre dans ces circonstances difficiles: ou employer la force pour comprimer l'insurrection;--ou prendre position et négocier;--ou évacuer Paris, et traîner la guerre en longueur.

Ne pas attaquer une insurrection au moment où elle éclate, c'est en assurer le succès. Le retard dans l'emploi des moyens de répression, quand on n'a aucun secours important à recevoir immédiatement, double la confiance des révoltés, et, par conséquent, leurs moyens de résistance, et, en même temps, les mêmes retards agissent en sens inverse sur l'esprit des troupes. Si les troupes, après avoir pris une position défensive, fussent restées l'arme au bras pendant la journée, et témoins tranquilles des outrages faits aux insignes de la royauté, elles eussent été, dés le lendemain, moins disposées à agir. On n'aurait pas manqué d'employer la séduction envers elles, et, au bout de trois jours, leur fidélité et leur dévouement auraient été plus qu'ébranlés.

Dans des événements de cette nature, des troupes bien disciplinées sont redoutables le premier jour; le second, elles sont moins bonnes, et après leur valeur diminue à chaque moment. Si ensuite des fatigues, des privations et des intrigues surviennent, elles vous abandonnent. Il est donc dans la nature des choses et dans tous les calculs de la raison de les faire agir le plus tôt possible, afin de s'en servir quand elles sont au moment de toute leur valeur. Enfin, si j'avais ajourné l'action, on n'aurait pas manqué de dire, et avec une grande apparence de vérité, que ma lenteur, mon incertitude et ma faiblesse avaient fait triompher la révolte, en lui donnant une confiance funeste et le temps de s'organiser. Cette accusation m'aurait paru fort juste à moi; car, il n'y a pas longtemps, lisant l'histoire de Lacretelle et discutant avec quelques amis les événements du 14 juillet 1789, j'accusais M. de Besenval de s'être retiré, le 11 juillet, dans les Champs-Élysées avec des troupes fidèles, au lieu de les employer à attaquer et à combattre.

Entreprendre de négocier: on a déjà vu qu'à Saint-Cloud on ne le voulait pas. Attendre: je n'aurais pas manqué de le faire si le roi avait été aux Tuileries.

Alors on aurait pu supposer et croire que les insurgés, se portant sur le château, viendraient en masse pour l'attaquer.

Dans ce cas, il eût été sage de les attendre pendant quelques heures dans une position forte et concentrée, et, comme au 13 vendémiaire, après les avoir reçus par un bon feu, de les poursuivre. Mais il n'y avait pas de chances pour qu'il en fût ainsi. Le roi dehors, il n'y avait nul but d'attaque pour les Parisiens. Leur objet était rempli, quand la ville entière, sauf le quartier occupé par les troupes, avait renoncé à l'obéissance envers le gouvernement, et que les nouvelles couleurs étaient partout arborées.

On a dit qu'il ne fallait pas opérer par les petites rues. Les boulevards, les places et les quais sont les champs de bataille les plus favorables; les troupes ne peuvent pas en choisir de meilleur dans cette ville. L'occupation des places est la première condition pour être maître d'une ville; et, comme presque toutes les communications y aboutissent, elle est indispensable.

Il fallait, a-t-on dit aussi, dès le mardi, juger l'importance de l'insurrection, attaquer ce jour-là, et, n'ayant pu réussir à tout soumettre, évacuer Paris le lendemain, prendre ensuite position à Montmartre, canonner la ville, la brûler, etc.

Les désordres du mardi ont été peu de chose. Il eût été absurde et atroce de tirer le canon dans les rues: on doit proportionner les moyens à l'objet et au but. Tout a été pacifié en quatre heures, et, pour ainsi dire, sans répandre de sang. Le but était donc rempli et l'emploi de la force superflu. Évacuer Paris le mercredi à la vue de l'insurrection eût été une opération impossible à justifier: c'était donner gain de cause à la révolution; c'était faciliter l'organisation de tous ses moyens et les rendre compactes. Le drapeau tricolore une fois placé sur les Tuileries, la révolte en possession du château, de la trésorerie, des ministères, etc., la révolution était faite. Les troupes, retirées hors des barrières par ordre, se seraient crues trahies et auraient été peu disposées à combattre plus tard. D'ailleurs, j'avais été envoyé à Paris pour y maintenir l'ordre, pour le rétablir s'il était troublé, et non pour évacuer cette ville. Le roi était à deux lieues, et, s'il l'avait cru nécessaire, il me l'aurait fait connaître.

Occuper Montmartre le mercredi par de l'artillerie et canonner Paris n'était ni praticable ni raisonnable. D'abord je n'avais pas eu le temps de faire venir l'artillerie de Vincennes; elle ne pouvait arriver sans escorte, et, le mercredi au soir seulement, j'ai pu disposer d'un régiment pour cet objet. Ensuite, l'artillerie eût-elle été sous ma main, je n'aurais pas pu, avec aussi peu de forces, occuper à la fois Montmartre, le château et ses avenues, avoir des réserves aux Champs-Élysées, assurer une communication avec Saint-Cloud et agir immédiatement sur les insurgés. La tentative de les disperser et de les soumettre en les attaquant corps à corps devait d'ailleurs toujours précéder un parti aussi violent. Je ne pouvais pas raisonnablement commencer les hostilités en m'en prenant tout d'abord à la ville en masse, et il était indispensablement nécessaire d'avoir acquis auparavant la certitude que la ville entière était ennemie. Le jeudi, après avoir évacué, c'eût été différent, et ma station à la barrière où j'avais pris position, où je voulais rester, était le commencement de cette opération; mais, comme mes troupes étaient extrêmement réduites par les pertes éprouvées et par l'abandon des régiments de ligne, il aurait fallu, pour pouvoir occuper Montmartre, que la cour évacuât Saint-Cloud et vînt s'établir à Saint-Denis. Alors l'artillerie étant arrivée, et elle nous rejoignit vers les quatre heures du soir, on eût pu prendre cette altitude menaçante. Mais, arrivé à la barrière, je reçus tout à la fois l'avis officiel que M. le dauphin avait le commandement général, et l'ordre de celui-ci de me rendre à Saint-Cloud avec les troupes. Il ne me restait plus qu'à obéir; et, si ce mouvement rétrograde peut être l'objet de la critique, elle ne doit pas tomber sur moi.

Éviter de combattre dès le commencement, pour ensuite traîner la guerre en longueur, n'était pas faisable davantage. Certaines gens, dont le rêve était depuis longtemps la guerre civile, n'ont jamais voulu comprendre qu'ils n'en avaient pas les éléments. Je ne conçois la guerre civile, je ne la crois possible qu'avec des passions personnelles des deux côtés. Le soldat doit être dans la cause tout aussi bien que le chef suprême, et souvent plus que lui.

Aussi les guerres civiles les plus habituelles ont-elles été causées par la religion. Des troupes recrutées dans la masse du peuple, d'après un système régulier, et dont les individus ont été désignés par le sort, ne peuvent avoir aucune propension à se battre contre la population même qui les a fournies. On peut obtenir par l'empire de la discipline, par l'esprit de corps, par les sentiments d'honneur, par de bons traitements et des récompenses, etc., on peut, dis-je, arriver, par tous ces moyens réunis, à pouvoir se servir des troupes contre les citoyens; mais cette action doit être de courte durée. La réflexion relâchera promptement les ressorts tendus avec peine, et en peu de jours il ne restera plus rien des sentiments qu'on avait cru établis d'une manière durable. Ainsi donc, quand les circonstances politiques exigent l'emploi de ces moyens, on doit différer le moins possible à en faire usage, et tout retard doit être funeste à celui qui les emploie. Une action semblable doit être de la plus courte durée. Si un choc immédiat ne couronne pas les efforts, il faut renoncer à en obtenir du temps; car, au milieu de ces crises, les sensations se multiplient dans le coeur humain. Je vais chercher à en dévoiler le mystère.

Chaque homme a une dose déterminée de force morale, qu'il dépense plus ou moins vite, suivant la nature des événements. Quand des troupes, dans une guerre ordinaire, ont éprouvé de grandes pertes, de grandes fatigues, de grandes privations, elles se battent beaucoup moins bien que lorsqu'elles n'ont pas souffert. Cependant le devoir est toujours simple; il ne peut y avoir de discussions sur la conduite à tenir. Les gens braves se soutiennent, mais c'est toujours le petit nombre; les autres sont abattus, et ils conviennent tacitement par leur découragement de l'effet produit sur eux, quoiqu'il n'ait rien d'honorable. Mais, quand il s'agit d'une guerre de la nature de celle-ci, où aucune passion n'entraîne, quand c'est contre des Français, contre des compatriotes, des parents qu'on est appelé à combattre, c'est tout autre chose. La peur, la fatigue, agissent de même, mais leur effet est masqué par des sentiments honorables. Tel homme qui, la veille, n'avait pas hésité à répandre du sang français en a tout à coup l'esprit frappé et y répugne. Ces sentiments sont bons en eux-mêmes; je suis loin de vouloir les condamner; mais, très-probablement, il se passe au fond du coeur quelque chose de honteux. Quand les mots d'humanité, de concitoyens viennent à être prononcés dans ces circonstances, quelle puissance ils apportent avec eux! quelle éloquence les accompagne!

Dans la guerre ordinaire, l'éloignement de ses devoirs dégrade et avilit; ici on se fait illusion sur le véritable motif qui nous dirige; on se trompe soi-même en s'abandonnant à une action réprouvée par un devoir positif, et dont cependant une espèce d'ovation est la récompense. Certes on rougirait si on se rendait bien compte de ses véritables impressions, et au contraire on prétend s'honorer.

Je crois avoir démontré, 1° que, le 27, il n'y avait pas d'autre conduite à tenir que celle qui fut suivie, c'est-à-dire pacifier sans combattre, puisque la force n'a pas été nécessaire; 2° qu'on ne pouvait pas laisser, le 28, les troupes en présence de la révolte, sous peine de les voir se pervertir, et la révolte se constituer et s'organiser; 3° qu'on ne pouvait pas évacuer Paris, car c'était renoncer à tout, et qu'il fallait agir tout en reconnaissant l'empire des circonstances et les immenses difficultés à surmonter. On pouvait supposer, et c'était mon opinion, que vingt à trente mille mécontents prendraient les armes, se présenteraient aux troupes sur le boulevard et sur les places. Les troupes, marchant avec des moyens organisés, devaient, si l'on commettait contre elles des hostilités, tout renverser, tout pulvériser. C'était la foudre qui sillonnait dans les principales directions, et alors chacun rentrait chez lui pour y chercher un asile. Une crainte salutaire rétablissait la tranquillité et tout était fini; mais, du moment où les groupes se sont dispersés sans combattre et où les hostilités sont parties des maisons, du moment où il est devenu évident que la population entière prenait part à l'action, la question était résolue et les armes n'avaient plus rien à faire.

Mais les troupes, une fois arrivées, ne pouvaient plus rétrograder avant la nuit et suspendre leur feu, qu'au moment où les Parisiens auraient cessé le leur. De là il est résulté un long combat.

Les troupes étaient insuffisantes pour remplir la tâche immense qu'on leur avait préparée, et cependant elles ont pu exécuter tout ce que je leur avais prescrit. Malgré le changement survenu dans les circonstances, aucun danger ne les a arrêtées, et elles ont répondu à tout ce qu'on pouvait attendre de braves et valeureux soldats. Il fallait, pour rendre possible le succès de l'opération, n'avoir devant soi, comme je l'ai dit plus haut, qu'une partie de la population de Paris et non la population presque entière. On pouvait, et on devait le croire, je l'ai cru et en cela je me suis trompé, mais il en était encore bien autrement: c'était pour ainsi dire à toute la France qu'on avait affaire. Partout et simultanément dans toutes les villes, la révolte éclata. Versailles, Saint-Germain même, si près de Saint-Cloud, fermèrent leurs portes aussitôt après la sortie des troupes qui les occupaient et commirent des hostilités. L'insurrection, comme un incendie, gagna les campagnes autour de Paris, et en un moment les troupes ne possédaient plus que le terrain sur lequel elles étaient campées.

Si l'on eût eu la certitude des dispositions hostiles de la population entière et de sa résolution de combattre dans ses maisons, il fallait sans doute ne pas attaquer et s'empresser de négocier; mais d'abord comment le reconnaître avant d'avoir eu un engagement sérieux, et ensuite, quand, après un combat aussi chaud, au moment où cette vérité était bien démontrée, je n'ai pas pu l'obtenir, aurais-je pu avoir cette autorisation avant le combat et quand on pouvait encore élever des doutes sur le nombre des combattants à soumettre? Je le répète, de deux choses l'une: ou l'on réussissait, et on ne pouvait pas espérer de mettre plus de chance en sa faveur, puisque c'était l'instant où les troupes étaient le plus ardentes et les moyens de leur résister le plus incomplets; ou l'on ne réussirait pas, et il fallait négocier sans perdre un moment, car on tombait nécessairement dans une défensive impossible à faire durer longtemps, plus difficile encore à convertir en siége, à cause de l'exiguïté et de la faiblesse extrême de nos moyens et des effets de l'opinion. Il fallait négocier franchement le mercredi soir, et tout était sauvé.

D'après ce qui précède, ma règle de conduite pour le jeudi, 29, fut et devait être de prendre une bonne position concentrée, de ne point commettre d'hostilités inutiles, de conserver le Louvre, le château et les postes qui en sont les conséquences, et d'attendre les ordres du roi, si souvent demandés. Malgré les souffrances des troupes, malgré les pertes de la veille, j'aurais, j'en ai la certitude, gardé pendant vingt-quatre heures encore la position prise si les troupes de ligne fussent restées fidèles. Mes proclamations et les paroles de paix des magistrats et des officiers envoyés auprès du peuple commençaient à produire un effet utile. Enfin j'étais autorisé à avoir quelque sécurité pour le moment, quand les 5e et 53e régiments, stationnés sur la place Vendôme, nous abandonnèrent et fraternisèrent avec les Parisiens.

La fatigue et la lassitude des troupes les avaient mal disposées, mais la voix de celui qui leur parla fit plus encore. M. Casimir Périer avait de l'autorité, de la puissance dans l'opinion. L'effet de ses paroles fut sans remède. Toutes les raisons militaires m'ordonnaient de quitter et d'évacuer; mais je ne pouvais pas supposer qu'un ordre de traiter n'arrivât pas enfin, tant était évident l'avantage de traiter encore en possession du château, et non hors de Paris. Aussi sacrifiai-je tout à cette pensée. L'événement a prouvé que le sacrifice devait être inutile dans tous les cas. Notre défense, se fût-elle prolongée, n'eût servi à rien, puisque je rencontrai à l'Étoile l'officier envoyé pour m'apporter l'ordre d'évacuer Paris et de venir prendre position à Saint-Cloud. Ainsi donc, si nous n'avions pas été forcés de quitter par les circonstances de la guerre, nous l'aurions fait une demi-heure plus tard, par suite des ordres de M. le Dauphin, et, sauf les inconvénients d'une retraite forcée, c'eut été la même chose pour les intérêts généraux. Ainsi, à Saint-Cloud, personne ne devait comprendre l'état de la question, et le seul remède possible alors à tous nos maux.

Les souffrances des troupes avaient été extrêmes, et effectivement il est difficile de s'en faire une juste idée. Le jeudi, elles étaient depuis trente heures sous les armes, elles avaient eu à soutenir les combats les plus opiniâtres et les plus sanglants. Une chaleur épouvantable les avait exténuées. Le manque de subsistances avait complété leurs souffrances, et je ne sais ce qui leur serait arrivé sans quelques secours en vivres envoyés par l'hôtel des Invalides.

Je vais expliquer la cause de cette disette, et l'on verra s'il avait été en mon pouvoir de l'empêcher.

Avec de l'activité et des ressources dans l'esprit, on fait beaucoup en peu de temps; mais, comme le temps est un des éléments de tout, quand il manque absolument, on ne peut rien.

On se le rappelle, c'est seulement le mardi, dans l'après-midi, que j'ai pris le commandement. Les troupes étaient à jour pour les vivres, et il n'y avait aucune réserve ni à l'École-Militaire ni à la manutention. Les circonstances du mercredi matin empêchèrent de distribuer les vivres fabriqués pendant la nuit. La manutention, quoique gardée, fut forcée pendant la journée, et, ne l'eut-elle pas été, on n'aurait pu aller y chercher des vivres sans livrer un combat. D'ailleurs, comment aurait-on pu les transporter? Nous étions sans aucun moyen de transport. L'on ne pouvait, dans une semblable circonstance et à une pareille distance, envoyer des hommes de corvée. Il en était de même pour la viande.

Depuis plusieurs années, toutes nos institutions avaient perdu leur caractère militaire. Sous le prétexte d'économie de combustibles, on avait supprimé les marmites d'escouades portatives, pour les remplacer par des marmites de compagnie, maçonnées dans les casernes. Ainsi c'est dans les casernes seules que les troupes pouvaient manger la soupe. Dans la circonstance, les casernes étaient ou trop éloignées ou enlevées, et il fut impossible d'avoir recours aux ressources qu'elles présentaient. Enfin, pour le fourrage, on avait imaginé, je ne sais par quel caprice, d'établir le magasin de Bercy au-dessus de Paris, au lieu de le mettre au-dessous, du côté de Grenelle, lieu de la plus grande consommation et du rassemblement présumé des troupes. Il en résulta que les fourrages, devant traverser tout Paris ou faire un long détour, on manqua de nourriture pour les chevaux au moment même où, des divers points, la cavalerie de la garde se réunissait aux Champs-Elysées. D'un autre côté, les villages de la banlieue étaient insurgés et se refusaient à toute espèce de fournitures. La force seule aurait pu les y contraindre. Ainsi, dans ce moment si pressant, les troupes, hommes et chevaux, furent privées de toutes ressources en vivres. Pour compléter le tableau des difficultés sans nombre, accumulées dans ces misérables circonstances, je dirai un mot de l'espèce de désorganisation introduite comme à plaisir dans les troupes.

On connaît l'influence qu'exerce sur de bons résultats dans l'action des troupes une organisation fixe et l'autorité des mêmes chefs. Eh bien! d'abord les quatre lieutenants généraux commandant les quatre divisions de la garde étaient absents à la fois. M. de Bourmont, en entrant au ministère, n'avait pas voulu renoncer à sa division. Il l'avait encore conservée quand il avait eu le commandement de l'armée d'Afrique, et cette division, alors de service, était sans chef.

Le général Ricard, commandant la première division d'infanterie, était également absent. Dix jours avant il avait obtenu un congé pour aller aux eaux. Le lieutenant général Foissac-Latour, commandant la division de cavalerie légère, avait été envoyé en mission en Normandie à l'occasion des incendies, et avec deux régiments de la garde (4e d'infanterie et 1er de grenadiers à cheval), en outre du 5e régiment, en garnison à Rouen et dont il disposait. Enfin le général Bordesoulle, commandant la grosse cavalerie, faisait son service de menin auprès de M. le Dauphin.

Les divisions de la garde étaient donc commandées par des maréchaux de camp, dont plusieurs, fort médiocres, avaient peu d'autorité sur l'esprit des troupes. Le lieutenant général Coutard, commandant depuis dix ans la garnison de Paris, était aux eaux. Pendant son absence, son autorité avait été confiée à un vieil émigré, très-brave homme, mais assez peu capable. Pour mettre le comble à tant d'ineptie, tous les officiers de la garde qui étaient électeurs, et ils étaient en grand nombre, avaient reçu des congés pour se rendre aux élections; et, mieux que cela encore, ils avaient l'autorisation, pour éviter les frais de voyage, d'attendre chez eux les congés de semestre. Ainsi plus de la moitié des officiers supérieurs étaient absents. Dans beaucoup de compagnies, il n'y avait qu'un seul officier. Malgré cela, la garde a fait son devoir; mais on comprend que les moyens d'action, si nécessaires dans des circonstances aussi difficiles pour lui conserver son esprit, étaient bien diminues. C'est avec de tels instruments et cette imprévoyance que M. de Polignac a osé tenter le coup le plus hardi, le plus audacieux, un coup d'État dont le succès aurait été même douteux après de puissants préparatifs.

Tel est le récit fidèle des événements pendant les trois jours de Juillet. Tel est le tableau des souffrances inouïes auxquelles les troupes ont été en proie. La garde s'est montrée digne de sa réputation par son courage. Elle eût tout comprimé si elle n'eût eu affaire qu'à une révolte partielle; mais elle avait l'universalité des citoyens à combattre, et l'opinion l'a vaincue, beaucoup plus encore que le courage de ses ennemis.

Une transaction, quand le véritable état des choses, à défaut des moyens qu'on n'avait pas songé à préparer pour soutenir une pareille lutte, a été connu, pouvait seule sauver la dynastie. Elle n'a été ni acceptée ni proposée à temps, et tout a été perdu.

Je ne sais si je m'abuse; mais je crois n'avoir rien négligé pour présenter la critique des opérations avec toute la force dont elle est susceptible, et je crois y avoir répondu d'une manière victorieuse. Il m'est donc permis de conclure que j'ai fait tout ce que le dévouement et les calculs de la raison commandaient, au moment même où il le fallait, et de manière à mettre quelques chances en notre faveur; et, s'il demeure constaté que le seul remède à tant de maux n'était pas en ma puissance, les résultats malheureux ne peuvent pas m'être attribués; il faut d'abord s'en prendre à d'autres, et ensuite à la fatalité.

Après l'arrivée des troupes à Saint-Cloud, M. le Dauphin les répartit depuis Sèvres jusqu'à Puteaux. Il ne fit pas occuper Neuilly ni couper le pont que les habitants avaient barricadé.

Je fus voir les troupes de la garde le lendemain pour leur donner de la confiance. Leur attitude n'était pas trop mauvaise pour la circonstance. Je pourvus, autant que possible, à leurs besoins en vivres; mais une chose me contraria beaucoup. Déjà la solde se trouvait en arrière, et une gratification, ordonnée par le roi, n'avait été payée qu'en partie.

Dans la journée, quelques désertions eurent lieu. Vingt grenadiers du 1er régiment sur quarante, d'un poste en avant du pont de Boulogne, laissèrent leurs armes aux faisceaux, et partirent pour Paris.

Ce commencement était de nature à inquiéter. Le bruit courait que presque tous les soldats du 3e régiment en feraient autant pendant la nuit suivante. Je m'occupai particulièrement de ce régiment, et je rentrai à Saint-Cloud, assez content de l'effet que je croyais avoir produit.

J'eus en ce moment une conversation avec M. le Dauphin. Il blâma le roi d'avoir promis de retirer les ordonnances et de faire un nouveau ministère.

«Mais quels sont vos moyens dans cette hypothèse? dis-je à M. le Dauphin.

--N'importe, me répondit-il, il vaut mieux périr que de reculer!

--Mais périr, c'est la fin de tout; c'est quand on ne peut pas faire autre chose, et il y a des ressources, si on veut en faire usage.

--Les électeurs ont fait une impertinence au roi, en renvoyant les députés qui avaient voté l'adresse.

--Peut-être n'est-ce ni poli ni aimable pour le roi; mais, quand on est occupé de la défense de ses droits, on n'en est pas aux politesses, et le pays s'est défendu dans cette circonstance avec les armes que la Charte lui a données.

--Enfin le roi est le maître, dit-il; mais je suis loin d'approuver ce qu'il a fait.»--Et là-dessus il me congédia.

Ce court exposé ne justifie-t-il pas la réputation de sa faible intelligence? On connaîtra bientôt sa justice et sa bonté.

Le reste du jour fut employé à des soins d'administration. Vers le soir, je vis le roi. Je l'engageai à partir sans retard, avec tout ce qu'il y avait de troupes réunies, pour s'éloigner de Paris, dont l'atmosphère lui serait funeste, et à se rendre, sans s'arrêter, sur la Loire, à Blois, par exemple. Il me parla de Tours, que je trouvai également favorable; mais il me dit: «Il faut attendre les effets du voyage de Mortemart.»

Je lui répondis que son silence depuis le matin devait faire concevoir peu d'espoir de sa démarche. En s'éloignant promptement, on conserverait les troupes. En rapportant officiellement les ordonnances, et convoquant les Chambres sans retard dans un lieu quelconque, en appelant le corps diplomatique près de lui, son gouvernement prendrait de l'aplomb, de la dignité, et frapperait d'illégalité tout ce qui se ferait à Paris. Notre conversation en resta là.--Je me retirai.

Il était six heures lorsque, entouré de plusieurs personnes du service du roi, MM. le duc de Maillé, comte de Pradel, etc., etc., on introduisit près de moi le général Tromelin, arrivant à pied de Paris, et me prévenant qu'une attaque sur Saint-Cloud se préparait au moment de son départ, et que, sur la route, il s'était croisé avec un certain nombre de soldats de la garde rentrant à Paris sans armes.

Ces bruits, et surtout la désertion, étant de nature à causer les plus grandes inquiétudes pour la sûreté du roi, je me décidai, pour remédier au silence que M. le Dauphin avait gardé, à mon grand regret, vis-à-vis de la troupe, à adresser un ordre du jour à la garde, sur laquelle se bornait alors mon commandement. J'y faisais sentir aux troupes qu'approchant du terme de leurs souffrances ce n'était pas le moment de renoncer, en quittant leurs drapeaux, aux récompenses méritées. J'y annonçais enfin que le duc de Mortemart, nommé premier ministre, s'était rendu à Paris pour tout finir. Cet ordre du jour ne renfermait pas autre chose.

J'avais d'abord eu la pensée d'aller le soumettre à M. le Dauphin; mais, pour ne pas perdre une minute et afin que cet ordre fût lu dans les bivacs avant l'appel du soir, je descendis à l'état-major et je le dictai aux officiers présents, les capitaines Puibusque et de Berteux [10].

Note 10: (retour)

ORDRE DU JOUR.

«Soldats! vous venez, dans ces jours de combats, de donner des preuves de courage et de dévouement. Le roi est content de vous. Des récompenses vont être accordées.--Les ordonnances sont rapportées.--M. le duc de Mortemart, nommé premier ministre, va assurer la pacification.--C'est le moment de serrer vos rangs autour du trône que vous avez si vaillamment défendu, et de rester près de vos drapeaux.

«Le maréchal major général de la garde,

«DUC DE RAGUSE.

«Saint-Cloud, 29 juillet 1830.»

Si l'on se rappelle le récit des événements passés depuis trois jours, et si on lit attentivement ce qui suit, on verra s'il n'a pas été dans ma destinée de connaître l'excès des misères humaines. M'étant rendu chez le roi, vers neuf heures, pour prendre ses ordres pour le lendemain, je lui rendis compte de ce que je venais de faire. Il me dit: «Vous avez tort; il ne faut jamais parler politique aux troupes.

--Cela est vrai, répondis-je, quand tout est en ordre; mais, quand tout se découd, il faut bien chercher à maintenir. La politique est forcément dans l'esprit des soldats. Ce ne sont pas des automates; il faut parler à leur intelligence, à leur honneur, à leurs intérêts.

--L'avez-vous dit à mon fils?

--Non, Sire; le temps pressait; je ne me suis adressé qu'à la garde, et je me réservais d'en donner connaissance à monseigneur en venant à l'ordre chez Votre Majesté.

Vous avez eu tort! Courez chez lui pour le lui apprendre.»

Je quittai le roi, et je fus chez M. le Dauphin.

M. le Dauphin était entré chez le roi au moment où j'en sortais, mais par une autre porte. Je ne le rencontrai donc pas, mais je ne l'attendis pas long-temps. Deux minutes à peine étaient écoulées, et il arriva avec un air égaré. En passant devant moi, il me dit avec un air furieux: «Entrez!»

À peine dans son salon, il me prend à la gorge en s'écriant:

«Traître! misérable traître! vous vous avisez de faire un ordre du jour sans ma permission!»

À cette attaque subite, je le saisis par les épaules et le repousse loin de moi; lui, redoublant ses cris et recommençant ses insultes:

«Rendez-moi votre épée!

--On peut me l'arracher, mais je ne la rendrai jamais!»

Il se jette sur moi, la tire; il semble vouloir m'en frapper, et s'écrie:

«Gardes du corps, à moi! Saisissez ce traître; emmenez-le!»

Dire la sensation que j'éprouvai dans cet horrible moment est chose impossible. Un sentiment d'horreur, d'indignation, de mépris, me domina.... Mais je m'arrête; car j'aurai cessé d'exister quand ces *Mémoires* paraîtront. Le récit des faits sera, pour la postérité, ma seule vengeance.

Je fus enveloppé par six gardes du corps et conduit ainsi dans mon logement. Les six gardes du corps restèrent dans ma chambre, où je fus retenu prisonnier.

Je cherchais la cause d'une semblable folie. Une susceptibilité exagérée, surexcitée par les malheurs du moment, et la faiblesse naturelle de ses organes, sont les motifs auxquels il faut s'arrêter pour chasser le soupçon d'un calcul odieux par lequel il m'eût signalé à l'opinion publique comme la cause véritable de la catastrophe. Cette idée me vint cependant à l'esprit, et je crus fermement à ma fin prochaine; mais, je puis le dire avec orgueil, je n'en fus pas agité, tant les autres sentiments dont j'étais animé avaient envahi toutes mes facultés.

Une demi-heure s'écoula dans cet état de choses. M. de Luxembourg, capitaine des gardes de service, arriva, accompagné de tous les officiers supérieurs des gardes du corps, me rapportant mon épée et m'annonçant que le roi me demandait. Je me rendis chez lui sur-le-champ.

Le roi me dit: «Vous avez mal fait de publier un ordre du jour sans le soumettre à mon fils; mais je conviens qu'il a été trop vif. Allez chez lui. Convenez de votre tort; il reconnaîtra le sien.

--Trop vif, Sire! Est-ce ainsi que l'on traite un homme d'honneur? Voir M. le Dauphin? Jamais! Un mur d'airain est désormais entre lui et moi. Voilà donc le prix de tant de sacrifices, la récompense de tant de dévouement! Sire, mes sentiments pour vous ne sont pas équivoques; mais votre fils me fait horreur!

--Allons, mon cher maréchal, calmez-vous; n'ajoutez pas à tous nos malheurs celui de vous séparer de nous,» me dit le roi avec une douceur admirable, moi lui répondant avec l'indignation du dévouement outragé et du désespoir. Alors, m'attirant par les deux mains, m'entourant de ses bras, il me conduisit jusqu'au seuil de son cabinet, dont la porte avait été laissée ouverte, sans doute avec intention, pour que tous les officiers de service chez le roi fussent témoins de la réparation. Il chargea le duc de Guiche de me conduire près du Dauphin.

Une fois seul avec le duc de Guiche, ma fureur me reprit, et j'ajoutai avec une énergie dont je ne pourrais jamais donner la mesure: «Fasse le ciel que la France ne tombe jamais dans les mains d'un pareil homme!» Après un quart d'heure de débats et dans la triste circonstance où nous étions, je vis bien la nécessité de me résoudre à obéir. J'allai chez M. le Dauphin. Je lui dis avec hauteur et de la manière la plus solennelle: «Monseigneur, c'est par l'ordre exprès au roi que je viens près de vous et que je reconnais avoir eu tort en publiant un ordre du jour sans votre assentiment.»

Il attendit un moment, et me répondit: «Puisque vous reconnaissez votre tort, je conviens que j'ai été un peu vif.» Je ne répondis rien, et il ajouta: «Au surplus, j'en ai été puni, car je me suis blessé avec votre épée.» Et il me montra la coupure qu'il s'était faite à la main. Je lui repartis vivement: «Elle n'avait pas été destinée à faire couler votre sang, mais à le défendre.

--Allons, me dit-il, n'y pensons plus et embrassons-nous.» Il m'embrassa avec difficulté, car assurément je ne pliai pas les reins pour me rapprocher de sa taille. Il me prit la main, que je ne serrai pas. Je fis une profonde révérence sans le regarder, et je m'en fus chez moi.

Tous les habitants du château vinrent dans mon appartement pour m'exprimer la part que chacun prenait à cet événement et l'indignation éprouvée par tout le monde. M. le baron de Damas, homme droit et loyal, me toucha vivement par ses expressions. On vint me demander mes ordres;

je déclarai ne plus commander, ne voulant avoir aucun rapport quelconque avec M. le Dauphin, mais ajoutant que je n'abandonnerais pas le roi, tant que durerait cette crise. Cet horrible événement a eu peut-être sur la destinée du roi et de sa famille une grande influence. Il m'a rendu étranger à tout ce qui se passa le lendemain, et dont les effets ne sauraient être calculés.

Le roi se décidant à partir à trois heures du matin pour Trianon, il exigea que je prisse le commandement des quatre compagnies des gardes du corps. M. le Dauphin resta avec les troupes; mais, au lieu de suivre le roi à une heure d'intervalle, il eut la fantaisie de prolonger son séjour jusqu'à onze heures. C'était une mesure impolitique et peu militaire. Provoquer une espèce d'action au moment où il fallait éviter jusqu'à la plus légère apparence d'un combat, c'était donner un prétexte à la désorganisation, au désordre, et en quelque sorte vouloir les faire naître.

J'ai déjà parlé de l'opinion dans les troupes au milieu des crises de la guerre, il serait superflu d'y revenir. Seulement je dirai que les trente-six heures écoulées depuis l'évacuation de Paris avaient donné le temps aux esprits de fermenter, aux influences d'agir, aux exemples de séduire. Aussi fallait-il, à tout prix, éviter l'apparence d'un combat qui pouvait tout compromettre et tout détruire. Il fallait se retirer à petites journées en pourvoyant à tous les besoins des troupes, et, une fois arrivé assez loin pour être hors de l'influence de Paris, s'occuper à changer leur esprit et à retremper leur moral; mais la pensée de cette nécessité ne vint pas à M. le Dauphin. Si je fusse resté près de lui, peut-être la lui aurais-je fait sentir, et, alors à quatre heures du matin, nous aurions commencé notre mouvement. Au lieu de cela il voulut se retirer en se battant, ce qui est toujours, même à la guerre, un pis aller, et il eut le triste sort de se faire battre par les seuls habitants de Sèvres.

Effectivement, quelques hommes armés de ce village, de Meudon et de Boulogne, se présentèrent et tirèrent quelques coups de fusil. Un bataillon du 3e régiment de la garde fut envoyé contre eux et refusa de faire feu. Six compagnies du Ier régiment suisse, ayant reçu le même ordre, mirent bas les armes. Deux pièces de canon, chargées de tirer sur eux, passèrent le pont et se dirigèrent sur Paris.

Tel fut le résultat de ce séjour intempestif à Saint-Cloud, M. le Dauphin mit en mouvement ses troupes et se dirigea sur Versailles. Dans cette échauffourée, le duc d'Esclignac, excellent officier, reçut une blessure qui entraîna la perte d'une jambe. Versailles, dont la basse population a toujours eu de mauvais sentiments pour la famille royale, était occupée par le général Bordesoulle, avec trois régiments de sa division, savoir, les deux régiments de cuirassiers et le 2e de grenadiers à cheval, le 1er étant en route pour revenir de la Basse-Normandie. Les troupes avaient été travaillées par la population d'une manière fâcheuse, et, au lieu de les enlever le plus promptement possible à cette funeste influence, on les y avait soumises en y prolongeant leur séjour.

Le roi quitta cette ville, et, sans s'arrêter, gagna Rambouillet. Il y arriva après minuit avec ses gardes du corps. M. le Dauphin resta à Trappes, où les troupes n'eurent ni vivres ni secours. Le lendemain, dimanche, il amena l'infanterie et la cavalerie légère près de Rambouillet. Il les plaça au hasard dans cet entonnoir, qui n'offre absolument rien de défensif. Il laissa le 2e régiment suisse, arrivant d'Orléans au village du Perey, et la division de grosse cavalerie à Cognières. Cette division, dont le moral avait si fort souffert pendant son séjour à Versailles, continuant à rester en communication avec cette ville, fut bientôt entièrement séduite, et, chose remarquable, mais déplorable, les colonels de ces trois régiments partirent à la tête de leurs corps pour Paris, le lundi au matin, étendards déployés. Le général Bordesoulle se rendit de sa personne à Rambouillet, en passant au Perey. Il donna l'ordre au 2e régiment suisse, placé dans ce village, de le suivre. Par cette disposition, Rambouillet se trouvait tout à fait à découvert, à la merci de la première alerte et de la première terreur panique qui pourrait s'emparer des esprits.

La défection si prompte et si criminelle des trois régiments de grosse cavalerie de la garde s'explique par un fait qui est aujourd'hui démontré, mais qui est venu seulement longtemps après à ma connaissance. Le général Bordesoulle avait fait, dès le vendredi au matin, et quand le roi était encore à Saint-Cloud, à la municipalité de Versailles, sa déclaration de soumission au gouvernement établi à Paris.

Enfin, pour compléter le tableau de cette déplorable époque et faire connaître l'esprit des troupes, je dois raconter ce qui se passa à Trappes dès le dimanche au matin.

Ce jour-là donc les colonels des divers corps de la garde qui se trouvaient à Trappes, et entre autres celui du 2e, Chérésies; celui du 4e, Farincourt; celui du 6e, Rével; Salis, colonel du 7e suisse; Besenval, du 8e suisse; Fontenille, du 1er grenadier à cheval; Dandrié, de la gendarmerie d'élite, et plusieurs autres se réunirent en conseil. Rével, colonel du 6e exposa l'état de désorganisation des régiments, la désertion allant toujours croissant, et le danger prochain où se trouvaient les chefs en restant avec quelques officiers et les drapeaux exposés aux insultes et aux attaques des paysans. Il proposa d'envoyer à Paris pour conclure, avec le gouvernement provisoire, une convention par suite de laquelle les régiments se rallieraient et retourneraient dans leurs garnisons. Un autre, le colonel Farincourt, dit qu'aux motifs exposés on devait ajouter la position particulière aux régiments suisses. Lorsque les régiments français se seraient débandés, ces corps se trouveraient seuls en butte à la haine populaire. Il s'offrit pour être le négociateur et fut accepté. Deux ou trois colonels prirent peu de part à la délibération, et, sans exprimer une opposition formelle, eurent l'air de ne pas l'approuver. M. de Farincourt se mit en route immédiatement pour les avant-postes. Cependant les observations du général Bordesoulle, qu'il rencontra, et une sorte de pudeur, l'empêchèrent de donner suite à ce projet pour le moment; mais les colonels suisses s'y déterminèrent pour leur compte, ainsi qu'on le verra plus tard. Cependant le désordre allait toujours croissant. Les soldats désertaient par bandes. Les chefs, découragés, n'y mettaient plus aucun obstacle.

Je restai tout à fait étranger à ce qui se faisait. Simple spectateur du plus triste tableau, j'attendais avec anxiété la fin de cet horrible drame. Une femme de mes amies m'écrivit de Paris pour me prévenir de l'exaspération existante contre moi, et m'engagea à m'éloigner de ma personne. Elle m'envoyait un homme sûr pour me conduire; elle m'offrait de l'argent, tous les secours et toutes les garanties de sûreté personnelle dont je pouvais avoir besoin. Je refusai ses offres, tout en appréciant les sentiments qui les avaient dictées. L'honneur me prescrivait de rester, quelles qu'en pussent être les conséquences.

Le duc de Mortemart n'avait pas pu donner de ses nouvelles. La combinaison qui se rattachait à sa personne était évidemment manquée: il ne fallait plus y penser. Girardin, revenu de Paris, avait annoncé que M. le duc d'Orléans, auquel on offrait la couronne, déclarait n'en pas vouloir; il avait dit et répété qu'il ne serait jamais un usurpateur. Il fallait appeler au trône M. le duc de Bordeaux. Il est vrai, ajoutait-il, qu'il ne voyait pas comment on pourrait obtenir l'abdication de M. le Dauphin.

On était, le lundi matin, dans des angoisses, agité tout à la fois par les nouvelles de Paris, par la vue de la défection des troupes et de tout le désordre résultant d'une complète anarchie; car le commandement nominal de M. le Dauphin n'avait eu rien d'effectif.

S'il y avait une planche de salut pour la dynastie, elle était uniquement dans l'abdication en faveur de M. le duc de Bordeaux. Je parlai avec chaleur à ce sujet dans le salon de Rambouillet. Le roi en fut informé; il me fit appeler, et j'entrai dans son cabinet. J'abordai la question sans mystère et sans détour; je lui dis que, pour essayer de conserver la couronne dans sa maison, une abdication prompte en faveur de son petit-fils me paraissait indispensable. «Avec le mouvement imprimé, avec ce qui se passe, Sire, vous dire que vous pouvez encore régner serait vous tromper. Chaque jour votre situation deviendra plus fâcheuse, et j'ose dire plus misérable. Il y a encore de la grandeur à s'élever volontairement et de soi-même au-dessus d'une grande infortune. Que Votre Majesté ne se laisse pas arracher sa couronne qui tombe; qu'elle sache s'en dépouiller elle-même, la prendre et la mettre sur la tête de son petit-fils. Cette action peut rallier beaucoup de monde pour lui; elle consacre le principe de la légitimité et ôte le droit à l'Europe de se mêler de nos tristes affaires; elle conserve nos institutions, seuls éléments de gouvernement et d'opinion qui nous restent et peuvent nous préserver de l'anarchie. Cette résolution est un grand acte de patriotisme, puisqu'elle peut sauver la France; elle est un grand acte de prudence, puisqu'elle coupe court à d'immenses difficultés, dont les conséquences sont au-dessus des prévisions humaines.»

Le roi m'écouta avec calme et sang-froid. Il me remercia de la franchise avec laquelle je venais de lui parler, et il entra en matière.

«J'ai déjà pensé à ce parti, me dit-il; mais il y a bien des inconvénients: il faut d'abord que mon fils y consente, car ses droits sont les mêmes que les miens; ensuite, ce pauvre enfant, il faudra le confier aux soins de M. le duc d'Orléans.

--Sur la première question, répliquai-je, je ne puis supposer que M. le Dauphin se sépare du roi dans une résolution jugée nécessaire au salut de ses peuples. Quant à la seconde, c'est une mesure d'exécution; et, certes, il n'y aura rien à négliger pour assurer sa vie et sa conservation.»

Après avoir retourné cette question sous toutes les faces, donné de nouveaux développements à cette idée, le roi me congédia en me remerciant encore et me disant que peut-être il prendrait ce parti.

Une demi-heure après, sa résolution était arrêtée. Le général Latour-Foissac nous avait rejoints la veille au matin, arrivant de Normandie. Homme aussi bon dans le conseil qu'à la guerre et excellent dans les rapports de l'amitié, il fut chargé de porter l'abdication du roi et de M. le Dauphin à Paris. Le roi lui remit ses instructions à cet effet, et M. le Dauphin lui donna les siennes pour défendre les intérêts des troupes qui n'avaient point abandonné la famille royale. À trois heures il était en route. Une fois cette grande résolution prise, le roi me fit appeler pour m'en informer. Il me demanda de reprendre le commandement. Il m'en coûtait beaucoup, mais, en ce moment, je n'avais rien à lui refuser.

Étant descendu dans la cour du château pour y donner des ordres, j'aperçus M. le Dauphin à l'une des fenêtres, regardant les préparatifs de départ. Il me fit signe de monter près de lui. En l'abordant, il me dit:

«Monsieur le maréchal, vous savez les résolutions prises par le roi, et auxquelles je me suis associé; je suis donc destiné à ne jouer désormais aucun rôle politique dans ce pays. Je vous demande maintenant, comme chrétien et comme homme, d'oublier ce qui s'est passé entre nous.»

Le Dauphin me tendit alors la main; et, touché d'une aussi grande infortune, je la serrai avec une émotion douloureuse.

M. le Dauphin eut le caprice de ne me remettre le commandement qu'à six heures du soir. Ainsi je ne pus employer le reste de la journée à voir les troupes et à les échauffer dans le sens de leur devoir. Cependant je m'occupai tout de suite de pourvoir à leurs besoins, car elles manquaient de tout. À six heures, l'acte d'abdication du roi étant imprimé, je me rendis auprès de chaque régiment. J'en fis faire la lecture. Je parlai aux officiers, sous-officiers et soldats réunis en masse autour de moi. Je leur fis sentir quelle importance il y avait pour la sûreté du roi, comme pour sa dignité, qu'il restât entouré du plus grand nombre d'individus possible. C'était une tâche d'honneur et de conscience pour chacun de nous. La résolution du roi était magnanime, et il fallait lui en faire trouver le prix dans un redoublement de soins et de respect de notre part. Je dis enfin tout ce qui me vint à l'esprit et me semblait réclamé par la circonstance. Je recommençai mes discours cinq ou six fois en faisant partout reconnaître Henri V.

À l'instant où je me trouvais sur la grande route, je vis arriver le 2e régiment suisse, venant du Perey, d'après l'ordre du général Bordesoulle, pour s'établir comme le reste des troupes à Rambouillet. Cette disposition nous enlevait notre avant-garde, et les mécontents pouvaient venir à cinq cents pas de Rambouillet tirer des coups de fusil et y jeter l'alarme. Pareille chose eût fait naître un grand désordre parmi des troupes campées d'une manière aussi confuse, avec l'immensité de bagages et de voitures de toute espèce qui se trouvent toujours à une cour comme celle de France. Je donnai l'ordre au colonel Besenval de retourner sur ses pas avec son régiment, d'aller prendre position à trois quarts de lieue dans un emplacement reconnu au sommet de la côte, à la tête du parc, au lieu où le mur coupe à angle droite la grande route; la droite était couverte par un étang. La position était bonne pour le but qu'il fallait atteindre et pour la force du corps employé à l'occuper. Jamais on ne vit un homme plus déconcerté et plus mécontent. Il me donna diverses raisons pour ne pas exécuter mon ordre toutes plus mauvaises les unes que les autres. C'était un homme terrifié, et cependant ce régiment, arrivant d'Orléans et n'ayant pas combattu, aurait dû être dans la fraîcheur de son zèle.

Il se trouvait qu'immédiatement après l'évacuation du Perey, le nommé Poques (se disant aide de camp de M. de la Fayette, ancien garde du corps de la compagnie de Raguse, dont il avait été renvoyé pour un acte d'insubordination) était entré dans ce village avec cent à cent cinquante paysans pris dans les campagnes voisines. Cette force redoutable avait inspiré à M. de Besenval la terreur dont son esprit était rempli. Je lui fis des raisonnements calmes d'abord. Enfin, ne pouvant pas lui faire comprendre l'extravagance de sa conduite, j'ordonnai impérativement et je le traitai avec plus de dureté qu' il n'est dans mes habitudes d'en mettre avec un officier; mais, dans la circonstance, il ne méritait aucun ménagement. J'établis le régiment moi-même et je chargeai le général Vincent, homme de coeur, auquel j'avais donné le commandement de toute l'infanterie réunie à Rambouillet, des détails de la position.

Ce malheureux M. de Besenval se croyait perdu. Il dit au général Vincent que, si trois coups de fusil étaient tirés, son régiment entier partirait. Il se trompait, j'en suis sur; ce régiment était calomnié; mais, avec un pareil chef dans des dispositions semblables, il ne donnait pas une grande sécurité. Aussi envoyai-je chercher cent gardes du corps pour les établir en avant du régiment, quoique assurément, au milieu des bois, ce ne fut pas un poste de cavalerie; mais au moins j'étais sûr qu'avec ces braves gens on attendrait l'attaque avant de s'en aller, et qu'on ne se retirerait que si l'ennemi se présentait réellement, et non sur le simple rêve d'une imagination malade.

Je venais de rentrer. J'avais rendu compte au roi de la tournée faite dans les camps, quand arrivèrent à Rambouillet cinq commissaires envoyés par le lieutenant général du royaume auprès de Charles X. C'étaient le maréchal Maison, le duc de Coigny, MM. de Schonen, Odilon Barrot et le colonel Jacqueminot. Le duc de Coigny vit le roi. L'objet de leur mission était de veiller à sa sûreté. On avait annoncé à M. le duc d'Orléans que tout le monde l'avait abandonné; et ils accouraient, disaient-ils, pour suppléer par leur présence aux troupes qui lui manquaient. Le roi répondit qu'il n'avait pas besoin d'eux, et ne voulait pas les voir. Ces messieurs furent assez piqués de cette réponse et demandèrent au duc de Coigny à me parler.

Celui-ci vint chez moi en exprimant leur désir, et je me rendis à leur auberge pour éviter leur entrée dans le château. Ces messieurs me firent part de l'objet de leur mission, je leur répondis que le roi n'était point abandonné. Si quelques individus l'avaient quitté, il lui restait plus de monde qu'il ne lui eu fallait pour sa sûreté. Il avait envoyé dans la journée l'acte de son abdication. Infailliblement cette grande résolution allait terminer tous nos embarras, et il fallait en attendre les effets.

M. Odilon Barrot prit la parole et me dit que je me trompais et ne connaissais pas l'état de l'opinion. Cette démarche ne produirait rien. Les esprits étaient tellement prévenus contre te retour de la maison de Bourbon, qu'on éprouvait la crainte, en déférant la couronne à M. le duc d'Orléans, de le voir ta considérer comme un dépôt entre ses mains, pour la rendre un jour au duc de Bordeaux, et qu'avant de la lui remettre on exigerait de lui des assurances, des déclarations explicites et formelles, pour être à l'abri de ce danger.

Là-dessus une discussion s'établit sur les intérêts de la France, par rapport aux étrangers, de ne pas sortir de l'ordre naturel et légitime. M. de Schonen prit part à la discussion, et pendant plus d'une heure je soutins mon opinion contre tous mes interlocuteurs. En résumé, je leur déclarai que le roi, n'ayant pas besoin d'eux, les remerciait et remerciait M. le duc d'Orléans de sa sollicitude; qu'ils pouvaient à leur choix rester ou se retirer.

Ils se décidèrent à partir en motivant leur départ sur une sorte de délicatesse, ne voulant pas être accusés, dirent-ils, d'employer leur influence à accélérer la dispersion des troupes. Le fait est et la chose est devenue évidente pour moi, que la présence de Charles X à Rambouillet gênait à Paris. On ne croyait pas qu'il eût autant de monde avec lui, et on supposait que le témoignage d'intérêt qui lui était donné hâterait son départ.--Les commissaires, se voyant trompés dans leurs calculs, crurent de leur devoir de rentrer à Paris pour informer le pouvoir et aviser à d'autres moyens.

À une heure du matin, les commissaires reprirent la route de Paris.

La désertion continua pendant la nuit, mais elle fut faible. Je parvins par de grands efforts, à faire délivrer des vivres aux troupes pendant la journée du 3, et, comme on manquait d'argent, je fis engager l'argenterie du roi et abattre les bestiaux de la ferme royale de Rambouillet.

On attendait avec impatience des nouvelles de l'effet produit par l'abdication. Les nouvelles arrivèrent, mais ne répondirent pas aux espérances. L'abdication était venue trop tard: deux jours plus tôt, elle aurait été accueillie avec empressement. Alors elle ne fut qu'un embarras de plus. Cependant la Chambre des pairs était au moment de s'assembler, et cet acte allait y être mis en discussion. Il fallait attendre.

La vue de ce château, où tant de grandeur se montrait encore dans tout son éclat, il y avait à peine huit jours, cette tristesse profonde, cet avenir incertain, cette perspective de dangers pire que la mort, ce chaos succédant si promptement à l'ordre, tout cela fit sur moi une impression profonde qui jamais ne s'effacera de mon esprit. Au milieu de ces circonstances, l'attitude de Charles X était digne; elle avait quelque chose de touchant. Sa résignation pieuse et calme, sa figure noble, triste et bienveillante, complétaient un tableau qu'aucun peintre ne saurait représenter. M. le Dauphin, par sa gaieté et une insouciance qui tenait de la stupidité, présentait une disparate révoltante. N'imagina-t-il pas de dire à Girardin: «Qu'est-ce que je ferai de mes chiens?

--Monseigneur, vous avez d'autres intérêts qui passent avant ceux-là.

--Eh bien! je ne veux m'occuper que de mes chiens.

--Libre à vous, monseigneur; mais moi, je ne veux pas parler de chiens.»

Au surplus, M, le Dauphin est un homme indéfinissable, tranchant, despote, susceptible et rempli d'amour-propre quand il avait du pouvoir. Il a dit et répété depuis la catastrophe, et, je crois, avec sincérité, que de tout cela il ne regrettait que ses chiens et ses chevaux.

La journée s'écoula paisiblement. À sept heures, je reçus un mot des commissaires, daté de Cognières. Ils annonçaient leur retour et réclamaient des ordres prompts pour empêcher leur marche d'éprouver aucun retard, ayant une mission aussi importante qu'urgente à remplir auprès du roi. Je prévins le roi et j'envoyai un aide de camp à leur rencontre. Ils annoncèrent qu'un mouvement violent s'était déclaré à Paris vers onze heures. Tout le monde s'était armé et avait crié: À Rambouillet! pour y attaquer Charles X. La population entière s'était ébranlée. Toutes les voitures de place avaient été prises pour la transporter. Elle se recrutait de celle des villes et des villages voisins, et ils avaient voyagé pendant quatre heures au milieu de cette foule immense, dont la tête atteignait Cognières quand ils en étaient partis.

Les commissaires, qui peut-être n'étaient pas tous étrangers à ce mouvement, arrivaient maintenant pour le faire valoir et en tirer parti. Ils en attendaient le départ du roi. Cela était clair; mais il était clair aussi que le mouvement, quoique exagéré, était réel. Quelque peu redoutables que fussent militairement les bandes tumultueuses qui s'avançaient contre nous, nous n'étions pas en mesure, avec l'esprit actuel des troupes, de les arrêter ni de les combattre. Il eut été tout simple de marcher, avec mille chevaux et six pièces de canon, contre cette masse sans organisation. Il eût été facile de la mettre en fuite, sans même lui faire grand mal; mais, dans toute la cavalerie, nous n'avions de troupes sûres que les gardes du corps, et leur destination ne pouvait être changée. Ils ne pouvaient quitter la personne du roi. D'un autre côté, pour pouvoir agir avec de la cavalerie, il fallait aller à près de trois lieues, puisque les bois de Rambouillet s'étendent jusqu'à cette distance du côté de Paris. Déjà la tête des Parisiens était arrivée au Perey, c'est-à dire à l'entrée du bois: ils s'y seraient trouvés en plus grand nombre au jour. La moindre troupe qui aurait fusillé dans le bois aurait pu arrêter cette cavalerie. Il eût donc fallu emmener avec soi un peu d'infanterie, et l'on vient de voir que nous n'en avions plus. Rien donc de ce genre n'était possible. L'offensive n'était pas praticable. D'un autre côté, comme défensive, Rambouillet n'offre aucune espèce de position. C'est un entonnoir au milieu des bois. On ne peut pas même y former régulièrement des troupes. Que faire alors? La disposition des troupes était telle, qu'elle ne promettait rien de bon. On ne pouvait que s'éloigner. Une échauffourée aurait été quelque chose d'horrible à Rambouillet, et elle était assurée à l'arrivée de la plus misérable tête de colonne, d'après l'esprit du 2e régiment suisse, qui formait notre avant-garde et sur lequel reposait notre sécurité.

Comme il est d'une grande importance historique de bien constater l'esprit de découragement sans exemple qui s'était alors emparé des troupes, je vais résumer les faits qui en sont la preuve.

1° Les troupes de ligne nous avaient abandonnés, moitié à Paris, le jeudi, et le reste en masse le lendemain, à Saint-Cloud, en se débandant;

2° À l'arrivée à Saint-Cloud, la désertion se mit dans la garde. Elle commença dès le lendemain par le départ de vingt hommes faisant partie d'un poste de quarante grenadiers du 1er régiment, situé en avant du pont de Saint-Cloud, et depuis elle ne cessa pas;

3° Le samedi, 31, M. le Dauphin ayant ordonné à un bataillon du 3e de la garde, à six compagnies du 1er régiment suisse (7e) et à deux pièces de canon de repousser quelques habitants de Sèvres et de Meudon, qui commettaient des hostilités, le bataillon du 3e refusa de tirer, les six compagnies suisses mirent bas les armes et les deux pièces de canon passèrent le pont et se rendirent à Paris pour rejoindre l'insurrection;

4° Le dimanche au matin, les colonels de la garde, présents à Trappes, se réunirent en conseil, résolurent d'envoyer faire leur soumission à Paris et demander des ordres. Cette résolution n'eut cependant pas de suites immédiates, excepté de la part des colonels commandant les deux régiments suisses;

5° Le lundi, 2, les trois régiments de grosse cavalerie de la garde, restés à Cognières, passèrent aux insurgés, et dès ce moment les avant-postes de ceux-ci furent composés en partie de la grosse cavalerie de la garde.

6° On se rappelle l'esprit qui animait le 26e régiment suisse arrivant d'Orléans. Il était tel, d'après la déclaration de son colonel, que je crus nécessaire de faire couvrir par cent gardes du corps ce régiment en position dans les bois.

7° Les colonels suisses avaient obtenu une sauvegarde écrite, réclamée par eux, et, de plus, une feuille de route du gouvernement de Paris, pour se retirer en Bourgogne. Ils étaient tellement pressés d'en profiter, que, cette feuille de route et le sauf-conduit étant tombés dans mes mains, ils osèrent les réclamer.

8° Enfin, la désertion avait fait de tels progrès, que les cinq régiments d'infanterie française de la garde étaient réduits à rien. Le 6e, par exemple, n'avait pas plus de cent vingt hommes. Ces cinq régiments, parmi lesquels étaient le 4e arrivant de Normandie et te 2e qui n'avait eu aucun engagement sérieux, ne formaient plus qu'un total de treize cent cinquante hommes.

Le seul parti à prendre était donc de se retirer, d'aller prendre d'abord immédiatement position sur l'Eure, à Maintenon, et plus tard sur la Loire. Je conduisis les commissaires chez le roi. Ils lui parlèrent avec chaleur de ses dangers, et de la nécessité où il était de quitter Rambouillet sans retard. M. Odilon Barrot fit un discours pathétique, et le départ fut résolu. Je n'avais pas prévu une retraite aussi précipitée, et rien disposé pour l'exécuter. Cependant, le moment devenu pressant, il fallut pourvoir à tout. Les dispositions furent faites et exécutées avec un ordre parfait, et tout se débrouilla avec rapidité. Je fis partir le roi avec les gardes du corps pour Maintenon; les immenses bagages, avec une escorte convenable, suivirent, et les troupes des différentes armes ensuite, dans un ordre déterminé. Chacun marcha à son tour et à son rang, sans confusion, et nous suivîmes le roi à Maintenon où nous arrivâmes à quatre heures du matin. En une heure, tout avait quitté Rambouillet, même l'arrière-garde. Les commissaires nous précédèrent à Maintenon.

Le départ de Rambouillet était indispensable, et je l'avais conseillé. J'avais pensé qu'arrivé à Maintenon, et après un repos convenable, on continuerait la retraite sur Chartres, pour aller gagner la Loire, et qu'enfin on tenterait un essai de gouvernement de Henri V. Aussi avais-je envoyé une avant-garde, commandée par le général Talon, sur Chartres, et, dans cette ville, des officiers pour y faire préparer des vivres; mais il devait en être autrement. Les commissaires, dans leur allocution du soir, avaient parlé de la nécessité où le roi était de quitter la France, annoncé des dispositions faites à Cherbourg pour le recevoir. Des paquebots américains devaient s'y rendre pour le transporter avec sa famille, dans le pays qu'il aurait choisi. Toutes les précautions étaient prises pour la route. Enfin, si le nouveau pouvoir désirait le départ de Charles X, c'était surtout en vue de la sûreté personnelle de ce prince, qui était l'objet de ses plus vives sollicitudes. Ces observations avaient germé dans l'esprit du roi. À mon arrivée à Maintenon, étant allé lui demander ses ordres pour continuer le mouvement, il m'annonça qu'il avait pris le parti de renoncer à prolonger la lutte, qu'il n'irait pas sur la Loire, mais se rendrait à Cherbourg pour s'embarquer; que le jour même il en prendrait la route, et irait coucher à Dreux. Alors toute la question politique était terminée.

Dans la marche de nuit de Rambouillet à Maintenon, un courrier, expédié de Paris, apporta aux deux régiments suisses de la garde le sauf-conduit du lieutenant général du royaume, pour se rendre à Châlons et à Mâcon. Il y était dit qu'il était accordé, sur la demande faite par le lieutenant-colonel de Maillardoz, au nom de ces régiments. Ce sauf-conduit tomba entre les mains du général Vincent qui me l'envoya. J'éprouvai un profond sentiment d'indignation, en voyant ces deux régiments, comblés des bienfaits du roi, s'empresser de l'abandonner au moment même où leur présence semblait lui être la plus utile et la plus nécessaire.

On peut difficilement qualifier une démarche pareille; elle était bien opposée à la prétention des Suisses d'être l'exemple de la fidélité. Je le demande: quel avantage résultait-il pour les Bourbons d'avoir eu, à prix d'or et en blessant l'opinion publique, des troupes bonnes, sans doute, mais qui ne pouvaient assurément avoir la prétention d'être supérieures aux troupes françaises? À quoi bon ces troupes privilégiées qui étaient exemptes, dans divers cas, de service? À quoi tout cela servait-il, si ces troupes ne se dévouaient pas au moins à la défense personnelle du roi? En les prenant avec tant d'inconvénients, on avait eu la pensée qu'elles seraient étrangères à la politique, et échapperaient à l'influence des factions. Cela est clair, et voilà qu'au premier cas échéant des circonstances prévues elles se retirent. Ce ne sont pas des troupes qui se désorganisent, des soldats qui désertent, ce sont des corps entiers, conduits par leurs colonels, qui abandonnent le roi quand il réclame leur appui, et lorsque entouré d'eux il peut trouver son salut! Et, pour avoir eu sitôt ce sauf-conduit, il fallait l'avoir sollicité au moment même du départ de Saint-Cloud, ou au moins pendant la marche de Saint-Cloud à Rambouillet, c'est-à-dire au milieu même de la crise.

Le parti, pris par le roi, de renoncer à toute lutte et de se rendre à Cherbourg pour s'embarquer rendant inutile de conserver les troupes encore rassemblées, il décida leur renvoi, et je leur fis les adieux du roi dans un ordre du jour.

Je dirigeai d'abord l'infanterie sur Chartres, où elle devait trouver des vivres, et de là être envoyée dans ses garnisons pour y recevoir les ordres du nouveau gouvernement. Elle était réduite: l'infanterie française à douze cents hommes. La cavalerie légère, la seule qui existât, se trouvait divisée. Les lanciers, les hussards et l'artillerie, qui étaient près de Chartres, reçurent l'ordre de s'y rendre et de rentrer ensuite dans leurs garnisons respectives, comme l'infanterie. Restaient les chasseurs, les dragons, les gendarmes d'élite et les gardes du corps.

Les chasseurs étaient désorganisés, et Alfred de Chabannes, en emmenant avec lui son escadron à Paris, avait commencé la dislocation de ce régiment. Les dragons, commandés par le lieutenant-colonel Cannuet, officier très-distingué de l'ancienne armée, suivirent le roi, sans qu'il restât un seul homme en arrière. Arrivé à Dreux, le roi renvoya également ce brave régiment, exemple de bonne discipline et de fidélité, et lui adressa des éloges qu'il venait de mériter. L'escorte du roi ne se composa plus que des gardes du corps, de la gendarmerie d'élite et de deux pièces de canon.

Arrivé à Dreux, le roi régla son itinéraire; mais il le composa de journées si courtes et de tant de séjours, que son voyage eût été éternel. Je fus chargé de communiquer cet itinéraire aux commissaires. Ceux-ci demandèrent quelques changements qui furent l'objet d'arrangements postérieurs. On commença par le suivre tel que le roi l'avait donné, et le lendemain, jeudi, on alla coucher à Verneuil.

Nous trouvâmes, sur la route, au haut des clochers de tous les villages et dans toutes les villes, le drapeau tricolore établi et les gardes nationales parées des trois couleurs. Ce spectacle était extrêmement désagréable au roi. Du reste, la population se montrait calme et silencieuse, résultat de sa disposition personnelle, de son instinct et aussi des recommandations des commissaires qui, nous précédant, avaient soin de les renouveler constamment.

J'étais l'unique intermédiaire entre le roi et les commissaires. Je cherchais à concilier des dispositions souvent opposées, surtout à diminuer les angoisses d'un pareil voyage. Les commissaires m'avaient fait connaître leurs pouvoirs pour faire payer aux troupes tout ce qui leur était dû. On s'occupa d'abord de celles qui avaient été dirigées sur Chartres et devaient retourner dans leurs garnisons. À Verneuil on donna des à-comptes aux gardes du corps et aux officiers d'état-major, réduits à un pressant besoin.

Les commissaires me chargèrent de faire l'offre au roi de tout l'argent qu'il voudrait, en annonçant à Cherbourg un million à sa disposition. J'en rendis compte au roi, qui m'ordonna de leur faire connaître son refus. Il exigeait, au contraire, que l'on tint une note exacte des dépenses de son voyage, pour qu'il pût en opérer plus tard le remboursement.

Nous arrivâmes le vendredi, 6, à Laigle; le samedi, 7, à Merlerault; et le 8 à Argentan. Notre manière de voyager était celle-ci: une heure ou deux avant le moment fixé pour le départ du roi, je faisais partir les bagages et les gens de la suite avec un détachement de gendarmes; le roi entendait la messe, et jamais il ne s'en est dispensé, même quand il partait à quatre heures du matin. Deux compagnies de gardes du corps ouvraient la marche. Après elles, les voitures des enfants, des princesses, de M. le Dauphin et celles du roi, où étaient avec lui le duc de Polignac, premier écuyer, et le duc de Luxembourg, capitaine des gardes de service. Venaient ensuite les deux autres compagnies des gardes du corps et les gendarmes.

Je marchais à cheval à peu de distance de la voiture du roi.

On fit séjour à Argentan.

Chaque jour les commissaires venaient chez moi pour se lamenter sur la lenteur de la marche, sur les inconvénients et les inquiétudes que l'on en avait à Paris. Ils me montraient les lettres vives et presque dures qui leur étaient adressées, enfin les accusations dont ils devenaient l'objet.

Mille contes étaient faits à Paris sur ce voyage, et une circonstance bizarre y avait donné lieu. Un rapport des commissaires, envoyé de Verneuil, avait été mis à la poste sans adresse, et par conséquent n'était pas parvenu au ministère de l'intérieur. Un autre rapport, porté par un courrier, avait été retardé de trente-six heures. Pendant deux jours, on avait été sans nouvelles aucune, ce qui avait fort alarmé. On avait répandu le bruit que Charles X avait avec lui des forces considérables, que les commissaires étaient arrêtés et détenus comme otages, que l'intention du roi était de gagner le pays des Chouans et de commencer la guerre civile. Quand ces bruits-là nous revinrent, je ne pus m'empêcher d'en rire. Quels Chouans nous aurions été, avec cette file de carrosses, cette nuée d'équipages et cette multitude de cuisiniers et de marmitons!

Ensuite, on accusa les commissaires de tiédeur, et on annonça l'envoi d'un quatrième commissaire pour stimuler leur zèle, M. de la Pommeraye, député de Caen. Les commissaires demandèrent le renvoi des deux pièces de canon. Ils insistèrent, et il fallut y consentir. Cette résolution coûta beaucoup au roi. Je ne sais pas pourquoi ils l'exigèrent; c'était plutôt une affaire de parade qu'une chose d'une utilité réelle. Cependant, dans telle circonstance donnée, ces pièces eussent pu nous sauver, quoique la véritable garantie du succès de notre voyage fût dans la présence des commissaires, et non dans nos forces. Nous allions entrer au milieu d'une population mal disposée, exaspérée par le souvenir récent des incendies dont son territoire avait été le théâtre, et dont les prêtres et les jésuites étaient accusés par la multitude d'être les auteurs. Tout le pays est rempli de fabriques, et ces populations sont les plus mutines et les plus difficiles à conduire en temps de révolution.

Les commissaires étaient dans une position véritablement difficile. Ils se conduisaient cependant avec respect et déférence pour le roi, en cherchant à concilier ce qui pouvait lui convenir avec leurs instructions. Ayant voulu faire valoir ces circonstances auprès de Charles X, qui n'en était pas assez frappé, il me répondit en riant, à Argentan, ces paroles: «Au fait et au prendre, ce sont deux coquins et un renégat.»

Cette lenteur dans la marche avait pour prétexte de conserver les chevaux, et d'arriver à Cherbourg avec tous les équipages. Indépendamment de ces motifs en partie réels, il y en avait un autre secret. On n'avait pas perdu l'espérance qu'une révolution rappellerait M. le duc de Bordeaux: chimère véritable! mais elle existait et on trouvait quelque charme à s'y abandonner. Elle fut fortifiée par l'arrivée à Merlerault du colonel Cradock, attaché à l'ambassade d'Angleterre, envoyé par lord Stuard, pour dire au roi que, M. le duc de Bordeaux ayant encore des chances pour monter sur le trône, il fallait plutôt ralentir la marche que l'accélérer.

Les rapports sur la disposition de la population sur cette route avaient inquiété les commissaires, et ils proposèrent au roi, à Falaise, de prendre une autre direction et de passer par Caen. M. de la Pommeraye, qui arrivait de cette ville, assurait que tout y était tranquille, et que le roi y serait bien reçu. Après un moment de délibération, on se décida à ne pas changer de route et l'on fut coucher à Condé.

Les inquiétudes éprouvées à Paris, et dont la cause était dans le silence accidentel des commissaires, avaient motivé quelques mesures qui faillirent mettre tout en feu. On avait ordonné des mouvements de gardes nationales pour flanquer la marche du roi, la suivre et s'interposer entre la route qu'il tenait et les pays où on lui croyait des partisans. Tous ces corps, dont une partie avait été mise en mouvement par ordre, se recrutèrent, se multiplièrent, et il n'y eut pas une seule petite ville qui ne voulût mettre son armée en campagne et fournir son contingent.

Pendant ce temps-là le général Hulot, voulant se faire valoir, se mit, de son propre mouvement, en marche pour venir à notre rencontre avec toutes les gardes nationales de la presqu'île et occuper Carentan. Ces colonnes n'étaient pas composées de gens bien disposés pour les Bourbons, et les chefs n'avaient pas été choisis parmi les meilleures têtes du pays. C'était une espèce de chasse qui était au moment de commencer. Les résultats en étaient fort à craindre. Mon nom fut mêlé à toutes ces dispositions d'une manière toute particulière, et mon arrestation ou ma vie paraissaient devoir être spécialement le prix de la victoire. Ces nouvelles se répandirent à Condé, et effectivement depuis cette ville commencèrent les dangers très-grands que je n'ai cessé de courir pendant le reste de cette pénible route.

Nous arrivâmes le mercredi, 11, à Vire. De tout ce pays, c'est le lieu où la population est la plus mobile, la plus difficile à manier et la plus dangereuse. Cette population est très-considérable.

Des officiers supérieurs des gardes du corps, envoyés en avant pour le logement, revinrent à ma rencontre et me dirent qu'ils avaient la certitude d'un complot formé pour m'enlever. Des gens bien intentionnés de la ville étaient venus les avertir que, si je traversais la ville seul ou faiblement accompagné, je serais assassiné ou bien saisi et jeté dans quelque repaire. Je fis mon profit de cet avis, et je ne marchai qu'entouré d'un bon nombre d'officiers.

Le lendemain, nous allâmes à Saint-Lô. Cette population est plus douce que celle de Vire. Nous vîmes distinctement à Saint-Lô des hommes de Condé et de Vire attachés à nos pas, les mêmes qu'on m'avait désignés comme lancés contre moi. Ainsi leur projet subsistait toujours. Enfin le vendredi nous arrivâmes à Valognes. Il fut décidé de prolonger notre séjour dans cette ville, jusqu'au moment où tout serait prêt à Cherbourg pour notre embarquement.

Nous trouvâmes à la frontière du département de la Manche son préfet, le comte Joseph d'Estourmel, qui était venu, comme dans des temps ordinaires, prendre les ordres du roi, en habit de gentilhomme de la chambre et avec la cocarde blanche, quand partout sur notre route nous avions trouvé la révolution faite. Il s'était prononcé contre les ordonnances, et fit preuve de courage et de loyauté jusqu'au bout. Nous logeâmes dans sa préfecture à Saint-Lô, et il accompagna le roi jusque sur le vaisseau.

Il était sage d'éviter de s'arrêter à Cherbourg, ville populeuse, animée de sentiments hostiles très-exaltés. Aussi passâmes-nous deux jours à Valognes, pour donner le temps de préparer l'embarquement du roi sur les deux paquebots américains, la *Grande-Bretagne* et le *Charles-Caroll*. On dit qu'ils appartiennent à Joseph Bonaparte: quel singulier rapprochement!

Je pris les ordres du roi, relativement à la maison militaire. Il fit un ordre du jour, dont un exemplaire certifié fut remis à chaque individu présent. Il est touchant, et devient par la circonstance un titre de famille. Jamais corps n'a montré un plus admirable esprit. L'ordre, le respect et le dévouement ont régné jusqu'au bout. Aucune exigence ne s'est fait sentir. Quand, au commencement de cette triste campagne, les moyens de subsistance et l'argent étaient insuffisants, les gardes du corps refusaient d'être servis avant les troupes, dont les besoins, disaient-ils, étaient plus pressants encore que les leurs. Je voudrais pouvoir exprimer à chacun des gardes du corps des quatre compagnies toute mon admiration pour leur noble conduite.

Les commissaires ne négligèrent rien pour adoucir à chacun les derniers instants. Je leur fis à Valognes la déclaration qu'après avoir rempli ma tâche auprès du roi je me croyais libre de mes actions. Je quittais cependant la France par suite de l'exaltation populaire contre moi; mais mon absence serait momentanée et uniquement motivée par les circonstances. J'ajoutai qu'aussitôt qu'elles auraient cessé je rentrerais dans ma patrie, dont je ne me séparais en ce moment qu'à regret.

Le roi me demanda quels étaient mes projets. Je lui répondis qu'après m'être embarqué avec lui, et lorsqu'il serait arrivé à la côte où il voulait aborder, je prendrais congé, j'irais chercher quelque part un asile jusqu'au moment où je pourrais rentrer en France. Il approuva entièrement mes projets, mais ne s'informa pas de mes ressources pour vivre. Je me gardai bien, par mille motifs de délicatesse et d'indépendance, de lui faire aucune demande et d'exprimer aucun besoin.

Parmi les bruits sur les complots dirigés contre moi, on avait beaucoup dit que, si j'échappais pendant la route, ce serait à Cherbourg que je succomberais.

Ces bruits prirent beaucoup de force à Valognes. Je serais, dit-on, le prix de la liberté du roi, et on ne le laisserait embarquer qu'après m'avoir livré. Je ne pouvais supposer aucune arrière-pensée dans les dépositaires du pouvoir; mais je pouvais craindre un mouvement populaire. Un ancien garde du corps, propriétaire dans les environs, me fit des offres pour ma sûreté. Je le remerciai. On me proposait, et les commissaires eux-mêmes, comme ils l'avaient déjà fait précédemment, m'engagèrent à quitter mon uniforme et à ne pas me montrer. Je m'y refusai de même, et, quoique tout ce qui entourait le roi eût pris cette précaution, je déclarai que, puisque je commandais, je voulais rester à mon poste avec les gardes, et ne mettre bas mon uniforme que lorsque je serais sur le bâtiment.

Les commissaires avaient demandé que les gardes du corps n'entrassent pas à Cherbourg. Une simple escorte aurait accompagné le roi au port. Le roi y avait consenti. Je représentai, vivement et à plusieurs reprises, que le roi devait à sa maison de ne se séparer d'elle qu'au moment où la terre manquerait sous ses pas. Après la conduite de tous les gardes du corps, c'était un témoignage d'estime et d'affection qu'il leur devait; c'était une question d'honneur pour eux. J'eus beaucoup de peine à l'obtenir, mais j'y parvins enfin. J'avais encore un autre motif. En traversant la ville de Cherbourg avec une simple escorte, rien ne garantissait d'une insulte et de quelque entreprise, tandis que six cents hommes déterminés, bien armés et marchant serrés, imposeraient une crainte salutaire à la population.

Enfin, le lundi, 16, le départ eut lieu. L'heure fut calculée sur celle de la marée. À neuf heures du matin nous nous mîmes en route et nous arrivâmes, à midi et demi, à l'entrée de Cherbourg. J'avais grand soin de faire marcher tout bien ensemble et dans le meilleur ordre. Tout à coup la colonne s'arrête. Le prince de Solre fait dire de l'avant-garde que toute la population est agglomérée sur la route. Une députation de la garde nationale venait de se présenter, en assurant que, si l'on ne prenait pas, pour entrer, la cocarde tricolore, elle ne répondait de rien. Le sort était jeté. La seule chose à faire était d'avancer, et nous continuâmes notre marche. Je crus à une catastrophe, et que cette démarche devait en être le prélude et le prétexte; mais la belle contenance des gardes du corps imposa. On vit le peu de sûreté à se jouer à de pareils hommes. Notre entrée se fit tranquillement; mais, près du port, les ouvriers de la marine vociférèrent et jetèrent les cris les plus scandaleux au passage du roi. Je me sus bon gré d'avoir insisté pour amener toute la maison du roi jusqu'au lieu même de rembarquement. À cette précaution seule, nous devons d'avoir heureusement fini notre voyage. Le roi monta immédiatement à bord de la *Grande-Bretagne*. J'en fis autant, après de pénibles et touchants adieux à ceux qui restaient. On mit à la voile et l'on se dirigea sur la rade de Spithead. La couronne de Louis XIV venait de se briser pour la troisième fois en moins de quarante ans.

Nous nous trouvâmes le mardi en face de Portsmouth. La marée et le veut nous forcèrent à mouiller. Le lendemain matin nous arrivâmes en face de Coves, dans l'île de Wight. Je pris congé du roi, de la famille royale, et je partis pour Londres. Mon affection pour la personne du roi était encore devenue plus vive pendant le voyage par la vue de son malheur et de sa résignation touchante. Jamais souverain détrôné n'a eu, dans des circonstances semblables, une attitude plus digne. Tout en gémissant sur mes malheurs personnels, je sentais vivement les siens. Je le quittai avec émotion. En me séparant de lui, il m'embrassa et me remit, comme souvenir, l'épée qu'il portait, et, comme témoignage de sa satisfaction et de ses sentiments, une lettre qui me sera toujours précieuse par les expressions qu'elle renferme.

J'allai coucher le mercredi, 8, à Portsmouth, et dès ce moment je commençai une nouvelle vie [11].

pendant le mois de septembre 1830.
(Note du duc de Raguse.)

COPIE DE LA LETTRE AUTOGRAPHE QUI M'A ÉTÉ ÉCRITE PAR LE ROI CHARLES X.

«Rade de Spithead, 18 août 1830.

«Je ne veux pas me séparer de vous, mon cher maréchal, sans vous répéter ici, comme je le pense, que je n'oublierai jamais les bons, fidèles et constants services que vous n'avez jamais cessé de rendre à la monarchie depuis la Restauration. Je vous prie, en même temps, d'accepter l'épée que je portais toujours lorsque j'étais avec les troupes françaises.

«Comptez pour la vie, mon cher maréchal, sur tous les sentiments qui m'attachent à vous.
«Signé: Charles.»

RÉFLEXIONS SUR LE RÈGNE DE CHARLES X ET SUR LES FAUTES QUI ONT AMENÉ LA CATASTROPHE.

Jamais règne ne commença sous des auspices plus favorables que celui de Charles X. L'état de maladie où Louis XVIII se trouvait depuis longtemps avait donné à la fin de son règne un grand caractère de faiblesse et avait occasionné un assez grand mécontentement. On attendait beaucoup de son successeur. Les manières ouvertes et aimables qui l'avaient toujours distingué appelaient la confiance. On espérait trouver en lui un pouvoir réparateur. Le peuple a si grand besoin d'espérer, il a tant de dispositions à croire, à aimer! Il y a eu toujours en France une si grande bienveillance pour le pouvoir, que ceux qui le possèdent sont bien coupables ou bien maladroits quand ils ne se l'assurent pas d'une manière durable. Les premiers moments de Charles X furent donc brillants. Ses premières actions eurent de la popularité; mais à peine en avait-il éprouvé les effets bienfaisants, qu'un mauvais génie sembla s'être emparé de lui pour le faire travailler à les détruire. L'entrée du foi à Paris fut accompagnée des plus vives acclamations. Il pleuvait, et, nonobstant cette circonstance, la population entière était allée à sa rencontre ou était dans les rues; mais à peine deux mots étaient écoulés, et déjà l'opinion commença à changer.

Les officiers généraux de l'ancienne armée avaient beaucoup souffert à la fin du dernier règne. Le gouvernement en employait le moins possible. Un travail avait été préparé pour en mettre un grand nombre à la retraite. Le baron de Damas, dont la carrière s'était faite hors de la France, mais dans une bonne armée, et qui connaissait la valeur des grades obtenus à la guerre, n'avait jamais pu se résoudre, quand il était ministre de la guerre, à faire signer au roi et à signer lui-même ce travail dur et injuste. Après lui, il en fut autrement. Son successeur, M. de Clermont-Tonnerre, qui a vécu dans le temps de notre gloire et de notre grandeur, mais dont l'existence a passé inaperçue dans les derniers grades de la milice ou dans de misérables troupes auxiliaires sans valeur et sans considération, M. de Clermont-Tonnerre n'hésita pas. D'un trait de plume, il raya de l'activité cent cinquante officiers généraux dont les deux tiers étaient pleins de force et de santé, et dont les noms rappelaient les plus belles circonstances de nos temps héroïques. Une sorte de pudeur et une sage politique eussent commandé d'honorer leurs dernières années.

L'effet fut terrible dans l'opinion, et senti d'autant plus vivement, que le roi avait autorisé toutes les espérances contraires. En effet, le jour de son entrée, il avait fait inviter les généraux à l'accompagner. Il les avait accueillis avec sa grâce accoutumée, et, rappelant le pénible devoir qu'ils avaient rempli en suivant le cortége funèbre de Louis XVIII à Saint-Denis, il leur avait dit ces paroles: «Vous avez suivi à pied le roi mon frère; ce sera à cheval dorénavant que vous m'accompagnerez!» Ce mot avait fait fortune. Chacun l'interprétait à sa manière. Il y eul bien quelques personnes qui crurent n'y rien voir; mais un plus grand nombre chercha une interprétation favorable à ses intérêts, et l'on imagina que le roi avait voulu dire: Vous avez été maltraités sous le dernier règne; il n'en sera pas de même sous le mien. J'ai confiance en vous, et je vous emploierai. Effectivement, c'était la seule explication raisonnable de cette expression figurée. Que l'on juge donc de l'impression reçue par chacun des intéressés et par le public même, lorsque, au lieu de voir réaliser ces espérances, parut une ordonnance que l'on n'avait pas osé rendre sous le règne précédent. Cet événement me sembla si extraordinaire et si condamnable, que j'accusai M. de Villèle d'avoir été jaloux de la popularité du roi et d'avoir voulu démontrer que ses promesses personnelles ne signifiaient rien; enfin, qu'en lui seul résidait la puissance.

Si l'on se rappelle la marche tenue par ce ministère, la maladresse qu'il avait eue de se heurter contre les opinions, en proposant les lois les plus impopulaires; si l'on a présent à l'esprit quel mépris du bon sens les dépositaires du pouvoir semblaient prendre à tâche de manifester, on concevra les changements survenus promptement dans les dispositions du peuple envers le nouveau roi. Cet insolent mépris de la raison, cette tyrannie dans les petites choses, qui souvent est celle qui irrite et blesse le plus, sans produire ni pouvoir produire aucun résultat favorable, était éminemment du goût de M. de Corbières, ministre de l'intérieur. Ainsi, par exemple, la chaire d'astronomie au Collége de France, remplie par M. Delambre, devint vacante par sa mort. L'état de sa santé avait forcé à nommer depuis cinq ans un membre du bureau des longitudes ¹² pour le suppléer. Eh bien, malgré les droits incontestables de celui-ci, malgré les efforts de tout le monde pour le faire choisir, M. de Corbières préféra, pour remplir cette place, un individu qui, peut-être, ne connaissait pas le nom et l'usage des instruments d'astronomie ¹³; mais c'était un protégé de la Congrégation.

Note 12: (retour) M. Matthieu.

Note 13: (retour) M. Nicolette.

Une place à l'Académie des sciences devint vacante. M. de Corbières voulut y faire nommer un de ses protégés, indigne, bien entendu, d'être l'objet d'un tel choix. L'Académie ne tint compte de sa recommandation, et il dépouilla un savant illustre, un vieillard, l'honneur de ce corps, M. Legendre, d'une pension sur laquelle était fondée l'aisance de ses dernières années, parce qu'il l'accusa d'avoir eu quelque influence sur la résolution prise par l'Académie.

Lorsque l'on privait l'armée des services des généraux distingués qui l'avaient illustrée, on faisait occuper leurs places par des courtisans tout à fait étrangers au service. On créait des sinécures et des emplois dont le titre était ridicule. On donnait six aides de camp à M. le duc de Bordeaux, enfant en bas âge. On peut former une maison civile à un prince un peu plus tôt, un peu plus tard; mais l'entourer de grades militaires qui lui sont subordonnés, lui donner des aides de camp quand il ne commande rien et ne peut rien commander, ce sont des choses qui choquent, révoltent et annoncent le parti pris par le prince de ne suivre que ses caprices. Cependant le plus grand événement de cette époque, cause de l'aliénation des sentiments des Parisiens pour le roi, fut le fatal renvoi de la garde nationale. De ce moment data la guerre entre cette ville et le roi, et c'est M. de Villèle qui doit en supporter toute la responsabilité; car ce licenciement, si brusque, si humiliant, et, j'ose le dire, si insensé, est particulièrement son ouvrage.

Quand le ministère Martignac arriva au pouvoir, il y avait beaucoup de moyens de salut; mais il manquait à cette administration de l'union et de la force. Il lui fallait un chef qui imprimât une marche plus uniforme, plus régulière et plus décidée; mais, certes, il ne fallait pas en changer la couleur. Il fallait surtout que Charles X fût d'accord avec son ministère et n'intriguât pas contre lui. Il aurait fallu aussi que ceux des libéraux de la Chambre qui étaient bien intentionnés, et qui auraient dû apprécier les difficultés dont ce ministère était entouré, le soutinssent au lieu de le combattre; mais personne, à cette époque, n'a eu le véritable sentiment de ses devoirs envers le pays, ni même le sentiment de son propre intérêt. Quand le ministère du 8 août a surgi, le péril est devenu immense, imminent, à cause de l'incapacité inouïe de ceux qui le composaient, à cause de leur ignorance et de leurs passions, à cause des noms qu'ils portaient, et qui étaient comme l'emblème vivant des intentions, des projets et des espérances d'un parti en horreur à presque toute la France. Le mal a toujours été en augmentant, parce que les doctrines qui étaient professées solennellement promettaient déjà tout ce qui est arrivé. Une ligue s'est formée; les intérêts les plus opposés se sont entendus, se sont ralliés, pour résister et combattre. Tout a été mis en oeuvre de tous les côtés pour augmenter la tension de l'opinion. Le gouvernement a donné le signal, et une explosion sans exemple a tout renversé.

La maison de Bourbon, et en particulier Charles X, s'était fait illusion sur les sentiments qu'elle inspirait dans les derniers temps. Les moeurs publiques, les besoins de la société, étaient d'accord avec les institutions. On voulait les conserver; et, partant, cette famille était nécessaire comme une des pièces de la machine constitutionnelle.

Charles X a brisé la machine; et cette pièce, qui en faisait partie, n'étant plus soutenue par le mouvement, a dû tomber. En résumé, Charles X n'a jamais connu la France actuelle. Il n'a jamais pu comprendre que l'on pouvait lui être fidèle et aimer la liberté. Il est resté dans une pureté de sentiments d'émigration au-dessus de toute croyance. Il ne prenait pas la peine de la déguiser. Vivant familièrement avec lui, il m'est souvent arrivé de lui faire remarquer les anniversaires de nos victoires. Son impression était toujours pénible. On voyait se renouveler, chez lui, celle qu'il avait ressentie la première fois. Son frère en éprouva peut-être autant, mais il avait l'habileté de le cacher, et même il avait l'air de s'associer à nos souvenirs.

Cette malheureuse dynastie a été perdue d'abord par le défaut absolu de talent et le goût décidé chez elle pour la médiocrité; ensuite par son éloignement invincible pour tout ce qui avait de la noblesse, de la force et de l'élévation; par son ignorance des choses de ce monde; par son mépris profond pour ce qui n'était pas elle; par cette faiblesse innée envers tout ce qui composait son misérable entourage; par l'influence du clergé, trop évidente, et dont l'action dans les affaires est si en opposition avec l'opinion publique; par sa mauvaise foi dans toutes ses démarches et le rêve continuel de pouvoir absolu qui aurait mis entre les mains de pygmées, sous des auspices bien différents et dans de bien autres circonstances, l'épée de Napoléon, dont le poids seul les aurait écrasés; enfin, en dernier lieu, par cette ignorance du prix du temps, qui a empêché de rien faire à propos, quoique cependant on se soit toujours résolu à tout, mais toujours trop tard.

Au moment de la crise, le complément des causes de la chute a été dans la stupidité, l'imprévoyance et l'infatuation des dépositaires du pouvoir. Jamais M. de Polignac n'avait prévu la moindre chance de résistance. Les prières, demandées à de saints archevêques pour le succès de ses entreprises, lui avaient paru un moyen suffisant pour l'assurer. Quoique d'une ignorance sans exemple, il avait pris sous sa direction la présidence du conseil, le portefeuille des affaires étrangères et celui de la guerre; et le malheureux était si étranger au service militaire, qu'il ne savait pas lire dans un état de situation et ne connaissait pas la différence de l'effectif au présent sous les armes. Jamais imprévoyance semblable à la sienne ne présida à une entreprise aussi sérieuse.

Même après le premier acte de la catastrophe, quelques chances de salut existaient encore. Si les représentants des grands souverains de l'Europe à Paris eussent eu du courage, de la présence d'esprit et du dévouement à la cause de la légitimité, le jour même de l'évacuation de Paris par les troupes royales, les ambassadeurs auraient dû en sortir et se grouper autour du roi à Saint-Cloud. Leur attitude eût fait éprouver une salutaire crainte aux factions, et M. le duc d'Orléans, qui est circonspect par caractère, eût été frappé d'une protestation aussi formelle. Il eût hésité à se charger du fardeau d'une couronne acquise avec de si grands dangers. Le corps diplomatique, auprès de Charles X, eût pris sur la conduite, sur les résolutions de ce prince, un ascendant salutaire, et contribué à soutenir son courage et sa persévérance. Mais aucun des représentants des grandes puissances ne se trouvait à la hauteur de ses devoirs.

D'Appony, ambassadeur d'Autriche, honnête homme, mais dépourvu d'esprit et de force, après avoir constamment caressé les illusions des ultra-royalistes et des membres de la Congrégation, était peu propre à prendre cette dictature. Stuart, ambassadeur d'Angleterre, dont l'inimitié contre la France et les Bourbons ne s'est jamais démentie, ne pouvait pas non plus exercer un grand pouvoir sur l'esprit de Charles X. Restait donc Pozzo di Borgo, ambassadeur de Russie. Celui-là connaissait bien les intentions positives et formelles de son souverain. Lui-même voyait sa gloire intéressée à sauver une Restauration à laquelle il avait puissamment contribué; mais, sans aucun courage personnel, il perdit la tête dans le péril, et, occupé de ses richesses si récemment acquises, il ne fut frappé que de la crainte de les perdre. On dit que, pendant le combat du 27 au 28, il offrait le plus misérable spectacle aux gens de sa maison. Il craignait la mort. Il craignait le pillage. Aussi se tint-il caché pendant la crise, et, aussitôt qu'elle fut passée, il courut au secours du vainqueur, dans l'espoir de contribuer au crédit public, auquel sa fortune était fortement intéressée. Si Pozzo eût été un homme de coeur, d'un caractère noble et élevé, qu'il eût entraîné le corps diplomatique à sa suite à Saint-Cloud, il eût conservé le trône à Charles X, ou au moins à son petit-fils. Il eût placé son nom à une grande hauteur dans l'histoire. Mais qu'espérer d'un révolutionnaire transfuge, toute sa vie ennemi de son pays, fauteur de ses discordes et d'une avidité sans exemple et sans bornes?

J'ai été placé, en peu d'années, deux fois dans des circonstances qui ne se renouvellent ordinairement qu'après des siècles. J'ai été témoin actif de la chute de deux dynasties. La première fois le sentiment le plus patriotique, le plus désintéressé, m'a entraîné. J'ai sacrifié mes affections et mes intérêts à ce que j'ai cru, à ce qui pouvait et devait être le salut de mon pays. La seconde fois, je n'ai eu qu'une seule et unique chose en vue, l'intérêt de ma réputation militaire; et je me suis précipité dans un gouffre ouvert dont je connaissais toute la profondeur.

Peu de gens ont apprécié le mérite de ma première action. Elle a été au contraire l'occasion de déchaînements, de blâmes et de calomnies qui ont fait le malheur de ma vie. Aujourd'hui, je suis l'objet de la haine populaire, et il est sage à moi de considérer ma carrière politique comme terminée.

Ainsi se sera accomplie une prédiction que j'ai souvent faite à mes amis, en voyant la maison de Bourbon marcher constamment à sa perte. Je leur avais dit souvent: «Par suite de la bizarrerie de ma destinée, après avoir brisé mon coeur en sacrifiant l'amitié à mon pays, je serai réduit à combattre pour des opinions opposées aux miennes, et à mourir pour des princes qui ne peuvent parler d'une manière puissante ni à mon esprit ni à mes affections.»

En quittant la France, je m'étais séparé de ma famille militaire, d'officiers dont plusieurs avaient été les compagnons de mes travaux passés, et les autres, plus jeunes, partageaient seulement ma fortune présente. J'en choisis un parmi les derniers, le baron de la Rue, chef d'escadron, pour m'accompagner dans mon exil. En me suivant, il regardait comme une faveur d'être admis à partager la vie décolorée que j'allais mener, et que rien ne semblait devoir embellir. J'acceptai le sacrifice qu'il me faisait et dont je sentais tout le prix. Il l'aurait continué pendant toute ma vie si mon estime et mon affection pour lui ne m'avaient déterminé à y mettre un terme. Un égoïsme condamnable eût pu seul permettre qu'un officier aussi distingué, aussi intelligent, aussi brave, et dans lequel il y a de si puissants éléments pour une carrière brillante, se consacrât sans mesure à rendre des soins à un vieux chef dont la vie politique et militaire était finie. Pendant dix-huit mois, il a été mon compagnon d'infortune, et son amitié a été une grande consolation pour moi. Mais, après ce temps, j'exigeai de lui qu'il allât remplir la vocation d'un soldat, qui est de servir son pays, et qu'il restât fidèle à la religion de la patrie. Il s'y est décidé, et, au moment où je retouche ces *Mémoires*, je vois avec plaisir quels succès constants ont signalé chacune de ses actions. Aucun étonnement n'en est résulté pour moi, car je sais qu'il y a autant de hautes facultés dans son intelligence que de nobles sentiments dans son coeur.

De la rade de Spithead je me rendis à Portsmouth, et de là à Londres. L'opinion, à Portsmouth, était en harmonie avec celle qui avait fait la révolution de France. Elle rendait toute la population hostile aux Bourbons. Des écriteaux insultants étaient placés dans toutes les rues, et les trois couleurs arborées dans beaucoup de lieux. Je passai vingt-quatre heures dans cette ville pour prendre quelques arrangements de voyage, sans y éprouver cependant aucun désagrément particulier.

Portsmouth est du très-petit nombre des places fortes d'Angleterre. Le pays, il est vrai, n'en a pas besoin. Défendu, comme il l'est, par une multitude de citadelles flottantes et avec un peuple animé d'un si grand patriotisme et de tant d'énergie, il n'a rien à craindre des étrangers. Portsmouth se compose de diverses parties distinctes et séparées, mais présentant un grand ensemble. La partie la moins complète m'a paru celle qui défend la rive occidentale du port. Je n'ai pas vu cette ville assez en détail pour pouvoir porter un jugement sur sa force; mais ce qui me frappa, c'est la manière dont les fortifications sont entretenues; on y trouve une recherche et des soins minutieux, cachet ordinaire de ce qu'on voit en Angleterre.

J'arrivai à Londres le 19 août, et, malgré la stérilité apparente du sol couvert de bruyère que je trouvai sur ma route, je fus frappé de l'aisance et du bien-être, dont les signes étaient évidents partout, de la grande quantité de jolies maisons de campagne dont le pays était semé, et de l'élégance des petites villes que je traversai. L'entrée de Londres ne parla pas à mon imagination. On se trouve dans cette grande ville, pour ainsi dire, sans s'en douter. On rencontre une agglomération immense d'habitations qui change plusieurs fois de nom, et, tout à coup, on est au milieu de Londres, d'une manière presque imprévue. Il en est de même de tous les côtés, et on est bientôt porté à se demander comment une semblable multitude peut subsister.

Londres, sous divers noms, c'est l'immensité, c'est un grand pays tout couvert d'habitations. Jusqu'à Greenwich, qui est à six milles de Londres, on ne quitte ni les rues ni le voisinage des maisons. Il est impossible de rendre la sensation d'un voyageur tout à la fois susceptible d'impressions et de raisonnement. Assurément Paris est une plus belle ville. Il y a chez nous plus de cette grandeur qui tient à la dignité d'un grand peuple, à une ancienne puissance, au luxe, dont les arts sont la parure. Nos habitations particulières ont quelque chose de plus grandiose. Enfin Paris, l'ancienne capitale d'un grand royaume, puissant depuis une succession de siècles, porte un caractère dont Londres, d'une origine assez récente, est dépourvue. On reconnaît, en cette ville, le produit d'un élément nouveau et variable dans sa nature, le commerce et l'industrie.

Je passai dix jours à Londres, et, comme j'employai bien mon temps, ces dix jours me suffirent pour voir tout ce qu'il y a de curieux. Les établissements les plus remarquables, sans contredit, sont les docks, ports creusés destinés à recevoir les bâtiments de commerce du plus grand tonnage. L'étendue de chacun d'eux est telle, qu'elle égale et surpasse même celle de nos ports de commerce les plus beaux, celle du port de Marseille, par exemple. Des bâtiments les environnent dans tout leur pourtour et servent de magasins vastes et commodes. Les docks appartiennent à de simples compagnies.

J'admirai beaucoup le tunnel, ouvrage d'un ingénieur français, M. Brunel, inventeur des plus belles machines employées dans les arsenaux, et dont le génie a été consacré à la prospérité de l'Angleterre. Ce tunnel, dont toute l'Europe s'est occupée, est exécuté à moitié. Il sera besoin de grands efforts pour le terminer. Cet immense travail, s'il est jamais fini, montrera ce que peuvent la volonté et l'intelligence de l'homme. Les procédés ingénieux et hardis employés dans ces travaux sont très-curieux et d'un vif intérêt; mais il serait trop long d'en faire le récit et d'en raconter les détails.

Les constructions publiques à Londres, le palais de Saint-James, Westminster, etc., m'ont paru sans grandeur et sans dignité. Les parcs sont de grandes prairies fort vastes, mais décorées par peu d'arbres. L'absence presque constante du soleil les rend, il est vrai, peu nécessaires. En général, excepté dans le nouveau quartier de Regent-Park, les façades des maisons sont sans architecture et sans aucune élégance. La rue de Regent-Street, qui présente une double colonnade formant des galeries devant les boutiques, a été créée récemment dans un vieux quartier démoli. C'est aujourd'hui la plus belle rue de Londres. Là se trouvent réunies les richesses mercantiles et la population la plus active.

Je fus accueilli avec empressement et bienveillance par ce qu'il y a de plus élevé en Angleterre, qui se trouvait alors à Londres. J'allai chercher le duc de Wellington sans le trouver, mais il vint bientôt chez moi et me fit une longue visite. Je lui racontai nos tristes événements, dont il n'était encore informé que d'une manière assez confuse. Je lui témoignai le désir de voir l'établissement de Woolwich, si célèbre, seul établissement pour l'artillerie de terre, et où toute la magnificence des Anglais dans les choses utiles se trouve déployée. Un officier fut chargé de me conduire et de m'accompagner. J'avais cru faire cette visite d'une manière obscure et modeste; mais, quand j'arrivai, je trouvai toutes les troupes d'artillerie sous les armes, les établissements ouverts, et tout me fut montré avec le plus grand détail. Les troupes exercèrent pour me faire connaître leur méthode et me faire juger leur pratique. Je partageai l'admiration de chacun, en voyant toutes les richesses renfermées dans cet arsenal, le bon ordre qui y règne, la bonne entente dans les arrangements, et je me convainquis que cet établissement d'artillerie est le plus grand, le plus complet et le mieux tenu de toute l'Europe.

J'avais d'abord eu la pensée de me rendre sur-le-champ d'Angleterre en Russie. Les anciennes bontés de l'empereur Nicolas me faisaient espérer d'y trouver un refuge et un appui. Cependant je pensai devoir rester quelque temps à portée de la France, afin de connaître plus facilement la marche que prendraient la révolution et les événements qui me concernaient. Demeurer en Angleterre eût été ruineux. Je résolus de me rendre en Hollande. Je me faisais une sorte de consolation de revoir ce pays où j'avais commandé autrefois, et où j'avais été si heureux! En m'y rendant j'espérais reprendre mes souvenirs dans l'ordre des actions de ma vie passée. Je devais d'ailleurs y trouver l'avantage de correspondre facilement avec mes amis, afin de m'entendre avec eux pour adopter, dans mes intérêts, la meilleure conduite à tenir à l'occasion du procès des ministres de Charles X, qui était au moment de commencer. En conséquence, je partis pour Amsterdam.

Une fois arrivé et livré, dans le silence, à toutes les réflexions que ma position présente, le passé et l'avenir pouvaient m'inspirer, je scrutai profondément mon coeur, et je trouvai qu'il n'y avait pour moi d'autre parti à prendre que de me vouer au repos, en renonçant d'une manière absolue à tous les calculs de l'ambition. En supposant de la part de quelque souverain étranger assez de bienveillance pour moi pour m'offrir du service, il n'était ni dans les intérêts bien entendus de ma réputation, ni dans la convenance de ma vie passée et de mes antécédents, de recommencer ma carrière. La guerre ne pouvait plus jamais avoir lieu qu'entre la France et le reste de l'Europe. Je ne voulais pas, je ne pouvais pas porter les armes contre mon pays, ni me battre contre l'armée où j'avais passé ma vie et à laquelle j'avais voué toutes mes affections. Le service que je prendrais à l'étranger n'aurait rien d'honorable pour moi, puisque aucune chance de gloire, comme aucune charge, n'en serait la conséquence. Il y aurait en outre de l'injustice à usurper, moi étranger, une dignité appartenant à ceux qui l'auraient méritée sous leurs propres drapeaux. Enfin je cherchai à envisager les choses sous leur vrai point de vue, à tirer nettement les conséquences d'une position déterminée, et je conclus que la seule chose raisonnable pour moi était de ne plus prétendre à rien, de vivre tranquille avec quelques amis, au milieu de mes souvenirs, en faisant des voeux pour la prospérité de mon pays, sans me séparer de lui, et de me placer en esprit dans la postérité. Je serai sans doute fidèle à cette règle de conduite pendant le temps qui me reste encore à vivre.

J'envoyai à Paris mon adhésion dans les limites du temps que la loi avait prescrit. Mon but, en faisant cet acte, était de déclarer que, sans vouloir servir le nouvel ordre de choses, ce à quoi j'étais bien résolu, je ne conspirerais jamais contre lui. Je voulais aussi, en gardant ma position légale, me réserver le droit, si la patrie un jour était menacée de grands dangers, de venir lui offrir mon épée, mon bras et mon sang pour la défendre.

Je me mis en route pour Vienne, où des affaires d'intérêt m'appelaient d'abord. Mon seul moyen d'existence était ma rente sur le gouvernement autrichien, et je devais m'en assurer la jouissance sans contestation. De là, je comptais faire une course momentanée en Russie, motivée par mon respect, mon attachement et ma reconnaissance pour l'empereur Nicolas, et revenir m'établir à Vienne, ville destinée à devenir ainsi ma seconde patrie, jusqu'à l'arrivée de temps plus heureux. Je partis donc d'Amsterdam, et j'arrivai à Vienne le 18 novembre. Le voyage d'hiver que je comptais faire à Saint-Pétersbourg, d'abord empêché par la révolte de la Pologne, le fut ensuite par le choléra. Plus tard, il ne me parut plus opportun, et je restai à Vienne.

Je trouvai, à mon arrivée à Vienne, le prince de Metternich, et je le vis immédiatement. Son accueil fut bienveillant et amical. Je le mis au fait de ma position et de la manière dont j'envisageais mon avenir. Il y donna une approbation qui me confirma dans mes résolutions. Je lui racontai, dans plusieurs conversations et avec le plus grand détail, les événements qui venaient de changer la face de l'Europe, et dans lesquels j'avais pris une si malheureuse part. Il comprit tout avec une sagacité rare, et tel fut dans son esprit l'effet de ces récits, que voici son jugement d'alors sur les Bourbons: «Les Bourbons ont perdu la France et le pouvoir pour avoir été conduits et dominés par l'esprit d'émigration, par l'ambition du clergé, et le complément s'est trouvé dans le manque absolu d'esprit et de calcul qui a caractérisé toutes leurs actions.»

Ce jugement est le résumé le plus clair, le plus vrai du gouvernement de la France depuis la Restauration jusqu'au 27 juillet 1830.

La question s'établit de savoir si M. le duc d'Orléans avait conspiré contre le trône. Je dis au prince que je ne le croyais pas. Il n'avait pas conspiré directement, et la preuve s'en trouvait dans le peu de forces dont il avait été investi au moment où il avait eu le pouvoir; mais je pensais qu'il avait prévu la révolution et s'était préparé de bonne heure à en profiter. À cet effet, il n'avait négligé aucun moyen de se populariser et de flatter les chefs libéraux. Il avait certainement causé un grand tort au roi en blâmant trop haut la marche du gouvernement; mais, pour une action directe, pour une entreprise déterminée et dans un but immédiat, il en était innocent. Le prince fut de mon avis, et à cette occasion il me raconta deux anecdotes assez curieuses et qui prouvent combien la pensée de monter sur le trône un jour, au moyen d'une révolution amenée par un mauvais gouvernement, était ancienne dans l'esprit de M. le duc d'Orléans.

En 1815, et après le retour de Gand, M. le duc d'Orléans vint faire une visite au prince de Metternich. Il lui dit qu'il devait connaître toute l'impopularité des Bourbons de la branche aînée en France, et à quel point ils étaient dépourvus de capacité; qu'une nouvelle chute se préparait évidemment pour eux; et il lui demanda si les puissances étrangères lui donneraient l'assistance de leur sanction, dans le cas où lui-même serait appelé à les remplacer sur le trône.--Le prince lui répondit négativement d'une manière formelle.

Plus tard M. le duc d'Orléans fit faire au prince Eugène l'ouverture suivante. Il lui fit dire qu'il était superflu de démontrer que les Bourbons ne pouvaient pas régner; lui, duc d'Orléans, et Eugène avaient chacun leurs partisans, et il lui proposait de les réunir pour (le cas d'une révolution arrivant) donner la couronne à celui des deux qui aurait le plus de suffrages. Eugène répondit que, si jamais la France était de nouveau en révolution, son influence serait au profit du fils de son bienfaiteur. Eugène fit connaître cette démarche et cette réponse à l'empereur d'Autriche.

En résultat, M. le duc d'Orléans a poussé de toutes ses forces à la démolition de l'édifice, persuadé qu'il trouverait le moyen de se loger dans ses décombres.

Quand j'arrivai à Vienne, la cérémonie du couronnement du roi de Hongrie venait d'avoir lieu à Presbourg. Je regrettai beaucoup de n'avoir pas hâté mon voyage afin d'en être témoin; mais à cette époque j'avais peu d'attrait pour me présenter dans des lieux de réunion, d'éclat et de fêtes. Cette cérémonie, une des plus curieuses et des plus augustes que l'on puisse voir, est unique par les circonstances qui l'accompagnent. Elle se fait en plein air et rappelle le moyen âge. La beauté des costumes et des chevaux, la présence de cette noblesse libre et guerrière, les serments prêtés par le souverain d'exécuter les lois du pays et de défendre la patrie, l'arrivée du roi sur un tertre élevé, d'où il fend l'air avec son sabre dans la direction des quatre points cardinaux, annonçant ainsi qu'il saura faire face à tous ses ennemis, les évêques et les prélats avec leurs ornements pontificaux, montés sur des chevaux richement caparaçonnés, tout cela place l'origine de cette cérémonie à l'époque où la nation hongroise était nomade et composait une grande tribu.--Après avoir vu les sacres de Reims et de Moscou, celui-ci eût été curieux à leur comparer; mais je n'eus pas d'abord la pensée d'aller le voir, et, quand le désir m'en vint, il était trop tard.

L'empereur vint à Vienne le 21. Deux jours après, il daigna me donner audience. Ma position particulière, qui était si singulière, me fit désirer de ne prendre aucun caractère et aucune couleur: car, si j'ai reconnu le gouvernement actuel pour rester Français et conserver une position sociale que quarante ans de travaux et beaucoup de sang versé m'ont valu, mon intention n'est pas de le servir. L'empereur accueillit cette demande avec bonté, et, chaque fois que je l'ai vu depuis, il en a été de même. L'audience de l'empereur dura plus d'une heure. Il me fit les questions les plus détaillées sur les événements de Juillet, sur la retraite et le départ de la famille des Bourbons. Il blâma le manque de foi montré par les ordonnances, l'imprévoyance et la faiblesse qui avaient présidé à toutes les mesures, jugea d'une manière saine, mais avec intérêt et pitié, la famille royale. De mon côté, j'établis les faits avec vérité, mais avec mesure et réserve, et en indiquant plutôt les fautes qu'en exprimant le blâme.

J'entretins l'empereur de ma situation personnelle, telle que je l'avais conçue. L'empereur me parla du duc de Reichstadt avec éloge. Il l'aimait beaucoup et avec raison; car, indépendamment de beaucoup de qualités, ce jeune prince était charmant pour lui. L'empereur me dit: «Il est bon, instruit, spirituel et dévoré de la passion du service militaire.» Il avait exprimé, ajouta-t-il, de l'intérêt pour les Bourbons lors de la catastrophe, et lui avait dit qu'il serait heureux de contribuer à les remettre sur le trône. L'empereur m'ayant dit ce propos, *sa vérité est incontestable;* mais, depuis, j'ai demandé au comte Maurice Dietrichstein si son élève lui avait montré ces sentiments. Celui-ci m'a assuré que ceux qu'il éprouvait réellement étaient tout contraires. J'ai conclu que le jeune homme, croyant et voulant être agréable à son grand-père, avait exprimé, en cette circonstance, autre chose que sa pensée. Au surplus, les sentiments du duc de Reichstadt étaient fort différents en faveur de la branche aînée ou de la branche cadette. Il reconnaissait à la première des droits; il avait été élevé avec le respect qu'inspire la possession du pouvoir; mais, quant à la seconde, c'était tout autre chose; et il a dit plus d'une fois: «Puisque ce ne sont pas les Bourbons légitimes qui règnent, pourquoi pas moi? car moi aussi j'ai ma légitimité.»

Cette révolution de Juillet, en lui révélant des droits que les circonstances pouvaient l'amener à faire valoir, l'a remué profondément. Elle a exalté ses facultés, son esprit, et contribué à développer la maladie dont il est mort.

L'empereur me parla du projet adopté, dès cette époque, par Charles X et sa famille de se retirer en Autriche, de l'accueil qu'il y recevrait et de l'assentiment à cet égard de tous les souverains de l'Europe. Il ajouta en riant: «Je lui ai offert la résidence de Brunn. S'il l'accepte, je changerai de garnison mon petit-fils et je le placerai ailleurs.» En ce moment Brunn servait d'habitation au duc de Reichstadt.

L'empereur me congédia et me donna l'assurance de sa protection, de ses bontés, et du plaisir qu'il avait à me voir choisir ses États pour asile.

J'allai voir l'archiduc Charles, dont j'ai l'honneur d'être connu depuis longtemps. J'eus une conversation d'une heure avec lui sur les événements de Paris, sur les campagnes auxquelles j'ai pris part, sur la nouvelle organisation de l'artillerie en France, enfin sur les ouvrages militaires dont l'archiduc est l'auteur, tous ouvrages classiques que les gens de guerre ne sauraient trop lire et méditer.

Pendant notre conversation, l'archiduc reçut la visite de sa fille l'archiduchesse Thérèse, aujourd'hui reine de Naples, charmante princesse, âgée alors de quatorze ans. Il eut la bonté de lui dire en me présentant à elle: «Si vous saviez bien l'histoire, vous connaîtriez déjà le maréchal.»

J'ai pensé que dans ma position, et vu le peu d'exigences de la famille impériale, je devais borner là mes visites aux princes qui la composent. Je leur ai été seulement présenté dans le monde sans cérémonie. Plus tard, je vis l'archiduc Jean chez lui; j'eus avec lui une longue conversation que son esprit remarquable, ses connaissances et des antécédents militaires qui nous étaient communs rendirent pleine d'intérêt pour moi.

Le prince de Metternich me présenta dans les meilleures maisons. Ce fut sous ses auspices que j'entrai dans la société. Cette société de Vienne étant chose à part, il y a quelque intérêt à la faire connaître. D'abord elle se compose de la plus haute aristocratie de l'Europe. C'est un reste de cet ancien empire où l'empereur avait pour sujets et pour serviteurs des princes, qui eux-mêmes étaient souverains. On rencontre sans cesse des grands noms, des gens qui ont des alliances plus ou moins rapprochées avec des maisons souveraines et des têtes couronnées. Un Français éprouve une sensation extraordinaire, en entendant des gens du monde parler familièrement d'un oncle, d'un beau-frère où d'un cousin, qui est roi ou empereur, quand il réfléchit à l'effet singulier et presque ridicule que fait, dans la meilleure compagnie à Paris, l'arrivée du plus petit prince étranger. Ici il y a une atmosphère d'égalité qui fait disparaître toutes les distances, et ne laisse subsister que celles résultant de la bonne éducation et du sentiment des convenances. Le nombre des individus qui composent la société étant assez borné, il résulte de ce que je viens de dire une grande aisance et une grande facilité dans les rapports habituels. On se voit beaucoup, on se voit sans étiquette et sans façon. On se traite avec politesse et bienveillance. On a l'air même de s'adorer, et puis, au milieu de tout cela, il n'y a aucune intimité réelle.

La disposition du matériel de la ville de Vienne, et la manière dont cette ville est habitée, contribuent aussi aux moeurs de la société. Vienne, qui est la capitale d'un grand empire, et dont la population est de trois cent cinquante mille âmes, se trouve cependant dans les conditions d'une petite ville pour la haute classe, et elle en a les moeurs. La ville, proprement dite, est enceinte d'un rempart à douze bastions. Dans cette étendue ainsi fort restreinte, elle ne renferme que cinquante-quatre mille habitants. Tous les grands seigneurs, tous les gens riches, tous les magasins, en un mot, toutes les richesses, y sont réunies. Les faubourgs sont habités par le peuple, et renferment les ateliers et les ouvriers. Tous les membres de cette grande aristocratie sont donc réunis forcément d'une manière intime, et se rencontrent sans cesse. Chacun sait, à toute heure du jour, ce qui se passe chez son voisin. Des nouvelles circulent sans cesse sur les actions de tout le monde, sont colportées et répétées. Si l'empereur Joseph eût fait démolir les remparts et concédé les glacis pour y bâtir, les moeurs de Vienne seraient tout autres. Chaque grand seigneur eût construit un palais dans le lieu de son choix. Libre et disposant d'un grand emplacement, il eût donné à son habitation des dépendances en rapport avec sa fortune, dépendances qui l'eussent isolé. Loin des individus de sa caste, il aurait vécu pour lui-même, sans s'occuper des autres. De riches bourgeois, établis dans son voisinage, seraient entrés en rapport avec lui, et il se serait bientôt trouvé le centre d'une société mixte, comme il en existe à Paris et à Londres. Alors la haute classe n'eût plus été entièrement isolée. Une société plus nombreuse aurait donné lieu à la composition de diverses coteries, dont les éléments eussent été basés sur d'autres principes que la naissance. Pour peu qu'on y réfléchisse, on est frappé des conséquences qui fussent résultées de ce seul changement matériel pour l'ordre social.

J'ai expliqué la cause et la facilité des relations et des liaisons superficielles; je vais dire maintenant pourquoi ces amitiés ne sont pas plus profondes. D'abord la société, quoique assez peu nombreuse, l'est trop cependant pour l'intimité, tout en admettant la familiarité. Ensuite les familles elles-mêmes, composées d'un grand nombre d'individus, suffisent aux liaisons véritables, et encore l'amitié portée à un certain degré est-elle assez rare, même entre les femmes de la même famille. Ajoutez à cela que les jeunes femmes ont une tenue très-sérieuse et même sévère, et on comprendra qu'il en résulte beaucoup de froid dans la société. Les femmes âgées étaient, assure-t-on, tout autres dans leur jeunesse; mais les femmes de trente-cinq à quarante-cinq ans, que l'on doit compter certainement parmi les femmes de l'Europe dont la conduite est la plus régulière, sont au contraire d'une pruderie extrême. Elle va jusqu'à ne point comprendre la possibilité d'une amitié vive et pure entre les individus de différents sexes. Mais la génération qui suit semble revenir aux anciens errements, et rentrer dans les habitudes de ses grand'mères. Enfin toute cette société de Vienne est parfois soumise à l'influence de quelques femmes âgées qui y ont usurpé le pouvoir et y font la loi.

Un mot maintenant sur la manière d'être des hommes et des femmes sous les rapports de l'esprit, de l'instruction et des qualités sociales. Une si grande différence existe entre les deux sexes de la même classe, qu'on a peine à la concevoir. Les hommes, à très-peu d'exceptions près, ne sont pas distingués; leurs goûts sont vulgaires; ils aiment les plaisirs faciles et mènent une vie dissipée. L'explication de ces moeurs, pour ceux qui servent dans l'armée, se trouve dans la lenteur de l'avancement et le séjour prolongé dans des villages de Hongrie, où les jeunes officiers, privés de ressources, finissent par devenir étrangers aux habitudes du monde. De retour à Vienne ils s'y trouvent gênés. Ils prennent alors des goûts de mauvaise compagnie et ils vivent entre eux. Les femmes ainsi abandonnées ne sont l'objet d'aucun hommage, d'aucun soin, et cependant elles en méritent beaucoup. En général, celles-ci sont belles et le sang de la haute classe est aussi remarquable que celui de la classe inférieure. Les femmes reçoivent une éducation extrêmement soignée. Leur instruction est étendue. Elles parlent le français avec élégance et sans accent. Elles sont aimables dans l'acception française la plus étendue. J'en ai compté jusqu'à vingt-huit dans un cercle assez étroit, qui seraient avec raison très-remarquées à Paris.

Les grands noms qu'elles portent font encore ressortir cette amabilité, si rare ailleurs. On doit placer au premier rang de la noblesse autrichienne, la maison de Liechtenstein. Le nombre des individus qui la composent, les très-grandes richesses qu'elle possède, lui donnent une grande importance. Elle est fière et orgueilleuse avec ses égaux, mais elle est populaire dans le peuple et la bourgeoisie. Cette popularité vient, en grande partie, de ce que tous les hommes de cette famille ont toujours servi dans l'armée et ont bien rempli leur tâche dans les longues guerres qui viennent de finir. On accuse le prince Jean de Liechtenstein, dont les services militaires sont sans douté honorables par la bravoure brillante qu'il a toujours montrée, mais dont les talents peuvent être contestés, d'avoir signé, en 1809, les préliminaires de la paix, qu'il était seulement autorisé à négocier. Napoléon donna un grand éclata ces préliminaires qui devaient rester secrets, et le mouvement de l'opinion publique en faveur de la paix était trop prononcé, pour que l'empereur d'Autriche pût se dispenser de la ratifier. À cette occasion le comte de Stadion, alors premier ministre, ayant le portefeuille des affaires étrangères, donna sa démission, ne voulant pas attacher son nom à la ratification d'un traité de paix qu'il regardait comme désastreux pour l'Autriche, la croyant en mesure de continuer la guerre. Le comte de Stadion désigna alors à l'empereur François le prince de Metternich comme étant l'homme le plus propre à le remplacer dans les circonstances présentes.

Les femmes de cette famille sont bien élevées, charmantes et fort vertueuses. La princesse Jean de Liechtenstein, par sa taille et son grand air, rappelle les matrones romaines, et sa nombreuse famille, composée de onze enfants vivants, semble lui donner une sorte de magistrature.

Toutes les femmes nées princesses de Schwarzenberg sont remarquables par un esprit fin, une grande instruction et des manières charmantes. La comtesse de Mier, dont l'âge avancé ne diminue en rien l'amabilité, réunit à une grande douceur un adorable caractère, une grande indulgence pour la jeunesse, un esprit étendu et une activité peu commune, activité digne, car elle ne porte que sur des devoirs ou des choses utiles. Fort instruite, elle prend part avec ardeur à tout ce qui concerne le développement des facultés de l'esprit, et son âme se montre tout entière à chaque occasion. Sa nièce, la comtesse Valentin Esterhazy, n'était pas une nouvelle connaissance pour moi, je l'avais vue anciennement à Paris; elle et son mari, le comte Valentin Esterhazy, me firent l'accueil le plus cordial. Je trouvai dans cette famille le bienveillant intérêt qu'il est si doux de rencontrer loin de son pays; et, dans les tristes circonstances qui m'éloignaient de la France, j'y fus doublement sensible. Jeune encore, la comtesse joint à la plus haute raison l'amabilité la plus remarquable; aussi est-elle chérie de tout ce qui la connaît. Une bienveillance universelle lui est acquise, et, quand elle entre dans un salon, une expression de plaisir et de joie se montre sur toutes les figures. Aucun devoir ne lui coûte, et jamais elle n'a manqué à aucun; et cependant elle a, plus d'une fois dans sa vie, eu l'occasion d'en remplir de pénibles. Le dévouement est dans sa nature, comme la séduction qu'elle exerce partout. Jamais être au monde ne mérita plus l'affection qu'elle inspire et la considération publique qui est son apanage.

Enfin les femmes de Vienne présentent un ensemble qu'on ne rencontre nulle part. Les étrangers distingués sont bien accueillis; mais, après les premières politesses d'usage, il leur faut longtemps pour arriver à obtenir d'entrer dans une certaine intimité. On croit y atteindre tout d'abord, à cause de la politesse aisée qui règne partout; mais on est dupe des apparences et d'une fausse bonhomie. Il leur faut longtemps pour se faire adopter en réalité par une société qui semblait disposée d'abord à les comprendre dans ses habitudes et ses affections. Ce n'est qu'après un temps d'épreuve fort long qu'on atteint au but désiré, et quelquefois on n'y arrive jamais.

L'indépendance de la société de l'influence de la cour ne saurait s'exprimer. Comme la cour se montre rarement, et que dans les habitudes de la vie on peut même dire qu'il n'y a pas de cour, la société est fort peu en contact avec la famille impériale, et celle-ci peut difficilement exercer une grande action, par ses manières, sur ce qui se passe. Jamais donc, dans aucun pays, le gouvernement ne s'est moins mêlé qu'à Vienne des affaires des particuliers. Cela tient aussi au caractère personnel de l'empereur et aux moeurs de la famille impériale. L'empereur gouverne comme la Providence. On ne le voit nulle part, et partout on sent sa main protectrice. Aussi ce pays jouit-il d'une liberté véritable, effective, et il n'y a que les ennemis de la société qui aient raison de redouter le pouvoir. La richesse des hautes classes et leur dignité de caractère contribuent aussi à cet esprit d'indépendance. Comme la loi est égale pour tous, il n'y a aucune faveur à espérer, aucune injustice à redouter, et personne n'imagine de faire la cour aux ministres. Chacun est classé; ses droits sont établis, et l'on vit sans s'occuper de savoir qui commande, je citerai un exemple presque incroyable, mais qui prouve ce que j'avance d'une manière sans réplique.

J'avais dîné un jour chez la princesse Palffy avec dix ou douze personnes, toutes de Vienne et appartenant à ce qu'il y a de plus considérable. Une demi-heure après le dîner, entre un monsieur d'un certain âge et de bonnes manières, que personne ne connaît. Tout le monde s'interrogeait du regard, et un embarras général en était le résultat, lorsqu'il se trouva parmi les convives un individu qui le fit cesser, en prévenant le maître de la maison que l'inconnu était le comte de Mittrowsky, grand chancelier de Bohême (ce qui répond à notre ministre de l'intérieur), qui occupait cette place importante depuis cinq ans. On n'accusera pas de se prosterner devant le pouvoir une noblesse qui vit dans une pareille ignorance de ceux qui en sont les dépositaires. En France, un homme qui a été ministre de l'intérieur pendant quinze jours est connu de tout Paris et a reçu les hommages de tout ce qui peut se présenter chez lui.

Tel est, en résumé, le caractère et la physionomie de la société de Vienne; mais j'ajouterai encore un mot. Les rapports fréquents, journaliers qui existent entre tout le monde, et les habitudes de commérage, dont j'ai expliqué la cause, sont rarement animés par la bienveillance. Les gens qui semblent le plus liés disent assez volontiers du mal les uns des autres, et trouvent toujours des auditeurs pour les écouter et pour répandre les médisances et les calomnies qu'ils débitent. L'amitié, dont le devoir est avant tout d'être juste, ensuite indulgente et discrète, qui, en France, est quelquefois si courageuse, se tait ici, quand elle ne s'associe pas aux accusations. Les absents ont presque toujours tort à Vienne; car rarement les présents sont occupés ù les défendre. Tout se dit, se répète, se commente, et souvent se travestit. C'est par excellence un pays de formes, où l'on trouve, en fait de sentiments, les apparences beaucoup plus souvent que les réalités. On conçoit que je ne parle qu'en généraі. Sans doute il y a de grandes et d'honorables exceptions si cet état de choses, si blessant pour le coeur et si peu conforme aux besoins et aux charmes de la société; j'en connais plusieurs, mais elles sont rares.

L'esprit du gouvernement est précisément l'opposé; tout y est réel et positif; rien n'y est donné à l'apparence, tout marche d'une manière régulière et systématique, mais aussi, il faut le dire, avec une lenteur désespérante. Dans l'intérêt des masses, cela serait parfait si la vie moyenne de l'homme durait cent cinquante ans.

Le gouvernement autrichien a un grand dédain pour l'opinion qu'on a de lui à l'étranger. Il ne s'inquiète guère que l'on se trompe complètement sur l'ordre de choses qui règne chez lui; il dédaigne une popularité européenne, que la connaissance des faits établirait infailliblement dans les esprits raisonnables. Ainsi, par exemple, en Europe, on croit en général que le paysan autrichien vit dans une grande ignorance et sous une oppression horrible, et il est, au contraire, le plus instruit, le plus riche et le plus protégé de l'Europe. Tous savent lire et écrire, et jouissent d'un bien-être matériel dont aucun autre peuple ne présente l'exemple. Leur liberté est entière, et cependant elle s'allie avec les intérêts du bon ordre. La classe qui souffre par l'effet du mode de l'administration est celle des seigneurs. En raison des charges publiques et des devoirs qui leur sont imposés, ils payent au moins moitié plus que les paysans. Tous les actes faits par un paysan avec son seigneur doivent être confirmés par l'autorité, tant on redoute l'abus de l'influence qu'il peut exercer sur lui. Si le paysan a un procès avec son seigneur, un avocat payé par l'empereur dans chaque cercle plaide pour lui. Par suite de la jurisprudence établie, pour peu qu'un cas soit douteux, la décision est contre le seigneur, comme dans le cas d'un procès entre un seigneur et l'empereur, l'empereur perd toujours, à moins que le droit ne soit tellement évident, qu'on ne puisse le méconnaître sans mauvaise foi manifeste.

Les travaux publics, dont l'importance est si grande, ont pris chaque jour, pendant ce long règne, un développement plus grand; et cependant la plupart sont ignorés. Une route a établi une communication entre la vallée de l'Adige et les sources de l'Adda par le Stelvio. Elle a exigé des travaux immenses. C'est le passage le plus élevé de l'Europe rendu praticable pour les voitures par la main des hommes, et ce magnifique monument n'est connu que des voyageurs. Nous avions fatigué l'Europe par le récit des travaux du Simplon, longtemps avant qu'ils fussent terminés, et l'on n'a jamais parlé de ceux-ci, qui sont depuis plusieurs années arrivés à leur perfection. Loin d'être charlatan comme nous le sommes en France, et comme on l'est dans d'autres pays, le gouvernement autrichien est trop modeste. Il suffirait qu'il fit connaître ses actes pour qu'on l'admirât dans ses oeuvres.

Enfui, souvent, on voit ici en pleine exécution, et depuis longtemps, des choses proposées ailleurs comme de hautes et nouvelles pensées. Quand on vient en Autriche, on est tout stupéfait de ce que l'on y trouve.

Lors de la réunion des savants d'Allemagne à Vienne, des géologues français apportèrent un échantillon de cartes souterraines dont le but était de faire connaître la composition des couches du globe, dans les différente pays. On leur montra que, dans plusieurs provinces de l'Autriche intérieure, cette carte existait depuis quelque temps et s'exécutait dans les autres.

Une opinion, assez généralement répandue, a consacré que l'Italie autrichienne est accablée d'impôts dont le produit s'envoie à Vienne. D'après un travail officiel, que j'ai vu et dont la vérité est incontestable, il est démontré que, sous l'administration française, la masse des impôts était de moitié plus forte qu'à présent; et en même temps qu'une somme très-inférieure était consacrée aux travaux publics dans le pays.

Enfin, de quelque manière que l'on envisage la question, et sauf les obstacles mis à la facilité du déplacement des individus, qui sont portés trop loin, on ne voit que des choses utiles et raisonnables dans les actes du gouvernement autrichien. Il agit en père vigilant au milieu de ses enfants. Ennemi du bruit, il semble redouter la louange comme un autre craindrait le blâme, et il cache ses bonnes actions comme il serait dans la nature des choses de cacher les mauvaises. Il se contente de faire le bien, et méprise une critique qui n'est fondée ni sur les faits ni sur la raison. Le complément du bien-être dont jouit l'Autriche, et sa garantie, étaient dans la popularité méritée de l'empereur défunt auprès de ses sujets. Accessible à tout le monde, livré sans réserve aux soins du gouvernement calme, persévérant, raisonnable, il maintenait la règle et faisait tout ce qu'un souverain pénétré de ses devoirs peut exécuter dans l'intérêt de ses peuples. Grâce à cet esprit, son long règne a traversé de grands malheurs et surmonté de grandes difficultés. Il se survit dans le règne actuel. Les moeurs politiques maintiendront cet état de choses tant que le calme durera; mais une secousse en Europe semblerait, de quelque côté qu'elle vînt, devoir amener sur ce pays de grands malheurs.

Après avoir pris poste à Vienne, un intérêt d'affection et de curiosité, tenant au plus beau temps de ma vie, devait me faire vivement désirer de voir le fils de Napoléon. Comme il était encore séquestré du monde, je n'imaginais pas pouvoir l'approcher: mais je désirais au moins l'apercevoir. Il allait quelquefois au spectacle de l'Opéra, et je me mis en mesure de m'y trouver un jour à portée de le contempler. Je ne me doutais guère alors qu'une espèce d'intimité allait bientôt exister entre nous deux. On me dit qu'il avait appris mon arrivée à Vienne avec plaisir et désirait vivement me rencontrer et me connaître. Sa prochaine entrée dans le monde devait bientôt en être l'occasion.

Le mercredi, 26 janvier, lord Cowley, ambassadeur d'Angleterre, donna un grand bal, où presque toute la famille impériale se rendit. Le duc de Reichstadt y vint avec elle. Mes yeux se portèrent avec avidité sur lui. Je le voyais pour la première fois de près et avec facilité. Je lui trouvai le regard de son père, et c'est en cela qu'il lui ressemblait davantage. Ses yeux, moins grands que ceux de Napoléon, plus enfoncés dans leur orbite, avaient la même expression, le même feu, la même énergie. Son front aussi rappelait celui de son père. Il y avait encore de la ressemblance dans le bas de la figure et le menton. Enfin son teint était celui de Napoléon dans sa jeunesse, la même pâleur et la même couleur de la peau; mais tout le reste de sa figure rappelait sa mère et la maison d'Autriche. Sa taille dépassait celle de Napoléon de cinq pouces environ.

Informé par le comte de Dietrichstein, son gouverneur, qu'il m'aborderait pendant le bal et causerait avec moi, peu de moments s'étaient écoulés, quand je le vis à mes côtés. Il m'adressa immédiatement les paroles suivantes: «Monsieur le maréchal, vous êtes un des plus anciens compagnons de mon père, et j'attache le plus grand prix à faire votre connaissance.»

Je lui répondis que j'étais vivement touché de ce sentiment, que je trouvais beaucoup de bonheur à le voir et à être près de lui. Là-dessus, nous entrâmes en matière. Il me demanda si, comme il le croyait, j'avais fait les premières campagnes d'Italie. Je lui répondis que oui; que mes rapports de service et d'amitié avec Napoléon étaient d'une époque encore plus reculée; qu'ils remontaient au delà du siège de Toulon; que ma connaissance de sa personne datait de 1790, époque où il était lieutenant d'artillerie en garnison à Auxonne, et moi occupé à Dijon à achever mon instruction pour entrer dans le corps où il servait, et où était également un proche parent à moi, son ami intime.

Il me fit quelques questions sur ces campagnes si célèbres, et je lui répondis de manière à éveiller sa curiosité. Il me parla de l'Égypte, du 18 brumaire, de la campagne de 1814, etc., et je répondis succinctement sur ces divers objets. J'eus bien soin de jeter promptement mes idées générales sur le caractère et la carrière de Napoléon, qui présentent des changements tellement complets dans sa personne, que l'on peut considérer en lui deux hommes. Son élévation, due sans doute en grande partie à ses talents, mais puissamment favorisée par le temps où il a paru, fut l'expression, sentie par tout le monde, des besoins de la société d'alors. À ce titre, chacun l'aida, le soutint et le favorisa; tandis que sa chute fut son ouvrage et le résultat de ses efforts constants. Enfin ce beau génie, si calculateur dans les premières années de sa grandeur, fut obscurci par les illusions de l'orgueil, qui ont faussé son jugement. À cette occasion, je lui citai tout de suite le mot qu'il prononça le soir du combat de Champaubert, où il semblait prévoir son retour prochain sur la Vistule, mot déjà rapporté dans mes récits, en racontant les événements de la campagne de 1814.

Le duc de Reichstadt me parla avec une grande ardeur de sa passion pour son métier, du désir qu'il avait de faire la guerre, et ajouta combien il serait heureux de l'apprendre sous moi. En général, il caressait souvent cette idée. Plus d'une fois il me l'a exprimée; rêve d'un enfant qui se berçait d'espérances chimériques. La France et l'Autriche, disait-il, pouvaient un jour être alliées, et leurs armées combattre l'une à côté de l'autre. «Car, disait-il, ce n'est pas contre la France que je puis et dois faire la guerre. Un ordre de mon père me l'a défendu, et jamais je ne l'enfreindrai. Mon coeur me le défend aussi, de même qu'une sage et bonne politique.»

Le vif intérêt qu'il montrait dans cette conversation, s'augmentant toujours, l'amena à exprimer le désir de connaître avec détail par mes récits les événements passés. Mais je crus prudent de ne pas prendre d'engagements trop positifs à cet égard; car je ne pouvais savoir ce qui conviendrait à l'empereur et au prince de Metternich. Autant par devoir que par prudence, une grande circonspection dans ma conduite m'était imposée, et je ne devais rien faire d'un peu important qu'avec l'assentiment du pouvoir protecteur qui me donnait asile.

Notre conversation finit après avoir duré une demi-heure et avoir été l'objet des remarques de tous les spectateurs. Une fois libre, le prince de Metternich étant au bal, je lui soumis immédiatement la question. Il me répondit ces propres paroles: «Il n'y a aucun inconvénient à ce que vous voyiez le duc de

Reichstadt et que vous lui parliez de son père. On ne peut le mettre en meilleures mains que les vôtres. Je regarderais comme une mauvaise action de ne pas lui faire connaître Napoléon tel qu'il était et avec la supériorité qui le caractérisait d'une manière si éminente; mais aussi il est bon qu'il sache quels ont été ses illusions, son orgueil et son ambition, passions qui l'ont perdu et conduit à démolir lui-même sa puissance. Vous, plus que tout autre, êtes capable de lui faire connaître et sentir la vérité.»

Ce raisonnement si simple, si vrai, cette conduite si raisonnable, si loyale envers ce jeune homme, est d'accord avec tout ce que j'ai pu voir et répond victorieusement aux sottises débitées sur l'éducation du duc de Reichstadt, éducation tout autre et l'opposé de ce qu'on a dit.

Je prévins immédiatement le duc de Reichstadt que j'étais en mesure de le satisfaire, et que, quand il le voudrait, je lui raconterais les campagnes d'Italie de 1796 et 1797. On va voir combien la raison et la prudence étaient précoces chez ce jeune homme; il me dit: «Monsieur le maréchal, dans nos positions respectives, il me semble convenable d'en parler d'avance au prince de Metternich et d'agir avec son assentiment.» Je répliquai: «Monseigneur, mes démarches ont devancé vos justes observations, et c'est avec son approbation que je viens prendre vos ordres.»

Nous primes jour pour le vendredi suivant 28, à onze heures du matin. Depuis ce moment, et pendant trois mois environ, les lundis, vendredis et quelquefois les mercredis, depuis onze heures jusqu'à une heure et demie, étaient consacré; à mes récits, qui comprirent l'histoire de son père et des guerres de notre temps. Quand les circonstances en faisaient naître l'occasion, je faisais l'exposé des principes de l'art de la guerre.

Avant d'entrer en matière et de raconter les immortelles campagnes de 1796 et 1797 en Italie, je commençai par lui apprendre les détails qui concernent la première partie de la vie de son père, et, pour ainsi dire, de son enfance politique et militaire, et les circonstances qui l'amenèrent, presque indépendamment de sa volonté, en présence d'événements qui ont été la base de sa fortune et qui ont formé le point de départ de sa grandeur; car, ajoutai-je, nous appartenons en beaucoup de choses à la destinée; mais cependant nous sommes souvent aussi enfants de nos oeuvres. Pour arriver à faire de grandes choses, il faut que les circonstances ne manquent pas aux hommes capables et que les hommes ne manquent pas aux grandes circonstances qui s'offrent à eux. Napoléon les a rencontrées telles qu'il pouvait les désirer, et lui même s'est trouvé à leur hauteur. Cet accord nécessaire est rare, et, quand la fortune le fait naître, il en résulte des choses qui étonnent le vulgaire. Beaucoup d'individus possèdent les qualités nécessaires pour devenir de grands hommes et meurent ignorés, sans doute faute d'occasion de se faire connaître. La société aurait été préservée de beaucoup de calamités si, dans les grandes crises, le caprice de la fortune n'avait pas fait déposer souvent le pouvoir en des mains incapables de l'exercer.

Toutes les idées du duc de Reichstadt étaient dirigées vers son père, auquel il rendait une espèce de culte. Un coeur ardent et ce sentiment primitif qui joue un si grand rôle dans les pays où la civilisation est en retard, comme la Corse, lui était échu dans toute son énergie comme un héritage.

Il m'est impossible d'exprimer avec quelle avidité il entendait mes récits. Je m'excusai auprès de lui de parler souvent de moi; mais, en racontant ce qui concernait son père, je ne pouvais pas l'éviter; car, à cette époque, le cadre était petit, le nombre de ceux qui y étaient compris peu considérable, et j'en faisais partie. Je racontai donc au duc de Reichstadt les premières années de son père, l'occasion de ma première connaissance avec lui, ma rencontre au siège de-Toulon et le rôle important qu'il y joua bientôt, quoique alors seulement pourvu d'un grade subalterne; puis sa nomination au grade de général dans le corps de l'artillerie employé à l'armée de Nice; son importance personnelle, les opérations qu'il dirigea et qui furent comme une première esquisse de la campagne faite une année plus tard, son besoin d'activité l'amenant à proposer une expédition maritime qui ne sortit pas à cause des revers éprouvés par l'escadre; son voyage dans la ville de Gènes, qu'il conseillait d'enlever par surprise; son arrestation comme partisan de Robespierre, sa mise en liberté, son changement de destination, qui l'amena à Paris, où je l'accompagnai, après m'être arrêté avec lui dans ma famille pendant quelques jours, séjour qui l'empêcha d'arriver à Paris à temps pour être compris dans le travail de l'artillerie, et le fit renoncer à une activité qui ne lui convenait pas hors de ce corps. Je fis observer au duc de Reichstadt combien il est remarquable qu'à cette époque Napoléon ait été aussi soumis aux préjugés du corps dans lequel il servait, préjugés qui semblaient devoir l'enlever à une grande destinée et l'empêcher de suivre une carrière seule capable de le conduire à la gloire et à la puissance. Ce fait est une des plus grandes preuves de l'influence des opinions du premier âge sur les opinions de toute notre vie. Il a fallu des événements hors de tous les calculs pour en détruire l'effet chez lui.

Dans la seconde séance, je continuai à raconter au duc de Reichstadt ces premiers temps de son père, si peu connus, et dont je suis aujourd'hui le seul témoin vivant: son séjour à Paris, ses velléités de se faire négociant, son espérance d'aller à Constantinople, qui ne se réalisa pas, qui le fit ainsi trouver à Paris lors du 13 vendémiaire et l'amena au commandement; enfin les circonstances qui lui firent avoir, au printemps, le commandement de l'armée d'Italie, et son départ pour cette destination.

Les séances suivantes furent employées à lui raconter, dans le plus grand détail, les campagnes de 1796 et 1797. J'eus soin de faire ressortir les difficultés résultant de l'infériorité numérique de l'armée, de la pénurie de toutes choses, et plus encore du peu d'autorité dans l'opinion que devait avoir, à son arrivée, un jeune général qui, n'ayant jamais commandé une division, une brigade, ni même un régiment, se trouvait avoir sous ses ordres des généraux âgés et expérimentés. Je lui fis remarquer avec quelle promptitude soit autorité se trouva établie, l'obéissance obtenue et la confiance universelle inspirée. Après avoir posé quelques principes généraux de la grande guerre, je lui lis comprendre quelle série de fautes les généraux ennemis avaient commises et avec quelle habileté Bonaparte en avait profité.

Pendant le cours de mes récits sur les campagnes d'Italie, et quand ils furent terminés, je m'attachai à peindre Napoléon dans sa vie privée, et tel que je l'ai connu: ayant de la bonté et une véritable bonté, quoique ce soit loin de l'opinion consacrée, susceptible d'un attachement durable et sincère pour ceux qui en étaient dignes. J'ajoutai que sa sensibilité s'était émoussée avec le temps, mais sans changer son caractère; et, pour preuve de la bonté qui lui était naturelle, je lui racontai plusieurs circonstances de sa vie, entre autres ce qui a rapport à Dandolo de Venise, lors de la paix de Campo-Formio, et à Blanc, lors du départ de l'Égypte. Enfin, je ne négligeai rien pour représenter Napoléon à son fils, tel que je l'ai connu et aimé. Ces récits l'attachèrent beaucoup et l'intéressèrent à un point impossible à exprimer.

Après le récit des guerres d'Italie, je commençai celui de la campagne de 1814, les deux époques de la vie de son père, qu'il avait désiré particulièrement connaître. Je lui présentai, en résumé, la situation des choses, en novembre 1813; en quoi consistaient nos misérables débris au moment de notre arrivée sur les bords du Rhin, débris qu'un horrible typhus anéantissait. Je lui exposai alors les changements survenus dans l'esprit de son père, et les illusions dont il était rempli, les rêves qu'il nourrissait, et qui n'étaient fondés sur rien de réel; l'espoir d'une offensive prochaine, quand il était évident que l'hiver entier passé dans le repos lui donnerait à peine le moyen de créer les éléments d'une défensive incomplète. Je lui rapportai l'unanimité des opinions à cet égard, et lui citai le mot du général Drouot, rapporté ailleurs, et qui peint si bien, et avec tant de mesure, notre situation d'alors. Je lui fis remarquer le tort grave qu'eut Napoléon de ne pas accepter immédiatement les propositions de paix apportées par M. de Saint-Aignan, et les conséquences d'une obstination qui s'est renouvelée plusieurs fois pendant la campagne et qui fut toujours aussi funeste. Enfin, j'entrepris le récit des opérations militaires, à commencer par le moment où l'ennemi passa le Rhin, à Bâle, le 19 décembre, et sur toute la ligne du Rhin, le 1er janvier.

Ces récits nous amenèrent, à la fin de la campagne, au combat de Paris, combat si honorable pour le petit nombre de soldats qui a soutenu, pendant si longtemps, une lutte si inégale. Je lui fis l'exposé de l'esprit qui régnait en France alors, et particulièrement à Paris; de la faiblesse montrée par Joseph;

de la capitulation qui eut lieu, et des événements d'Essonne, des motifs qui m'ont dirigé, et des intentions patriotiques qui, seules, m'ont animé. En un mot, mes récits, relatifs aux événements d'alors, furent à peu près semblables à ce que j'ai raconté dans mes *Mémoires*. Le duc de Reichstadt écouta avec une attention profonde et une grande émotion. Il comprit tout et porta sur tous les événements le jugement le plus sain. Il remarqua de lui-même la faute faite par Napoléon de laisser tant de troupes dans les places d'Allemagne, troupes qui, rentrées en France, auraient suffi pour défendre le territoire. Il a eu depuis occasion de parler de ce qui m'est personnel, et il a défendu ma conduite avec chaleur, comme je l'aurais fait moi-même. Il a fait ressortir aussi la grande faute commise d'avoir éloigné sa mère, dont la présence aurait tout sauvé. Elle aurait imposé aux conspirateurs, ranimé la tendresse de son père, provoqué les hommages d'Alexandre, parlé à son esprit chevaleresque, et, par ces divers motifs, elle aurait empêché son fils d'être dépouillé. Enfin, il prononça ces propres paroles qui sont remarquables par leur concision et par la justesse de la pensée: «Mon père et ma mère n'auraient jamais dû s'éloigner de Paris, l'un pour la guerre, et l'autre pour la paix.»

Ces deux mots résument toute la conduite militaire et politique qu'il eût été opportun de tenir. Le duc de Reichstadt ayant manifesté le désir de voir mes récits embrasser la totalité de la vie de son père, je revins en arrière, et je racontai la campagne d'Égypte. Je fis l'exposé des circonstances personnelles au général Bonaparte. Je lui démontrai à quel nombre de chances contraires il s'était abandonné; car il était peu probable, au moment du départ, que cette traversée si longue, si difficile, avec un convoi si nombreux, et de si mauvais bâtiments, pût s'exécuter avec un succès qui tiendrait du miracle. Il comprit que la prise de Malte fut un coup de fortune, hors de tous les calculs; qu'une fois arrivé en Égypte, et le débarquement effectué, les difficultés étaient vaincues, l'occupation et la conquête de ce pays devenaient chose facile. Je lui expliquai en quoi consistaient les combats en Égypte, combats auxquels on a donné à tort le nom fastueux de batailles, et je lui racontai tout ce que mes *Mémoires* renferment de curieux sur les choses et sur les personnes, en un mot sur ce pays alors si peu connu.

J'arrivai enfin au retour de l'expédition de Syrie, à la bataille d'Aboukir, aux motifs qui firent prendre au général Bonaparte la résolution de revenir sur-le-champ en France, et à tout ce que cette traversée offrit de bizarre, d'obstacles apparents, obstacles qui n'étaient qu'une combinaison favorable de la destinée, protégeant son avenir et ses projets à son insu. Je lui fis un tableau vrai des transports de joie causés par le retour en France de Bonaparte, de l'accueil qu'il reçut en traversant les provinces et en se rendant à Paris. Enfin, je lui fis connaître ce qui est relatif à la révolution du 18 brumaire, la chose la plus nationale, la plus populaire, que l'opinion de la France entière avait appelée et qu'elle accepta avec transport. Je mis un soin tout particulier à lui faire comprendre la cause de l'arrivée si facile du général Bonaparte au pouvoir. Elle avait été souhaitée universellement comme un moyen unique de salut, et, en l'acceptant, il avait eu l'apparence de céder aux nécessités du pays, au lieu d'agir seulement dans son intérêt propre. Tout avait été de soi-même, tandis que tout aurait été obstacle pour lui si, avant l'expédition d'Égypte, il s'était emparé de l'autorité.

Les séances suivantes furent employées au récit de la campagne de l'armée de réserve, du passage de l'artillerie au mont Saint-Bernard, ensuite sous le fort de Bard, passages mémorables, qui furent spécialement mon ouvrage, et enfin de la bataille de Marengo. Je lui fis connaître les dispositions militaires que le premier consul ordonna pour l'occupation et la défense de l'Italie; enfin la campagne que je fis en 1800, comme commandant en chef l'artillerie de l'armée d'Italie, tout ce qui tient aux opérations de cette armée, au passage du Mincio et de l'Adige, et à l'armistice qui suivit, dont la négociation m'avait été confiée.

Lui ayant parlé du poste de premier inspecteur général de l'artillerie, dans lequel j'avais été placé à ma rentrée en France, je profitai de cette occasion pour faire au duc de Reichstadt un exposé succinct des principes du service de l'artillerie, service dont je fis l'application dans les changements du matériel qui furent exécutés. J'arrivai ensuite à la guerre avec l'Angleterre et aux projets formés par le premier consul, projets dont l'exécution fut préparée avec une ardeur constante peu commune et en harmonie avec la force de sa volonté.

Je donnai au duc de Reichstadt des détails très-circonstanciés sur les armements faits alors, sur leur nature, et sur tout ce qui concerne cette expédition, que quelques individus qui se prétendent bien informés disent n'avoir jamais dû être exécutée. Je lui donnai des preuves palpables du contraire, de la possibilité de sa réussite, qui ne tint, quand plus tard on fut au moment de la tenter, qu'à l'irrésolution de l'amiral Villeneuve.

Du récit de l'expédition d'Angleterre, je passai à celui de la campagne de 1805, qui s'y lie immédiatement, et je fis le tableau des désastres de l'armée autrichienne, détruite à Ulm par suite de la stupidité et de la folie du général Mack, qui la commandait. Je racontai au duc de Reichstadt à quelle occasion j'avais été envoyé en Dalmatie, les événements militaires qui se passèrent dans ce pays, et j'entrai dans le détail de tout ce que cette province renferme de curieux.

La campagne de 1809 arriva ensuite. Je lui fis le récit de ce qui concernait l'armée de Dalmatie en particulier, jusqu'au moment où elle se trouva confondue dans la grande armée et en ligne avec les corps qui la composaient.

J'entrai dans de grands développements sur la bataille de Wagram. Je lui fis comprendre les conséquences qui étaient résultées des incertitudes et des changements divers survenus dans les projets de l'archiduc Charles. Je lui parlai ensuite de ma mission dans les provinces illyriennes, dont j'avais été gouverneur; cela me donna l'occasion de l'instruire avec détail de ce qui concerne les régiments frontières, dont l'organisation est si ingénieuse, si admirable, donne des résultats si utiles au pays où ces régiments sont organisés et au souverain auquel ils appartiennent. Je saisis cette occasion pour lui faire l'exposé du système continental, système d'une conception grande et menaçante pour l'Angleterre, d'une exécution difficile pour nous, mais devenue impossible au moment où le seul intéressé à le maintenir y dérogea pour le transformer en une série d'actes d'une tyrannie brutale qui ont rendu la puissance française odieuse, insupportable, et qui ont ainsi contribué puissamment, par les haines qu'elles ont développées, au renversement de l'Empire.

Je l'entretins de l'époque de sa naissance, dont j'avais été témoin, et des joies que sa venue au monde avait fait naître. Il parla de cette prospérité éphémère avec le calme et la modération d'un philosophe et d'un sage.

J'entrai en matière sur les affaires d'Espagne, l'état de ce pays et la série de circonstances qui avaient amené les malheurs dont il était accablé. Je lui fis un précis des événements politiques et militaires qui s'y étaient passés depuis vingt ans. Après lui avoir fait comprendre ce que le système de guerre et de commandement adopté par Napoléon pour ce pays avait ajouté de difficultés à celles déjà si grandes qui existaient naturellement, il conclut lui-même que, devenues insurmontables, le résultat ne pouvait manquer d'être funeste.

J'entrepris le récit des deux campagnes que j'ai faites dans la Péninsule en 1811 et 1812. En lui donnant, jour par jour, la marche des événements et l'indication des ordres donnés, il put voir à quel point Napoléon se refusa à comprendre la situation des choses en Espagne, et reconnaître comment, en voulant conserver un pouvoir de détail, qu'il ne pouvait exercer, Napoléon contribua, plus que tout autre, au triomphe de la cause opposée et au succès de ses ennemis. Il vit aussi combien funeste avait été l'influence de Soult dans plusieurs circonstances, d'abord lorsqu'il renonça à détruire l'armée anglaise en Espagne, après la bataille de Talavera; ensuite, lorsque après la bataille de Salamanque, en 1812, ayant trouvé cette armée séparée en plusieurs corps, éloignés les uns des autres, il ne pensa point à l'accabler avec toutes ses forces, qui, en ce moment, se trouvaient réunies, et formaient un effectif double de celui de l'ennemi; et enfin une troisième fois devant Pampelune, en perdant la moitié de son armée sans motif et sans raison.

Ces récits m'amenèrent à l'époque où, blessé et remplacé en Espagne, je rentrai à Paris peu de jours avant l'arrivée de Napoléon lui-même, qui venait d'échapper aux désastres de la campagne de Russie. Alors la destinée de l'Empereur avait pâli; mais on pouvait encore espérer de la grandeur dans l'avenir avec une conduite sage et mesurée. Je dis au prince que je ne pouvais lui parler *ex professo* de la campagne de 1812 en Russie, ne l'ayant pas faite, mais que le temps m'avait appris à reconnaître, dans la relation écrite par Philippe de Ségur, l'ouvrage le meilleur sur cette époque importante de notre histoire, l'ouvrage où il y avait le plus de vérité dans les faits et dans la physionomie des événements. J'ajoutai: «Ce n'est pas un critique sévère qui se livre à des recherches, constate des faits et accuse, c'est un admirateur, un ami, qui, trompé dans ses espérances et ses calculs, déplore des fautes et cherche vainement à les excuser.»

Il ne me restait plus, pour compléter mes récits, que d'effectuer ceux de la campagne de 1813. Je le fis avec détail. Après avoir fait ressortir ce qu'il y eut de beau et d'éclatant pour le pays et le souverain dans cette espèce de résurrection de l'armée française et dans les succès qui marquèrent la première partie de la campagne, je lui fis comprendre combien la seconde partie fut loin de la première, et Napoléon différent de ce qu'il avait été autrefois. Je le lui montrai alors tel que M. de Ségur le peint en 1812, c'est-à-dire abandonné à des illusions constantes, qui servirent à l'égarer sous les rapports politiques comme sous les rapports militaires.

Je terminai cette espèce de cours d'une durée de trois mois par la lecture de ce que j'ai écrit sur les événements de 1830. Cette tâche remplie, je dis au duc de Reichstadt que, n'ayant plus rien à lui raconter qui pût l'intéresser, je prenais congé de lui. Il m'embrassa tendrement en me remerciant. Il me déclara que je lui avais fait passer les moments les plus doux qu'il eût encore goûtés depuis qu'il était au monde, et me fit promettre de continuer à venir le voir de temps en temps, devoir que je n'ai cessé de remplir.

Il m'envoya peu après son portrait fait par Daffinger: il est d'une assez grande ressemblance, quoique un peu trop jeune. Le buste de son père est en face, et il a écrit de sa main les vers de Racine ci-après:

«Arrivé près de moi par un zèle sincère,

Tu me contais alors l'histoire de mon père:

Tu sais combien mon âme, attentive à ta voix,

S'échauffait au récit de ses nobles exploits.»

Ce gage de son souvenir et de son amitié est une des choses les plus précieuses que je puisse posséder. Il avait, comme son père, l'instinct de se rendre agréable aux gens auxquels il voulait plaire.

Je continuai à le visiter environ tous les quinze jours, et chaque fois j'étais reçu par lui avec l'expression du plaisir. Quand j'avais fait une absence de

Vienne, c'étaient de nouvelles étreintes. Dans mes visites, la conversation roulait sur la politique, sur les nouvelles du jour.

Je n'ai pas omis une seule occasion de lui donner les conseils que je croyais sages et conformes à sa position particulière. Dans une des premières conversations, je lui dis: «Monseigneur, vous voilà livré au monde, libre de vos actions: croyez à mon tendre attachement pour vous et aux voeux que je fais pour votre gloire et votre bonheur. Mettez-vous en défiance contre les intrigants français qui vont chercher à vous entourer et à s'emparer de vous; notre pays abonde en cette sorte de gens. Leur influence sur vous, s'ils en acquéraient jamais, vous mènerait à votre perte. Ils vous engageraient dans des combinaisons impuissantes qui vous compromettraient infailliblement. Vous n'avez qu'une ligne à suivre, une conduite à tenir. Grandissez dans l'opinion par votre instruction, par une conduite droite et ferme; montrez-vous apte à tout, et faites voir que le fils de Napoléon est doué par la nature de hautes facultés et d'un grand caractère. Faites-vous des amis; vous y réussirez facilement, car l'opinion vous est très-favorable, et il y a, en général, une grande bienveillance pour vous dans le public. Ne faites, dans aucun cas, la guerre à la France, afin de n'avoir jamais, aux yeux des Français, une physionomie hostile, et attendez ce que la Providence décidera de vous. Si elle a des desseins sur vous, si vous êtes appelé à jouer un rôle politique, il faut que vous soyez une nécessité du temps, une solution du problème, et qu'on vienne vous chercher. C'est ainsi que votre père est arrivé au faîte du pouvoir sans éprouver de difficultés. Les choses sont plus fortes que les hommes. Quand on marche dans leur sens, quand on est soutenu par elles, tout est aisé, tout est facile; quand on les contrarie, quand on marche dans un sens opposé, on s'épuise en vains efforts, et un succès éphémère n'est que le prélude d'une catastrophe. La règle de conduite que je prends la liberté de vous conseiller est le résultat d'une longue expérience et de réflexions dictées par mon attachement pour vous; elle est conforme aux intérêts bien entendus de votre ambition, à ceux de votre considération et de votre bonheur.»

Le prince me répondit sur-le-champ: «Ma position doit paraître difficile. Eh bien, elle le serait pour une âme faible. Quand on a pris une résolution, que l'on peut se rendre compte des conditions dans lesquelles on est placé, tout devient facile. Je puis éprouver quelques tourments par l'impatience de trouver une occasion d'acquérir de la gloire, et, en conséquence, des embarras que ma position y apporte. C'est un tribut que je paye à l'humanité, mais c'est un mal passager. Jamais je ne sortirai de la ligne que vous m'indiquez, et qui est celle que j'ai choisie; je ne ferai, dans aucune circonstance, la guerre à la France: c'est une recommandation de mon père à laquelle je serai toujours fidèle. Si la politique des souverains de l'Europe les déterminait à me mettre en avant, je protesterais solennellement. Le fils de Napoléon doit avoir trop de grandeur pour servir d'instrument, et, dans des événements de cette nature, je ne veux pas être une avant-garde, mais une réserve, c'est-à-dire arriver comme secours, en rappelant de grands souvenirs. Voilà quels sont mes sentiments, quelle est ma manière de voir et les règles de conduite que je me suis invariablement tracées.»

Je lui exprimai la joie que j'éprouvais de le voir pénétré de sentiments aussi nobles et d'idées aussi raisonnables. Il s'est réjoui avec moi des espérances de paix. «La guerre, m'a-t-il dit, dans les circonstances présentes serait, pour vous et pour moi, une source de chagrins, puisque d'aucune manière ni l'un ni l'autre nous ne pourrions y prendre part.»

Nous discutâmes si, en principe, un chef suprême devait choisir ses principaux instruments parmi les hommes capables, au lieu de les chercher dans des gens du second ordre. On conçoit la pensée qui fait choisir des hommes sans réputation, et il était assez incliné à adopter de préférence cette opinion. Mais je lui fis sentir qu'écarter les hommes supérieurs était une preuve de faiblesse et du sentiment de sa propre infériorité; qu'avant tout il fallait ne rien négliger pour assurer le succès de ses opérations, sauf à en partager la gloire avec ses collaborateurs. Un devoir positif l'ordonne; mais d'ailleurs la part du chef est toujours assez belle, quand il a attaché son nom au triomphe. La conversation se termina par une réflexion spirituelle du duc de Reichstadt. Je lui faisais remarquer combien le secret était nécessaire dans les grandes affaires, car presque jamais on n'a regretté le silence: qu'ainsi on devait se borner à confier ses projets au plus petit nombre d'individus possible, et aux agents indispensables; il ajouta: «Et quelquefois à ceux qui les ont devinés.»

Dans une autre conversation, dont les sujets avaient été variés, le duc de Reichstadt traita une question abstraite et compara l'homme d'honneur à l'homme de conscience. Il donnait la préférence à ce dernier, «parce que, disait-il, c'est toujours le mieux et le plus utile qu'il désire atteindre, tandis que l'autre peut être l'agent aveugle d'un méchant ou d'un insensé.»--On se rappelle que j'ai rendu compte dans le récit de la campagne de 1813, d'une conversation à Düben avec Napoléon sur le même sujet; mais la conclusion était opposée. Je fus confondu de voir ce jeune homme occupé de questions si élevées, et je trouvais quelque chose de surnaturel à ce qui se passait, car je n'avais pas dit un mot de cette conversation au prince.

Le duc de Reichstadt, ayant été nommé lieutenant-colonel du régiment de Giulay, se livra avec ardeur au commandement du bataillon qui lui était confié. À cinq heures du matin, il était à l'exercice. Cela n'empêchait pas le travail du soir, qu'il continuait comme autrefois, et qu'il poussait jusque bien avant dans la nuit. J'allai le voir exercer. Il s'en acquittait bien. Cette activité, trop grande pour l'état de ses forces, pour une poitrine faible, pour un tempérament en travail et achevant de se développer, soumis à l'action maligne d'une humeur qu'il avait reçue de son père, fit naître la maladie dont un an après il est mort. Une extinction de voix, accompagnée de fièvre, survint. Le duc de Reichstadt fut forcé, pendant quinze jours, de suspendre les manoeuvres et de vivre dans la retraite; avertissement de la nature dont on aurait dû profiter, en le faisant renoncer, pendant deux ans, à une vie qui lui était funeste. On aurait dû aussi l'envoyer habiter des pays d'un climat plus doux. Enfin, en ne négligeant rien, on aurait pu consolider une santé chancelante et un tempérament faible.

Il est probable qu'on serait parvenu à conserver cet aimable jeune homme; mais, au lieu de cela, on traita légèrement une indisposition d'un caractère grave. Des gens mal intentionnés, entre autres un nommé Kutschera, aide de camp général de l'empereur, prétendirent que le duc de Reichstadt était efféminé et manquait d'énergie, puisqu'il se laissait abattre si facilement. Ces propos lui étant revenus le blessèrent profondément. Dès ce moment il fit volontairement des imprudences pour prouver son courage. Il aimait la chasse et s'y livra d'une manière inconsidérée et par le plus mauvais temps. Les effets de ce régime furent prompts et terribles. Les accidents se multiplièrent, et bientôt on ne put plus avoir l'espoir fondé de lui conserver la vie. Je le vis alors plus souvent. Ma présence lui était agréable et lui causait des distractions utiles.

C'était à Schoenbrunn, dans la chambre même où j'avais vu souvent Napoléon, qu'il me recevait. Un jour il dormait et l'on me renvoya. On le lui dit plus tard, et il répondit: «Pourquoi ne m'avez-vous pas réveillé? C'est le seul homme dont la conversation m'amuse et m'intéresse.»

Une autre fois, au mois de juillet, peu de jours avant sa mort, je me rendis chez lui et l'on m'annonça. Il était horriblement faible et souffrant, il répondit: «Dites au maréchal que je dors; je ne veux pas qu'il me voie dans ma misère.»

Il mourut le 22 juillet, anniversaire de la bataille de Salamanque, jour devenu ainsi doublement funeste pour moi.

Je terminerai cet article en essayant de faire le portrait de ce jeune prince, qui n'a fait qu'apparaître au monde.

Le duc de Reichstadt est un des plus remarquables exemples des caprices de la fortune. Né sur la marche du trône le plus élevé et le plus puissant, destiné, selon les apparences, à régner sur une multitude de peuples, son étoile, si brillante à son aurore, n'a jamais cessé de pâlir. Chaque jour, durant sa vie, a vu obscurcir son avenir, et enfin tout a fini pour lui à vingt et un ans, après avoir passé sa courte vie dans une situation fausse, remplie d'oppositions, de contradictions et de peines. Avec des apparences contraires, il reçut de la nature un corps faible. Une crue extraordinaire, qui tenait à une espèce de rachitisme, l'a beaucoup énervé. Plusieurs des organes les plus importants ne se développèrent pas suffisamment, tandis que d'autres semblèrent absorber toutes les puissances de sa vie. Son estomac était extrêmement petit et son cerveau énorme. Un régime mal entendu, la rareté de ses repas, d'abord faute d'appétit et ensuite résultat d'une erreur de jugement, ont sans doute contribué à augmenter cet état de souffrances.

Son éducation fut soignée et dirigée par un homme honorable, le comte Maurice de Dietrichstein, son gouverneur. Elle aurait pu être mieux entendue et de manière à en obtenir plus de fruit. Le résultat de ses études fut médiocre. Il savait bien les langues vivantes; mais il avait peu d'aptitude pour les sciences exactes. Une bonne mémoire avait favorisé l'étude de l'histoire, qu'il savait assez bien. Les études militaires étaient celles pour lesquelles il avait le plus d'attrait. Sa passion pour le service militaire était extrême. L'éclat de la gloire de son père semblait avoir sur lui l'effet d'un foyer brûlant. Il ne concevait aucun bonheur sur la terre comparable à celui d'être soldat et de faire la guerre. Il trouvait peu de charme dans les plaisirs du monde, où cependant il était bien vu et bien reçu. Plus tard, son développement étant complet, il en aurait sans doute été autrement; mais une prétention de stoïcisme et de haute raison l'aurait pendant longtemps mis en garde contre l'ascendant des femmes.

Le duc de Reichstadt était leste et adroit dans les exercices du corps. Il montait bien à cheval, et avec beaucoup de grâce. Sa figure avait quelque chose de doux, de sérieux, de mélancolique, et quelquefois un regard perçant et dur qui rappelait celui de son père, quand il était irrité. Son éducation, la position bizarre qu'il occupait, l'avaient forcé de bonne heure à user de dissimulation. Aussi cette disposition de son esprit était un trait marquant de son caractère. On l'a accusé d'être faux et menteur. Cette accusation ne me paraît pas avoir été fondée; mais son extrême réserve, une prudence au-dessus de son âge, l'empêchèrent d'être jamais entraîné plus loin qu'il ne voulait. Enfin ses manières, quelquefois caressantes, et la séduction qu'il exerçait quand il voulait s'en donner la peine, ont pu autoriser, jusqu'à un certain point, cette injuste accusation de la part de ses ennemis.

Pour donner une idée de la réserve et de la prudence qui ne l'abandonnaient jamais, je raconterai le fait suivant:--Un de mes aides de camp, le baron de la Rue, qui m'avait accompagné à Vienne, était au moment de retourner à Paris. Le duc de Reichstadt l'avait rencontré souvent dans le monde et fort bien traité. Lorsque M. de la Rue lui annonça son départ prochain, il lui adressa en même temps cette phrase banale qui est dans la bouche de tous les voyageurs, que, s'il avait des commissions pour Paris, il s'en chargerait. Je vois encore le duc de Reichstadt lui répondant avec expression et vivacité: «Pour Paris? je n'y connais personne. Je n'y connais que la colonne de la place Vendôme.»

Le surlendemain, au moment où M. de la Rue montait en voiture, le comte de Dietrichstein, en venant lui-même renouveler, de la part de Son Altesse Impériale, ses souhaits de bon voyage, lui remit un pli du prince contenant ces mots:

«Quand vous reverrez la colonne, présentez-lui mes respects.»

Le duc de Reichstadt avait un esprit lucide et vif. Sa compréhension était facile, ses aperçus prompts, ses applications justes. Il m'est arrivé souvent de lui voir faire, lors de mes récits, des rapprochements ingénieux de circonstances analogues, quoique à des espaces de temps considérables, et des applications des principes posés qui avaient germé dans son esprit. Il avait le défaut de viser trop à l'effet; et, particulièrement dans le monde, ce défaut était sensible. Il hasardait quelquefois légèrement des phrases ambitieuses et des paradoxes qu'il ne pouvait pas soutenir avec succès; mais le temps l'aurait probablement corrigé à cet égard. Ce jeune homme, malgré ses qualités et sa séduction, n'était pas complet, et j'ignore si la nature l'avait doué d'assez hautes facultés pour jouer un rôle de premier ordre au milieu des complications de l'époque; mais il y avait des éléments précieux en lui, et, en première ligne, le caractère, la grâce et la finesse, qualités bien nécessaires dans la position difficile où il se trouvait.

Il chérissait son grand-père et avait le talent de pouvoir tout lui dire sans lui déplaire. De son côté, l'empereur l'aimait tendrement, comme toute la famille impériale. Sans aucune espèce de doute, les événements de Juillet 1830 ont fait une puissante impression sur le duc de Reichstadt. Ils ont développé chez lui des idées d'ambition qui dormaient. Alors il s'établit dans son coeur un combat continuel, ce tourment, le pire de tous, qui naît de désirs paraissant justes et fondés et qui ne sont pas satisfaits. Il n'aimait pas les Bourbons, mais il concevait leurs droits et leur grandeur. Ceux-ci mis hors de cause, il répétait que, lui aussi, avait des droits et des droits plus clairs, plus en harmonie avec la doctrine du temps que ceux de Louis-Philippe. Ainsi, sous le rapport politique, il était tourmenté; sous le rapport militaire, il ne voyait dans sa carrière rien de réel; car la réflexion l'amenait facilement à reconnaître que, puisqu'il ne pouvait pas faire la guerre à la France ni pour la France, il lui était interdit de la faire jamais, et toute sa vie se passerait ainsi en exercices et en manoeuvres. Dans d'autres moments, il lui est arrivé de s'abandonner à une sorte de désespoir en réfléchissant qu'il ne pouvait y avoir de guerre en Europe qu'entre la France et le reste des puissances du continent. Alors il lui échappait de dire: «Mais est-ce que la gloire acquise, même aux dépens des Français, ne me grandirait pas à leurs yeux, et, si j'étais appelé un jour à les gouverner, n'en serais-je pas plus digne, si j'avais prouvé ma capacité par mes actions?»

Et puis il revenait aux premières idées que le sang français devait être sacré pour lui. Son père lui avait tracé la marche qu'il devait suivre pendant toute sa carrière, durant toute sa vie, et il lui arrivait, comme il arrive souvent dans le malheur, de s'abandonner à des espérances vagues qui, n'étant basées sur aucune chose positive, ne sont qu'une chimère envoyée par la Providence pour alléger les peines du coeur et les souffrances de l'esprit. Sa mort, dans les circonstances où elle a eu lieu, a été un grand événement politique. Le parti militaire, en France, connu sous le nom de parti bonapartiste, n'a plus eu de lien ni d'existence après la mort du duc de Reichstadt. Il n'avait de consistance que par le fils de celui qui avait été l'étonnement du monde; de manière que, pour le passé, il parlait aux imaginations, et, pour le présent, il était présumé avoir l'appui d'un monarque puissant. Sans l'Autriche, le parti bonapartiste n'était rien. Ce parti, réduit aux autres membres de la famille de Bonaparte, n'a plus même une existence nominale. Il a fini, et il n'en reste que des souvenirs.

Je cherchai à mêler le travail de la rédaction de mes *Mémoires* à des distractions agréables et instructives, et je fis de temps en temps des voyages dans les différentes provinces de la monarchie autrichienne.

Le premier objet de ma curiosité fut de voir la Hongrie. Je parcourus la partie in plus voisine de l'Autriche avec un vif intérêt. Je n'en dirai rien aujourd'hui, ayant déjà publié ailleurs mes remarques sur ce pays.

Quelques mois plus tard, j'allai voir la Haute-Autriche et le Tyrol allemand. Je suivis la rive gauche du Danube jusqu'à Lintz, et partout je ne pus trop admirer ce pays enchanteur, surtout depuis Mölk jusqu'à Lintz.

À Lintz, je vis le commencement de ces travaux de fortification, en ce moment exécutés, qui sont l'objet d'une si grande controverse. Les éléments qui les composent, les tours dont l'enceinte est formée, sont bien connues et faites avec soin. Les soins de détail, minutieux et ingénieux, qui ont présidé à leur construction et à leur armement, leur donnent une assez grande perfection. Leur ensemble forme un camp retranché, imprenable quand il est défendu par une armée; mais, si jamais on croyait pouvoir abandonner cet ensemble à lui-même, avec de simples garnisons dans les tours, il résisterait à peine un moment. En appliquant cette création à la défense de la frontière de l'Autriche, je l'approuve complétement. L'emplacement est bien choisi. À cheval sur le Danube, appuyé à des montagnes difficiles et d'un développement de plusieurs lieues, ce camp retranché est impossible à bloquer. Les routes nombreuses qui y aboutissent, les unes suivant les deux rives du Danube, les autres se rendant en Bohême et dans le Tyrol, offrent des moyens de manoeuvres faciles. Dans tous les cas, elles assurent l'arrivée des secours de toute espèce et des renforts qui pourraient donner à une armée battue ou inférieure le moyen de reprendre l'offensive. Une armée s'y trouvera toujours en sûreté et y pourra, sans danger, attendre les événements.

La création de ces moyens de défense et de manoeuvres est préférable à la création d'une grande place. D'abord, elle aurait coûté quarante millions et dix ans de travaux. Le camp retranché de Lintz est terminé aujourd'hui et n'a pas coûté cinq millions. Je le crois donc bien conçu, utile dans la circonstance; et, si en 1805 et en 1809 il eût existé, il est probable et même certain que nous ne serions pas arrivés à Vienne, ou au moins nous y serions arrivés beaucoup plus tard. Or un retard d'un mois, dans les progrès d'une armée qui attaque une grande monarchie dont les ressources ne demandent que du temps pour être mises en oeuvre, change tout l'état de la question; et, dans la circonstance, à moins d'avoir des forces quadruples de celles de l'ennemi, une armée venant de la Bavière ne peut s'enfoncer dans la vallée du Danube et marcher sur Vienne, quand le camp retranché de Lintz est occupé par des forces un peu respectables.

De Lintz je me rendis à Gmünden et à Ischl, pays délicieux, pittoresque et rempli de lacs, où un grand nombre d'habitants de Vienne vont passer la belle saison. De là je fus à Salzbourg, pays plus beau encore, plus ouvert, d'une extrême fertilité, d'une grande richesse. Je n'ai rien vu de plus beau en ma vie, au climat près. Ce pays, quoique ouvert, est coupé par des collines ornées de cultures et d'habitations. La vue se termine à de hautes montagnes qui donnent à l'horizon une grande étendue, et encadrent le plus beau tableau possible, de la manière la plus imposante.

Indépendamment de la beauté de la nature, Salzbourg est un point du plus haut intérêt sous les rapports militaires. Sous les rapports stratégiques, il est merveilleusement placé. Intermédiaire entre Vienne et le Tyrol, placé au noeud de plusieurs routes qui se rendent à Inspruck, en Carinthie, en Styrie, il prend des revers sur la vallée du Danube, et les troupes qui s'y trouvent sont libres dans le choix de leurs mouvements. C'est un point naturel de réunion, dans une guerre malheureuse, pour les troupes qui auraient défendu le Tyrol. En outre la localité offre d'immenses avantages défensifs. Des rochers isolés, susceptibles d'être occupé par des forts d'assez petites dimensions, seraient imprenables, et formeraient l'enceinte. Ces rochers qui sont tendres de leur nature, se coupent à pic avec facilité. De simples murs, dans les rentrants, suffiraient pour établir la liaison entre eux. La montagne, dite des Capucins, devrait être occupée de la même manière, et fournirait des feux que l'on ne pourrait éteindre et qui défendraient le front de la place du côté de la plaine. Enfin, on pourrait encore, mais chose superflue, se procurer des inondations, et on aurait une place vraiment imprenable, susceptible d'être occupée avec quinze cents hommes, défendue avec six mille, capable de donner refuge à une armée de soixante mille hommes, et cette place, qui remplit toutes ces conditions, qui jouit d'immenses avantages, eu égard aux circonstances naturelles des localités et en raison de tous les établissements existant déjà, ne coûterait pas à construire cinq millions de francs. On ne conçoit pas pourquoi le gouvernement autrichien ne l'a pas encore fait construire.

De Salzbourg, je continuai ma route pour le Tyrol. Je vis Inspruck, le Vorarlberg et les Grisons. Décrire ces différents pays serait superflu. Ils sont connus de tout le monde; mais un objet d'admiration, peu connu en France, est la quantité de routes qui traversent les différentes chaînes, et ont fait tomber ces barrières naturelles dans l'intérêt du commerce et des richesses.

La route du Splugen, ouvrant la communication entre la vallée du Rhin et celle du Pô, est admirable à voir. De grandes difficultés ont été surmontées. Rien n'est plus imposant que la partie de la route qui suit, pendant plusieurs lieues, les bords du Rhin, roulant au-dessous avec fracas, à une profondeur de plusieurs centaines de pieds, dans une gorge étroite. Une double descente en Italie, sur Chiavenna et Bellinzona, ouvre les portes de la Lombardie, tandis qu'une autre communication plus belle encore, dans un pays plus difficile, et qui passe par le Monte-Stelvio, passage le plus élevé de l'Europe, rendu praticable par la main des hommes, établit une communication courte et directe entre le coeur du Tyrol et Milan. Cette route lie les bords du haut Adige avec ceux de l'Adda supérieure, côtoie cette rivière depuis sa source jusqu'au lac de Côme, et les bords de ce lac jusqu'à l'Ecco.

Cette route est un des plus beaux monuments de notre époque. Il est supérieur en difficulté et en exécution au Simplon. Au surplus, cette route est purement militaire, et le commerce, malgré l'augmentation des distances, préférera toujours suivre la direction de Trente, Vérone et Brescia. Ces villes, qui sont autant de points de consommation, lui créent des intérêts et lui offrent plus d'avantages. En prenant celle de la Valteline, les seuls points de départ et d'arrivée ont de l'importance; mais, pour faire jouer à cette route, sous le rapport militaire, le rôle qu'on en attend, il est urgent de construire un fort qui bouche la vallée et rende l'armée autrichienne maîtresse exclusive de ce passage. Sans cela cette route ne servira à personne à la première guerre, ou servira seulement à l'armée française. En effet, son action doit particulièrement se faire sentir quand l'armée autrichienne, chassée du Milanais, se retire dans le Tyrol. Si cette route ouvre un passage court et facile pour la retraite, elle fournit à l'armée française un passage non moins facile pour pénétrer. Les Autrichiens, avec leur économie instinctive et leur respect pour des considérations de second ordre, ne se résoudront jamais à la faire sauter en la quittant. Mais, quand, après s'être réfugiés dans le Tyrol, après avoir reçu des renforts et reprenant l'offensive, ils s'imagineront s'en servir pour déboucher et marcher vers Milan, les Français, en se retirant, ne se feront pas scrupule de la détruire, et en vingt-quatre heures on peut y parvenir sur un développement de cinq cents toises. Je le répète, elle sera pour les opérations ou nulle ou d'un effet contraire au but qu'on s'est proposé en la construisant. La seule chose à faire est d'établir une place qui la couvre et en interdire l'usage à l'armée française. Quand on ouvre un passage il faut y mettre une porte dont on garde la clef, afin d'en conserver l'usage en l'ôtant à l'ennemi. Mais où cette place doit-elle être bâtie? Le plus près possible du Monte-Stelvio.

J'ai entendu discuter cette question, et à mon avis elle ne peut être un moment indécise. Placée dans le lieu où les difficultés d'en faire le siége pour l'armée française sont augmentées par son éloignement de Milan, elle se trouve plus à portée de recevoir des secours efficaces au moindre mouvement offensif de l'armée autrichienne. Au contraire, si elle était placée près de l'Ecco, comme on la proposé, on pourrait, en réunissant beaucoup de moyens, la prendre avant qu'elle put être secourue, parce que l'armée autrichienne ne peut venir du Tyrol à l'Ecco qu'après une suite de succès décidés, tandis qu'il en est tout autrement quand il s'agit d'arriver près de Bormio. En faisant entrer dans les calculs le temps nécessaire pour transporter de si loin un matériel de siége suffisant, on peut établir en fait qu'une place, moitié moins forte, située ainsi en arrière, rendrait un service double d'une autre beaucoup plus forte, placée plus en avant. En parcourant le pays, et dans les idées que je viens d'exprimer, j'ai remarqué un défilé entre Tirano et Bormio, où un fort pourrait être construit, et qui, défendu par cinq cents hommes, remplirait le but indiqué.

Chaque année je consacrais ainsi la belle saison à visiter quelques parties de la monarchie autrichienne, et particulièrement les environs de Vienne.

En 1833, des devoirs d'amitié m'appelèrent en Suisse, et j'y passai près d'un mois. À cette occasion, je visitai l'Oberland et j'admirai ce pays enchanteur. Rien n'est au-dessus des bords du lac de Thun. Richesse, élégance, calme, beautés pittoresques, tout s'y trouve réuni sous les yeux. Le lac d'Interlachen, si renommé, me parut moins digne de sa réputation. Après avoir traversé le lac de Brienz, remonté l'Aar, je me rendis dans le Valais, en traversant le Grimsel. Je visitai les glaciers d'où sort le Rhône, et j'entendis ces bruits remarquables, assez fréquents, qui annoncent un travail continuel de la nature. Ils ont été décrits trop de fois par les voyageurs et des physiciens pour que j'en parle ici.

Je sortis du Valais en traversant le Simplon, route que j'avais déjà parcourue en me rendant, en 1809, à Laibach, pour prendre le gouvernement des provinces illyriennes. Alors les frontières de la France étaient sur la Drave et contiguës à la Styrie, et, peu d'années après, elles étaient à l'ouest de la Savoie. Triste rapprochement qui, en un mot, exprime notre éclat passager, ainsi que notre humiliation et notre infortune actuelles; funeste résultat de l'abus de nos succès; monument de la fragilité des grandeurs du monde, quand elles ne sont pas fondées sur la raison, la justice, la modération et la sagesse.

Je revis le sol de l'Italie avec transport. Que les impressions de la jeunesse ont de durée et de puissance sur tout notre être! Que les souvenirs de gloire sont puissants! Ils réchauffent le coeur; ils raniment même des sens prêts à s'éteindre! Je croyais renaître à la vie en respirant de nouveau l'air embaumé de l'Italie, en sentant l'action des rayons de son soleil créateur, et en reposant mes yeux sur les admirables paysages que son sol merveilleux offre sans cesse à la vue.

J'allai revoir les îles Borromées. Le caprice d'un homme riche a donné naissance à l'Isola-Bella, qui est un ouvrage des hommes, et non une création de la nature. Un rocher a servi de fondations à un palais, et des voûtes très-hautes, fort étendues, construites sur pilotis dans le lac, ont servi de base à un jardin d'une assez grande étendue. Une immense quantité de terre a été apportée et a donné le moyen de le livrer à la culture. Aujourd'hui, il est couvert d'arbres de toute grandeur. Des orangers en pleine terre garnissent les terrasses du côté du midi, et ces terrasses, pendant chaque hiver, sont transformées en serres pour mettre les orangers en sûreté contre l'action du froid. On me montra un beau cyprès sur l'écorce duquel on me dit que Napoléon avait gravé le mot *bataille* avec un couteau, avant la bataille de Marengo. Des traits confus justifient l'opinion que quelque chose fut écrit sur cet arbre; mais, si Napoléon s'en chargea, ce ne fut certes pas à l'époque dite. Il n'alla pas et n'eut pas la pensée d'aller se promener alors aux îles Borromées. D'autres soins absorbaient tous ses moments.

J'allai à Côme, et j'admirai les bords enchanteurs du lac. Je les avais parcourus en 1797 avec le général Bonaparte, madame Bonaparte, le marquis de Gallo et d'autres étrangers de distinction. De nouvelles villas y sont placées et les embellissent encore davantage. La villa Sommariva, dont le jardin renferme plusieurs centaines d'arpents, est orné d'objets d'art, de statues, de tableaux du plus grand prix, et, entre autres, d'un magnifique bas-relief de Thorwaldsen représentant le triomphe d'Alexandre exécuté dans d'autres temps pour Napoléon. La villa Melzy est située en face; c'est une délicieuse habitation, moins riche que la première, mais digne demeure d'un philosophe ami des beaux-arts. Je revis la Plimiana, fontaine intermittente qui y existe depuis bien des siècles, et je me rappelai qu'en 1797 on se perdit en raisonnements pour expliquer ce phénomène. Aujourd'hui, il me paraît tout simple, en supposant un siphon naturel existant dans la terre.

De Côme je fus à Milan, dont la vue, l'éclat et la prospérité me frappèrent. J'y passai dix jours à voir tous les monuments, tous les objets d'art qui y sont renfermés. Je n'en rendrai pas compte ici; je ne pourrais faire mieux que le plus chétif itinéraire, mais je n'omis rien de ce qui méritait la peine d'être vu.

Je passai une journée entière à examiner la magnifique cathédrale, objet le plus curieux de ce genre après Saint-Pierre de Rome. Cette richesse de matériaux, ce peuple de statues de toutes les dimensions, qui occupent toutes les parties du temple (il y en a plus de cinq mille), ce fini extraordinaire dans le détail des ornements, ces terrasses en marbre d'une étendue si grande, couvrant tout l'édifice et permettant de circuler avec facilité, font de cette église un des plus beaux monuments dont les hommes puissent se glorifier.

L'arc de triomphe, à l'entrée de Milan, sur la route venant du Simplon, commencé par Napoléon et fini par l'empereur François, allait alors recevoir ses derniers décors. On posait le bas-relief de la partie supérieure. On coulait les chevaux de bronze destinés à occuper la plate-forme.

Ce monument présentera un fait curieux et honorable pour le souverain qui l'a fini. Au lieu d'imiter Napoléon, qui faisait disparaître de tous les monuments publics où il mettait la main les signes de ses devanciers et y substituait les siens, pour faire naître chez la postérité l'illusion qu'il les avait créés, l'empereur François a voulu que cet arc de triomphe conservât le caractère et consacrât le souvenir des temps où il avait été élevé. L'histoire ne peut périr. Au lieu de changer les faits, elle doit les faire connaître dans l'ordre où ils se sont passés. Ici on a suivi ce principe. L'arc de triomphe de Milan, dans sa partie inférieure, représente Napoléon faisant son entrée à Vienne; la partie supérieure montre l'empereur François entrant à Paris. C'est toute l'histoire de nos temps en résumé! Heureux ceux qui ont terminé l'édifice, les victorieux à la dernière heure de la bataille! Cependant, tout en rendant justice aux intentions de l'empereur François, on en a déguisé l'esprit dans l'exécution. Les bas-reliefs faits par Napoléon sont bien restés en place, mais le livret qui explique le monument applique à l'empereur François ce qui était relatif à Napoléon. Or l'entrée de celui-ci à Vienne est censé représenter celle de l'empereur d'Autriche à Milan. Cette manière d'interpréter le bas-relief est la seule connue aujourd'hui et restera ainsi la seule dans l'avenir.

Après Milan, j'allai revoir les champs de bataille de 1796. Quelle source de jouissances pour moi! Je ne croyais pas mon pauvre coeur, affaissé sous le poids de tant de souffrances, susceptible encore des jouissances qu'il a ressenties. Ma mémoire me rappela tous les lieux que quelques circonstances avaient caractérisés, et les détails les plus minutieux se représentèrent à mon esprit. À Lodi, je reconnus l'emplacement où j'avais, à la tête d'un régiment de hussards, culbuté l'avant-garde autrichienne et pris ses canons. Je revis le lieu où, envoyé en reconnaissance près de l'Adda, j'échappai comme par miracle au feu d'une grande partie de l'armée ennemie; à Crémone, la place de ma première rencontre avec des hulans; à Castiglione, le lieu où j'avais placé toute l'artillerie à cheval de l'armée, mise sous mes ordres, et qui culbuta la gauche de l'armée autrichienne; à Rivoli, les points les plus marquants de cette glorieuse bataille; à Arcole, le terrain étroit où pendant trois jours nous avons lutté contre des forces triples, et le lieu où, aidé par Louis Bonaparte, je retirai d'un fossé plein d'eau le général en chef qui venait d'y tomber, par suite du désordre et de la confusion causés par un moment de retraite précipité. Je vis les restes du monument élevé par Eugène, en mémoire du fait d'armes inventé du passage du pont d'Arcole, qui jamais n'eut lieu. Ce monument a été privé de ses inscriptions par l'autorité autrichienne, non comme consacrant un fait faux, mais comme consacrant une action glorieuse pour nous. Ainsi, dans l'un et l'autre de ces buts qui semblent opposés, tout est charlatanisme, il en est ainsi de beaucoup d'actions des hommes.

En ce moment, Vérone était le théâtre de travaux importants. On a le projet d'en faire une grande place, projet insensé, si on a la prétention de faire une place véritable, destinée à se défendre isolément et après avoir perdu ses communications; projet très-bien conçu, si l'on se contente d'en faire une place de manoeuvre, un grand camp retranché, d'où une armée puisse déboucher promptement et, sous son appui, manoeuvrer à son aise. Dans le premier cas, elle exigerait une très-grande garnison, à cause de son étendue. De plus, elle ne serait jamais très-forte, à cause des localités qui lui sont contraires. Mantoue, comme grande place de dépôt, suffit aux besoins de cette frontière, et, en multipliant inutilement les grandes places, on augmente les embarras d'une guerre malheureuse qui, en portant l'armée en arrière, oblige de l'affaiblir encore par de grandes garnisons. Considéré comme simple camp retranché, Vérone peut rendre inexpugnable cette courte frontière, comprise entre le lac de Garda et le Pô, qui est couverte par Peschiera, Mantoue et le Mincio. Alors une armée, appuyée à l'Adige et débouchant de Vérone, a des moyens de mouvement si faciles et si multipliés, qu'elle semble impossible à vaincre. Alors l'Italie de la rive gauche de l'Adige me semble ne pouvoir être conquise que par une armée débouchant par le Tyrol.

Je me rendis à Venise, où je passai huit jours. Jamais je n'avais vu cette ville avec autant de détail. Les richesses qu'elle possède en tableaux sont si étendues, que leur étude finit par établir une sorte de confusion dans mon esprit. La décadence de cette ville afflige le voyageur; mais, les circonstances qui l'ont créée et maintenue pendant tant de siècles n'existant plus et ne pouvant plus renaître, il est difficile d'espérer de la voir prospérer jamais. Indépendamment de la difficulté de l'entrée et de la sortie du port, qui donne toujours à la navigation des chances périlleuses, l'obstacle particulier à sa prospérité est placé dans l'esprit nonchalant de ses habitants. Quoique les intérêts de Trieste et de Venise soient de nature à pouvoir se concilier, la prodigieuse activité des habitants de Trieste sait envahir le domaine où le Vénitien peut exercer son industrie. Au moment où le dernier se lève, le Triestin a déjà fini ses spéculations et les démarches de sa journée. Deux circonstances cependant peuvent ranimer Venise: c'est, d'une part, le chemin de fer de Milan à cette ville, qui en ferait comme le port de Milan, le débouché nécessaire des produits de la Lombardie et le port d'entrée et de distribution des denrées coloniales; d'une autre part, ce sera la chute de l'empire ottoman, qui, amenant un partage, rendrait forcément l'empire autrichien une puissance maritime.

L'arsenal de Venise est suffisant pour servir à la création des plus grandes escadres. Le port de Pola deviendrait le port d'armement et de réparation des plus nombreuses flottes, tandis que les côtes de l'Adriatique fourniraient tous les matelots nécessaires. Le jour où l'Autriche mettra en mer des escadres, Venise, quoique déchue de sa gloire de capitale, quoique privée des avantages de la présence du gouvernement, retrouvera une nouvelle vie.

Je vis en détail les travaux destinés à défendre les lagunes contre l'action de la mer, et j'admirai les *murazzi*, beau travail que je place à côté de ce que le Nord-Hollande présente de plus remarquable. Je traversai l'Adriatique dans le bateau à vapeur. Je revis Trieste avec plaisir et intérêt; j'admirai sa prospérité toujours croissante, et je revins à Vienne par Laybach et Grätz, au milieu de mille souvenirs divers qui m'accompagnaient et en recevant à chaque pas des témoignages touchants de la manière dont les habitants de ces contrées ont conservé la mémoire de mon nom.

L'année 1833 était prête à finir. J'avais terminé les *Mémoires* de ma vie; je ne voyais aucune occupation d'un suffisant intérêt pour moi pendant l'année 1834, et une famille à laquelle je suis tendrement attaché, qui habitait Vienne, se disposait à partir pour l'Italie. Son absence allait rendre pour moi le séjour de cette ville triste et monotone. Sentant le besoin de distraction, je conçus le projet du long voyage que j'exécutai. En l'entreprenant, je devais me créer de grandes jouissances; en réveillant en moi d'anciens souvenirs, je m'en préparerais de nouveaux pour les dernières années de ma vie; enfin, en le terminant, je comptais retrouver en Italie les amis qui m'allaient quitter. Je n'hésitai donc plus un moment, et toutes mes pensées ne cessèrent d'être dirigées vers l'exécution de ce projet, auquel je me préparai pendant l'hiver par des études suivies.

Je me mis en route le 22 avril. Je n'entrerai dans aucun détail à l'égard de ce voyage; son récit, objet d'une publication particulière, doit être considéré comme faisant partie de ces *Mémoires* [14].

Note 14: (retour) *Voyages du duc de Raguse.*--Cinq volumes in-8°, publiés en 1838.
(*Note de l'Éditeur.*)

Je dirai seulement encore un mot sur la question politique de l'Orient, que j'ai abordée dans mon ouvrage, mais que je n'ai cependant pas traitée complétement. J'ai fait voir les avantages géographiques et matériels, ainsi que les circonstances naturelles et d'opinion dont jouissent les Russes: j'ai montré avec quelle habileté ils les ont mises en oeuvre; j'ai démontré, je crois, que, la chute de l'empire ottoman arrivant, l'Europe choisirait un mauvais champ de bataille en leur disputant Constantinople, où, dans les circonstances présentes, tout est en leur faveur. On a pu supposer que je ne voyais aucune possibilité de leur résister et qu'il fallait subir leur joug. Il n'en est pas ainsi, mais il ne faut pas se tromper sur le choix des moyens. Ceux qui lisent avec attention ont pu remarquer ces paroles dans mon ouvrage: «Il faudra trouver dans les combinaisons de la politique le moyen de concilier les intérêts de la sûreté de l'Europe avec ceux de la sécurité de la navigation de la Russie. Les politiques habiles doivent d'avance chercher la solution de ce problème.»

Or voici mes idées à cet égard. La chute de l'empire ottoman arrivant, l'empereur de Russie ne veut pas voir une puissance européenne s'emparer de Constantinople. En conséquence, il s'établit dans cette ville, il se l'approprie, et il veut la garder; mais on veut l'en chasser. Il me paraît que les efforts de l'Europe y seront impuissants, car avec les avantages de position, le passage du Bosphore et des Dardanelles est si vital pour lui, qu'il ne doit répugner à aucun sacrifice, n'épargner aucun effort pour s'en assurer la possession d'une manière durable. Mais il n'a pas les mêmes titres à faire valoir ni des raisons aussi urgentes pour s'emparer des provinces de la Turquie d'Europe, limitrophes de son empire; car, si la convenance seule était un motif suffisant, il n'y aurait aucune limite à mettre à ses prétentions; et d'ailleurs les provinces qu'il peut convoiter ne sont pas tellement situées, que, seul, il soit à portée de les envahir et en mesure de les défendre, le seul enfin pour qui elles soient un champ de bataille avantageux. Les provinces dont je parle sont celles qui sont voisines du Danube et de la mer Noire.

La sûreté de l'Europe, son repos, son équilibre, sa liberté, tiennent à ce que jamais la Russie ne possède la Moldavie, la Valachie, la Bulgarie. Si donc, au moment du cataclysme politique, et quand cette riche proie de l'empire ottoman devra être partagée, les puissances de l'Europe sont sages, elles laisseront Constantinople et ses dépendances à la Russie, sous la double condition de renoncer à toutes les îles de la Méditerranée et de donner à l'Autriche la Moldavie, la Valachie, la Bulgarie, la Servie et la Bosnie, ou de faire de ces provinces un État indépendant, sous la protection de l'Autriche et de l'alliance occidentale, alliance qui est destinée à être un jour la seule politique de l'Europe; car, dans toutes les affaires du monde, les intérêts compliqués se réduisent toujours à deux, qui se combattent et se balancent. Chaque individualité entre nécessairement dans le système de l'un ou de l'autre; et peut-être, dans assez peu d'années, la Russie seule sera en mesure de contre-balancer le reste du monde.

L'Autriche, en possession de ce vaste territoire, ferait de Silistrie une grande place, capable de la plus longue résistance. Un canal large et profond, partant de ce point, irait à la mer Noire, près de la bouche méridionale du Danube, où un port, creusé dans ce terrain facile, recevrait les vaisseaux de commerce, des bâtiments de guerre de moyenne grandeur. Ce port deviendrait l'entrepôt du commerce de l'Europe et de l'Asie. Des forts intermédiaires entre le Danube et la mer Noire, couvrant le canal et appuyés aux lacs placés sur les alluvions du fleuve, élèveraient sur cette frontière un obstacle insurmontable, une barrière impossible à franchir, et d'autant plus forte, que la frontière de la Transylvanie prend sur elle des revers. La Russie, ainsi séparée de Constantinople, ne tiendrait plus à cette ville que par des liens maritimes ou de longues communications par l'Asie, autour de la mer Noire. D'un autre côté, les îles de Lemnos et de Ténédos, qui seraient données à la France ou à l'Angleterre, deviendraient des appuis maritimes. Lemnos, fortifié avec soin, enfermerait, à l'instar de Malte, de nombreuses escadres et des moyens de réparation, tandis que Ténédos serait un point d'observation. La Macédoine, réunie à la Grèce antique, à l'Albanie et à la plus grande partie des îles, formerait un état susceptible d'acquérir une assez grande puissance. Les États actuels de Méhémet-Ali, augmentés de Chypre et d'autres îles à portée, seraient constitués eu royaume indépendant. Des dangers communs réunissant tant d'intérêts divers dans un même but de résistance contre la Russie, l'Europe pourrait vivre en repos et voir l'avenir avec sécurité.

La Russie menace-t-elle la Méditerranée et semble-t-elle vouloir y dicter des lois; devient-elle redoutable à l'Italie et au midi de la France; l'Europe, pour conserver sa liberté, doit-elle se résoudre à livrer un combat corps à corps à la Russie? Alors l'alliance, avec les points d'appui qu'elle possède, peut faire la guerre en Orient avec de grands avantages. Tout lui devient favorable. Les bouches du Danube infranchissables, les montagnes de Transylvanie faciles à défendre, et la Russie séparée de ses lignes d'opération, l'alliance peut porter les armes à son choix sur le Bosphore ou sur les Dardanelles. Pour nuire à son ennemi, pour détruire son action offensive dans la Méditerranée, il ne faut pas prendre Constantinople ou tel ou tel point. Il faut s'emparer seulement d'un point quelconque, sur le bord du canal, qui empêche de le franchir avec des escadres et des flottes; et, sur une étendue pareille, la chose devient facile. Une armée autrichienne, débouchant en Bosnie, opère sur Andrinople, tandis qu'un corps français, appuyé d'une escadre, débarque dans la Chersonèse et occupe toute cette presqu'île de Gallipoli. Alors toute action offensive des Russes cesse. Quoique maîtres de la mer Noire, ils ne peuvent en sortir. Toute leur puissance extérieure s'évanouit donc, et l'Europe peut lui dicter des lois.

Voilà comment je conçois les ressources de l'avenir. Il faut concéder ce qui est indispensable à l'un et ce que l'autre ne peut défendre, mais prévoir l'abus qu'on peut faire des avantages concédés. Ainsi faut-il laisser aux Russes une navigation sans laquelle ils ne peuvent vivre, en se mettant à même de la leur enlever au moment où, au lieu de l'employer seulement à leur prospérité, ils en feraient usage pour nous nuire.

En accordant à l'Autriche et à la maison de Bavière d'aussi grands avantages, il faudrait sans doute assurer à d'autres États de l'Europe une augmentation de puissance. La France pourrait reprendre la possession des bords du Rhin et du grand-duché; la Prusse avoir la Saxe; le roi de Saxe être envoyé pour régner ailleurs. Un même système politique unissant par un traité la France, l'Angleterre, l'Autriche, la Grèce et l'Égypte, créerait une masse de résistance capable d'assurer le repos du monde. Son équilibre serait mieux garanti par le système ci-dessus que par rétablissement précaire d'un nouveau souverain à Constantinople et l'abandon des bouches du Danube et des provinces limitrophes à la Russie.

PIÈCES JUSTIFICATIVES

RELATIVES AU LIVRE VINGT-QUATRIÈME.

LE MARÉCHAL DUC DE RAGUSE A M. LE PRINCE DE POLIGNAC.

«Vienne, 26 mars 1833.

«Prince, il est des bornes aux égards que l'on doit au malheur; il faut qu'il se respecte pour mériter d'être plaint. Je m'étais tu devant le vôtre, plus longtemps même que ne le comportaient vos procédés à mon égard, à l'époque de votre procès à la Chambre des pairs. Alors vous défendiez votre vie. S'il n'est pas généreux à vous de chercher à détourner sur une autre tête la foudre qui grondait sur la vôtre, j'ai compris que l'imminence du danger avait pu vous entraîner, peut-être vous paraître une excuse, et j'ai voulu que mon silence diminuât vos périls. Depuis, les murs de votre prison m'avaient semblé une égide contre laquelle devaient expirer les ressentiments les plus justes. Aujourd'hui que vos publications en franchissent l'enceinte, aujourd'hui que vous faites imprimer, que vous essayez d'étayer de votre signature de calomnieuses suppositions contre moi, je rentre dans mes droits, et je prends la parole.

«Ma réponse sera brève. Je n'examinerai point votre système politique. La raison l'avait jugé avant les événements, et l'histoire le jugera à son tour. Je ne viens point non plus faire le récit de ce qui s'est passé en 1830. C'est un soin que je me réserve pour l'avenir, et c'est de vous seul que je m'occupe en ce moment. Ai-je rempli tout entières les obligations que m'imposaient mon devoir militaire et une triste fatalité? Telle est la question que vous avez si odieusement soulevée, telle est la question dans laquelle je me renferme.

«Vous dites qu'au mois de juillet la garnison de Paris était forte de treize mille hommes. Elle ne présentait qu'un effectif, présent sous les armes, de neuf mille trois cent vingt-quatre combattants, infanterie et cavalerie. En y ajoutant les troupes de Saint-Denis, Versailles, Rueil et Courbevoie, elle se montait à onze mille quarante hommes. Je n'y comprends pas le service de Saint-Cloud, la garnison indispensable à Vincennes, et les non-valeurs de chaque régiment. Mais je ne fais, au surplus, que noter cette différence. Qu'était-ce que vos treize mille hommes prétendus contre tout Paris en armes? Vous parlez de troupes que vous aviez échelonnées aux environs de la capitale. Toutes celles que vous citez étaient des troupes de la garde; les villes que vous nommez, leurs garnisons habituelles, moins Sèvres, où il n'y avait et où il n'y a jamais eu accidentellement qu'un escadron de cavalerie légère pour les escortes, lorsque le roi habitait Saint-Cloud.

«Votre prévoyance n'avait donc abouti qu'à ne rien changer à un ordre établi de tous les temps, et pour les époques les plus tranquilles. C'est moi qui, dès le 28 juillet, au matin, envoyai en toute hâte des ordres pour faire venir ces troupes à Paris. Deux régiments d'infanterie et deux de cavalerie purent seuls arriver. Le soulèvement presque général du pays qu'ils avaient à traverser, joint à l'éloignement où ils se trouvaient, ne permirent pas aux autres corps de rejoindre avant Saint-Cloud, Versailles et Rambouillet. Un régiment d'infanterie et un de cavalerie de la garde ne purent pas même rejoindre du tout. L'artillerie de Vincennes ne fut mise, dites-vous, en marche, vous ne savez pourquoi, que pour se réunir à la hauteur de Rambouillet. Vous savez très-bien, au contraire, que je la mandai, le 28, au soir, que je dirigeai sur Vincennes un régiment entier pour l'escorter, et que, si j'ai attendu pour cette opération la fin de la journée, c'est que cette artillerie ne pouvait pas venir sans escorte, et qu'au milieu du combat je ne pouvais pas me dégarnir des troupes nécessaires pour assurer sa marche. Vous savez encore que cette artillerie, obligée à de très-longs détours, ne put entrer à temps dans Paris, et qu'elle est arrivée, dans l'après-midi du 29 juillet, à Saint-Cloud, où, depuis le matin, étaient déjà les canons de Saint-Cyr, avec les élèves de cette école appelés pour y rester.

«J'ai donc fait venir toutes les troupes qui étaient sous mon commandement direct aussitôt que les développements de l'insurrection nécessitèrent un déploiement de forces. Quelles troupes aviez-vous mises en mouvement, vous, ministre de la guerre? Ce n'est que le 30 que l'ordre est arrivé au camp de Saint-Omer de se mettre en marche sur Paris.

«Je ne cherche pas dans quel but vous me dites que, dès le 27 au matin, vous m'aviez remis mes lettres de service. Mieux que personne vous savez que ce n'est qu'à une heure après midi que je suis arrivé auprès de vous, et que le premier avis de ma nomination au commandement de Paris ne m'avait été donné que peu avant midi par le roi lui-même. Quels renseignements utiles ai-je reçus de vous alors? Quels autres m'ont été fournis, pendant la durée de la lutte, par l'autorité qui avait mission et devoir de me les procurer? Aucuns. Ainsi, tandis que je cherchais toutes les chances que je pouvais me donner, je n'ai trouvé ni concours ni assistance là où je devais les espérer. Réduit aux seules ressources que je pouvais me créer, je n'avais pas à les calculer, mais à les employer, et je l'ai fait. Le mardi, c'était une émeute, elle a été réprimée; le mercredi, c'était une insurrection. J'ai dit au roi la vérité sur son importance, et j'ai marché au-devant d'elle, parce que, pour la vaincre, il fallait la combattre.

«Si, comme vous le voudriez aujourd'hui que vous avez résolu d'oublier vos opinions et vos avis d'alors; si, dis-je, j'avais laissé les insurgés, maîtres de tout Paris, s'y organiser et s'y établir librement; si j'avais attendu que l'on vînt m'attaquer aux Tuileries, diriez-vous qu'il fut fait ainsi au 13 vendémiaire?

Vous me reprocheriez, et avec raison, d'être resté spectateur bénévole de l'insurrection, et de n'avoir pas tenté le moindre effort pour l'empêcher de s'accroître et de s'affermir: vous me rappelleriez ce qui, deux ans auparavant, s'était passé dans la rue Saint-Denis. Au 13 vendémiaire, la révolte organisée marchait en colonne sur un seul point: c'était ce point unique que Bonaparte avait à défendre. Ici, la révolution bouillonnait partout; il fallait essayer de comprimer partout la menace avant qu'elle fût devenue une réalité invincible. Quand j'ai vu nos efforts inutiles, je me suis réduit à l'attitude défensive où vous prétendez que j'aurais dû rester d'abord. Là, faisant abstraction de l'exaltation toujours croissante de la population et de l'ébranlement croissant des troupes, j'espérais tenir longtemps; et de cet espoir, que je vous avais exprimé, vous concluez que vous aviez donc admirablement pourvu à tout, puisque je pouvais garder ma position dans Paris. Le Louvre et les Tuileries, attaqués et enveloppés par Paris tout entier, c'est ce que vous appelez ma position! ce qui vous paraît la position du roi de France! C'était pour arriver là que vous aviez fulminé les ordonnances fatales! Prince, vous parliez avec moins d'assurance alors, et, en gardant le souvenir de mes espérances du 28 au soir, aviez-vous perdu la mémoire du 29 au matin, lorsque je vous conjurai de vous rendre à Saint-Cloud pour éclairer le roi sur l'état de ses affaires, et lorsque je vous déclarai qu'il était tel, que, sans un prompt rapport des ordonnances, le mal deviendrait si grand, que rien ne pourrait plus le réparer?

«Aujourd'hui, la retraite précipitée de Paris vous est un mystère, dites-vous. Voici la réponse que je vous fais: J'étais rue de Rohan, à la tête de mon état-major, observant ce point, par lequel le peuple aurait pu couper le Louvre des Tuileries, quand je vis tout à coup le premier de ces palais au pouvoir des insurgés. Resté presque seul, avec une poignée d'officiers et de soldats, je défendais encore de ma personne et de mon épée la cour du Carrousel, que déjà les troupes qui avaient quitté le Louvre étaient près de la place Louis XV.... Huit jours de plus cependant, assurez-vous, et la monarchie était sauvée par les mesures que vous aviez prises. Alors, prince, à votre tour, expliquez-moi, si le salut de la monarchie tenait absolument à ce que je fusse aux Tuileries, comment il se fait que l'ordre d'évacuer Paris ait été rédigé à Saint-Cloud plus d'une heure avant que je l'aie quitté.--Vous n'avez pu l'ignorer, cet ordre, car il a dû être délibéré dans le conseil, et vous en étiez encore le président. Quand on le signait, on ne pouvait pas même avoir appris que le passage dans les rangs du peuple de deux régiments de la ligne rendait à peu près intenable ma position aux Tuileries; on ne savait pas l'abandon imprévu du Louvre. Moi, témoin de tous les revers, j'avais moins désespéré que le conseil, et j'essayais de tenir de position en position.--Malgré la défection de la ligne, je restais aux Tuileries; forcé de les quitter par l'abandon du Louvre, je prenais une nouvelle position à la barrière de l'Étoile, et c'est là que j'ai reçu cet ordre de quitter, non-seulement les Tuileries, mais Paris, et de me rendre à Saint-Cloud. Ainsi cette évacuation si funeste, selon vous, elle a été voulue, elle a été prescrite, et les événements n'ont fait que la hâter d'une heure tout au plus. Et c'est vous, prince, vous qui élevez la voix, vous qui m'accusez!

«Ici je m'arrête. Innocent de l'entreprise qui a perdu la monarchie, je n'aurais cependant pas soulevé volontairement ces souvenirs douloureux. Douloureux, ils le sont pour moi; car, s'ils ne me retracent que de cruels devoirs, honorablement remplis, ils me retracent par cela même ce qu'il y a de plus pénible pour un soldat, le sang français versé par des mains françaises.

«Vous qui avez fait tous ces maux, vous avez plus de courage. Continuez. Déjà une fois victime de votre impéritie, rendez-moi encore responsable de vos fautes, et cherchez à m'immoler, si vous le pouvez, à l'opinion. Je dédaignerai, à l'avenir, de répondre à vos accusations. Je les livre d'avance au jugement des gens de bien, et je leur laisse le soin de les qualifier.

«LE MARÉCHAL, DUC DE RAGUSE.»

FIN DU TOME HUITIÈME.

Milton Keynes UK
Ingram Content Group UK Ltd.
UKHW012241180624
444315UK00005B/523